LE LIVRE DE L'APPRENTI SORCIER

ALLAN KRONZEK
ELIZABETH KRONZEK

LE LIVRE DE L'APPRENTI SORCIER

Un guide du monde magique de Harry Potter

Traduit de l'américain par Mary de Prémonville

l'Archipel

Ce livre a été publié sous le titre *The Sorcerer's Companion. A Guide to The Magical World of Harry Potter,* par Broadway Books, New York, 2001.

Les romans de la série *Harry Potter* de J. K. Rowling ont paru en France aux éditions Gallimard, dans une traduction de Jean-François Ménard. Les noms de lieux et de personnages cités dans cet ouvrage sont conformes à cette traduction.

Si vous désirez recevoir notre catalogue et être tenu au courant de nos publications, envoyez vos nom et adresse, en citant ce livre, aux Éditions de l'Archipel,
34, rue des Bourdonnais, 75001 Paris.
Et, pour le Canada,
à Édipresse Inc., 945, avenue Beaumont,
Montréal, Québec, H3N 1W3.

ISBN 2-84187-342-0

A Ruby, avec tout mon amour,
A. K.

A ma mère, qui est toujours là,
E. K.

Avant-propos

Si vous êtes un authentique fan de Harry Potter, vous savez sans doute que l'objet préféré de Harry est son balai, que le sujet d'étude favori d'Hermione est l'arithmancie et que c'est une magnifique créature du nom d'hippogriffe qui aide Sirius Black à s'échapper. Mais peut-être ignorez-vous qu'autrefois les sorciers volaient sur des fourches, que l'arithmancie est une forme ancienne de prédiction de l'avenir et que les premiers hommes à monter des hippogriffes furent les légendaires chevaliers de Charlemagne. Et saviez-vous que Nicolas Flamel, ami du professeur Dumbledore et inventeur de la Pierre philosophale, a réellement existé ?

Les aventures fabuleuses de Harry et de ses amis sont si trépidantes que le lecteur n'a pas une seconde pour s'attarder sur la richesse mythologique, folklorique et historique du récit – alors qu'elle scintille juste sous la surface. Le plaisir qu'offre la lecture des *Harry Potter* tient en partie à l'extraordinaire foisonnement de cet univers magique, un univers surgi de l'imagination apparemment sans limites de J. K. Rowling et reposant sur une tradition universelle de la magie.

Les potions, les sorts, les géants et les dragons, les chaudrons et les boules de cristal, tous ont une histoire surprenante qui remonte à des centaines, voire à des milliers d'années. Les baguettes magiques que Harry peut trouver dans les boutiques du Chemin de Traverse étaient autrefois taillées par les druides dans du bois d'if, considéré comme un arbre sacré. Quant aux potions magiques, on les retrouve jusque dans la Grèce et la Rome antiques. Les grimoires contenant sorts et formules – lectures obligatoires à l'École de magie et de sorcellerie de Poudlard – étaient à la fois très convoités et très contestés au Moyen Age.

L'ambition de ce *Livre de l'apprenti sorcier* est de permettre au lecteur curieux d'approfondir ses connaissances sur tous les éléments magiques apparaissant dans les quatre premiers volumes de *Harry Potter*, et de lui donner accès à une mine d'informations passionnantes et inattendues. D'où la Pierre philosophale tire-t-elle son pouvoir ? Quelles furent les toutes premières formules magiques ? J. K. Rowling a-t-elle inventé le terrifiant Basilic, l'envoûtante Vélane et le vicieux Strangulot ? Et, si tel n'est pas le cas, quelle est leur origine ? On trouvera ici les réponses à toutes ces questions.

L'histoire des croyances magiques étant un domaine extrêmement vaste, nous avons dû écarter bien plus d'éléments que nous n'en avons retenus. Ainsi, nous n'avons fait que signaler certaines traditions magiques de la Chine, de l'Afrique, de l'Inde, du Japon, de l'Australie ou encore de l'Amérique latine, pour concentrer notre étude sur les coutumes qui ont un lien direct avec l'univers de Harry. La quasi-totalité des pratiques magiques enseignées à Poudlard sont tirées de la tradition occidentale, issue elle-même des empires du Moyen-Orient, de Grèce et de Rome. Des créatures telles que le centaure, la manticore et la licorne proviennent toutes de la même imagerie. Bien d'autres êtres magiques, qu'ils soient elfes, gnomes, Pitiponks ou trolls, sont quant à eux issus du folklore d'Europe du Nord et des Îles britanniques.

Avant d'écrire ce livre, nous avons commencé par demander à des fans de Harry Potter quels sujets les intéressaient au premier chef. Certains d'entre eux voulaient en savoir plus sur les sorts, les charmes et les maléfices. D'autres s'interrogeaient sur les épouvantards et les *Red Caps*, ou sur la différence entre sorcières et harpies. Vous-même, à n'en pas douter, avez également des centres d'intérêt particuliers, par lesquels vous vous laisserez guider. Ce livre, en effet, n'est pas conçu pour être lu d'une seule traite, dans l'ordre alphabétique, même si rien n'interdit de le faire. Peut-être préférerez-vous vous reporter directement à la rubrique « Magie » (p. 166), pour y trouver une petite introduction sur ce sujet captivant. Quoi qu'il en soit, vous pouvez débuter votre lecture n'importe où, et feuilleter ce livre dans tous les sens !

Nous avons tenté de présenter une vision d'ensemble de chaque rubrique, en partant des origines mythologiques, folkloriques ou historiques. Les mots en caractères gras renvoient aux entrées correspondantes. Chaque titre de rubrique est accompagné d'une référence indiquant dans quel volume des aventures de Harry Potter la notion en question apparaît. Par exemple, l'indication « CS, 6 » vous informe que la créature concernée apparaît dans *La Chambre des Secrets*, au chapitre 6[1].

En travaillant à ce livre, nous avons appris quantité d'informations inattendues : comment lire l'avenir dans les feuilles de thé, comment se débarrasser des gobelins, comment récolter sans danger les racines de mandragore ou se servir de l'arithmancie pour choisir ses céréales au petit déjeuner. Maintenant que nous savons reconnaître un démon, ou comment réagir en cas d'attaque par une goule (ne jamais, JAMAIS la frapper deux fois !), nous nous sentons plus en sécurité. Nous espérons que toutes ces informations vous paraîtront également intéressantes. Et, qui sait, peut-être un jour se révéleront-elles utiles…

---

1. Nous avons adopté les conventions suivantes : ES = *Harry Potter à l'École des Sorciers* ; CS = *La Chambre des Secrets* ; PA = *Le Prisonnier d'Azkaban* ; CF = *Harry Potter et la Coupe de feu.* (N.d.T.)

Amulette

Vous êtes fréquemment sujet aux coups de froid et aux maladies de toutes sortes ? Vous avez l'impression d'attirer sur vous l'agressivité d'autrui ? Vous souffrez de malchance chronique ? Si vous venez de répondre oui à au moins une de ces trois questions, alors vous devriez songer sérieusement à vous procurer une amulette. Il y a encore quelques siècles, c'était un remède courant pour éloigner la maladie, la malchance ou les esprits malins.

Le terme « amulette » vient du latin *amuletum*, qui signifie « méthode de défense ». On trouve des amulettes de toutes tailles, de toutes formes et de toutes matières (d'ailleurs, pour se protéger de l'épidémie de **pétrification** qui frappe Poudlard, Neville Londubat choisit de confectionner la sienne dans un oignon vert bien odorant !). Cela va du petit pendentif ou du sachet d'herbes que l'on porte autour du cou pour rester en bonne santé aux imposantes statues ou tentures destinées à protéger un foyer, un édifice ou un village entier. Dans l'ancienne Babylone, on avait pour coutume de porter de minuscules cylindres d'argile incrustés de pierres précieuses pour tenir à distance les mauvais esprits. Les Romains, quant à eux, collectionnaient les statues de Priape, le dieu de la Chance et de la Fertilité, et de nombreux Américains, aujourd'hui encore, accrochent des fers à cheval au-dessus de leur porte pour se protéger de la malchance et des visiteurs indésirables.

Aussi loin que l'on puisse remonter dans le temps, on trouve des amulettes dans quasiment toutes les sociétés humaines. Les toutes premières n'étaient sans doute que des éclats de pierre ou de métal dont la forme ou la couleur inhabituelle pouvait suggérer des propriétés magiques (en Asie, en Inde et en Thaïlande, on utilise encore des fragments de corail rose pour se protéger du mauvais œil). Au fil du temps, il est devenu courant de fabriquer des amulettes en forme d'animaux, de symboles magiques ou encore des statuettes de dieux ou de déesses. Partout dans le monde, on retrouve des images de cornes, de mains (qui symbolisent la fertilité et la vie), ainsi que des yeux dessinés ou sculptés (qui suggèrent la vigilance éternelle). Parfois sont aussi gravés des **formules magiques**, des **sorts**, des noms de divinités.

Bien qu'elles aient du succès aux quatre coins du monde, on associe souvent les amulettes aux anciens Égyptiens, qui en portaient en toute occasion, jusque dans leur tombe ! Il était courant d'enterrer une momie avec des dizaines d'amulettes en forme de scarabée. Ces petites figurines de pierre devaient empêcher l'âme du défunt d'être dévorée par Ammit – affreuse créature, à la fois lion, hippopotame et crocodile, qui, dans la croyance égyptienne, gardait la balance de la Justice dans l'au-delà. Il semblerait que, plus le défunt avait été un personnage important de son vivant, plus il emportait de scarabées avec lui dans la mort. Lorsqu'on découvrit le corps du pharaon Toutankhamon, en novembre 1922, plus de cent quarante scarabées étaient glissés dans les bandages qui l'enveloppaient ! Mais les vivants aussi savaient s'entourer : les amulettes appelées *anx* (un hiéroglyphe symbolisant la vie) et *oudjat* (ou « œil d'Horus ») protégeaient de la mort, de la maladie et du mauvais œil.

Malheureusement, le pouvoir des amulettes n'est pas illimité. Par exemple, elles ne protègent que des dangers pour lesquels on les a conçues. Un scarabée repoussera peut-être Ammit la Dévoreuse, mais il sera inutile contre les **vampires**, les **Pitiponks**… ou les archéologues pilleurs de tombes. Par ailleurs,

La clé de vie, symbole d'éternité, était censée éloigner les maladies.

Le mauvais œil

La notion effrayante du « regard assassin », commune à presque toutes les civilisations de toutes les époques, a inspiré la création d'amulettes et de bien d'autres moyens de protection contre les attaques surnaturelles. Le mauvais œil – ce regard hostile capable d'attirer le malheur, la maladie, voire la mort – est mentionné à la fois dans l'Ancien et dans le Nouveau Testament. Il apparaît dans les textes de Sumer, de Babylone et d'Assyrie. Au Moyen Age, les sorcières étaient réputées pour user du mauvais œil contre tous ceux qui avaient le malheur de croiser leur route. Leurs victimes étaient alors frappées de maux divers, perdaient l'amour de leur conjoint(e) ou étaient jetées dans la misère.

Face au mauvais œil, les petits enfants et les animaux seraient particulièrement vulnérables. Partout où les superstitions liées au mauvais œil sont encore vivaces, il est considéré comme dangereux d'attirer l'attention sur la beauté de ses enfants, de peur que le mauvais œil ne leur jette un regard jaloux.

La protection la plus courante contre ce fléau est l'amulette – souvent en forme de grenouille, de corne ou, comme dans l'ancienne Égypte, d'œil (on l'appelle alors « œil d'Horus »). Si l'on ne dispose pas d'amulette, la parade la plus immédiate consiste en un geste symbolique de la main (poing fermé, pouce et auriculaire pointés pour former des « cornes »), recommandé pour dévier la trajectoire du regard malfaisant. On se défend également au moyen de trèfles (en Irlande), d'ail (en Grèce) ou d'orge (en Inde). Les cloches ou les rubans rouges, accrochés aux vêtements des enfants ou au cou du bétail, sont utilisés comme leurres pour détourner l'attention du mauvais œil.

L'œil d'Horus, l'une des amulettes les plus courantes de l'ancienne Égypte, protégeait son propriétaire contre le Mal et les souffrances.

si vous devez livrer bataille aux forces du Mal, il importe de ne pas confondre les amulettes avec leurs cousins germains, les **talismans**. A la différence des épées enchantées, des **capes d'invisibilité** et des autres talismans classiques, les amulettes ne confèrent pas à celui qui les porte des pouvoirs magiques supplémentaires. Une amulette n'est pas une arme ; c'est un bouclier. Aussi, si vous projetez de vous lancer dans quelque aventure héroïque – terrasser un **dragon**, par exemple –, vous feriez bien de remplacer votre patte de lapin préférée par le glaive de Sir Godric Gryffondor. Mais, si vous êtes du genre à rester bien au chaud à la maison, rien de tel qu'une bonne amulette pour repousser les forces hostiles !

CS, 11

Arithmancie

Il peut paraître illogique qu'Hermione, qui est la première à se moquer des boules de cristal et de la lecture dans les feuilles de thé, soit une adepte de l'arithmancie – qui n'est elle-même qu'une méthode de prédiction de l'avenir fondée sur les noms et les nombres. Et pourtant, cette forme ancienne de divination est l'une de ses matières de prédilection. Cela tient peut-être au fait que, contrairement à d'autres techniques de prédiction, l'arithmancie ne consiste pas à interpréter des images tremblotantes ou à donner un sens à des gribouillis. Elle s'appuie en effet sur des principes très stricts et sur le calcul mathématique – exactement le genre de casse-tête qui passionne Hermione.

L'arithmancie (du grec *arithmo*, qui signifie « nombre », et de *manteia*, « prophétie ») est utilisée depuis plus de deux mille ans par les **magiciens** et les **sorciers** pour aider les hommes à analyser et à développer leurs pouvoirs et leurs talents, à surmonter des obstacles ou à tracer le chemin de leur avenir. Également connue sous le nom de « numérologie », l'arithmancie repose sur deux idées très anciennes. La première est que le nom d'une personne contient des indices significatifs quant à son tempérament et à sa destinée. La seconde, avancée il y a plus de deux mille cinq cents ans par le savant grec Pythagore, est que les chiffres de 1 à 9 ont chacun un sens unique, qui contribue à la compréhension de toute chose. Les premiers numérologues ont combiné ces deux idées pour, au fil des siècles, élaborer de nombreux et complexes systèmes permettant de convertir les noms en nombres et d'analyser les résultats obtenus. L'un des systèmes les plus courants consiste à tirer d'un nom trois nombres clés – le *nombre d'expression*, le *nombre intime* et le *nombre de réalisation* – et de lire les résultats en fonction d'une grille de sens préétablie. Ce système, dont nous supposons qu'il est celui enseigné à Poudlard –, était déjà connu au Moyen Age et est encore en usage aujourd'hui. Il suffit de disposer d'un crayon et d'un papier et de savoir lire et compter.

Pour analyser un nom, la première étape consiste à le convertir en une série de chiffres. Chaque lettre de l'alphabet correspond à une valeur numérique comprise entre 1 et 9, suivant le tableau suivant :

1	**2**	**3**	**4**	**5**	**6**	**7**	**8**	**9**
A	**B**	**C**	**D**	**E**	**F**	**G**	**H**	**I**
J	**K**	**L**	**M**	**N**	**O**	**P**	**Q**	**R**
S	**T**	**U**	**V**	**W**	**X**	**Y**	**Z**	

Les lettres A, J et S ont donc la valeur 1, B, K et T la valeur 2, et ainsi de suite. Pour analyser un nom, commencez par l'écrire. Inscrivez ensuite sous chaque lettre sa valeur numérique. Analysons par exemple le nom Nicolas **Flamel**, cet alchimiste du Moyen Age réputé pour avoir créé la **Pierre philosophale**.

N I C O L A S   F L A M E L
5 9 3 6 3 1 1   6 3 1 4 5 3 =50 ➡ 5

Une fois tous ces chiffres inscrits, additionnez-les. Si le total est supérieur à 9 – comme c'est souvent le cas –, « réduisez »-le à une unité en additionnant les deux chiffres obtenus, autant de fois que nécessaire. Ainsi, dans le cas présent, 50 se réduit à 5 + 0 = 5. Le résultat final est ce qu'on appelle le *nombre d'expression*. Ce nombre indique à quel type de tempérament la personne concernée appartient, selon un système d'interprétation que nous vous présenterons brièvement.

Le nombre suivant, appelé *nombre intime*, se rapporte à la vie intime de l'individu. Il révèle les désirs et les peurs que l'on dissimule au regard des autres. Il se calcule en ajoutant la valeur de toutes les voyelles du nom et en les réduisant à un seul chiffre.

N I C O L A S   F L A M E L
9 6 1   1 5 = 22 ➨ 4

Cette somme est égale à 22, ce qui revient à : 2 + 2 = 4. Dans ce cas précis, le *nombre d'expression* et le *nombre intime* sont différents, mais il peut arriver qu'ils soient identiques.

Le troisième nombre à obtenir est le *nombre de réalisation* ; comme son nom l'indique, il exprime les traits de la personnalité extérieure, celle que l'individu montre au monde. Ce nombre est la somme des valeurs des consonnes du nom.

N I C O L A S   F L A M E L
5 3 3 1   6 3 4 3 = 28 ➨ 10 ➨ 1

Ici le total est égal à 28, soit : 2 + 8 = 10 = 1.

Avec ces trois nombres – d'expression, intime et de réalisation –, il est maintenant possible de brosser le portrait du sujet en lui appliquant une série de traits de caractère positifs et négatifs, ceux traditionnellement associés aux nombres obtenus. Ces traits sont en partie fondés sur la théorie de Pythagore, mais beaucoup d'autres sont venus s'y ajouter.

SIGNIFICATION DES NOMBRES

1 : C'est le nombre de l'individualité. Les 1 sont des êtres indépendants, concentrés, déterminés, qui ont de la suite dans les idées. Ils se fixent un objectif et s'y tiennent. C'est le tempérament des chefs et des inventeurs. Les 1 ont du mal à travailler en équipe et n'aiment pas recevoir d'ordres. Il leur arrive d'être égocentriques et autoritaires. Souvent, ce sont des solitaires.

2 : Il représente l'interaction, la communication bilatérale, la coopération et l'équilibre. Les 2 débordent d'imagination et de créativité. Ce sont de bonnes natures. La paix, l'harmonie, l'engagement, la loyauté et la justice les caractérisent souvent. Mais le 2 implique aussi l'idée de conflit, de forces opposées, d'aspects contradictoires d'une même réalité : le jour et la nuit, le Bien et le Mal. Les 2 sont parfois repliés sur eux-mêmes, lunatiques, timides et indécis.

3 : Il évoque la complétude, la notion de « tout », comme dans le trio passé-présent-avenir ou âme-corps-esprit. Les pythagoriciens considéraient le 3 comme le premier nombre « complet », car lorsqu'on aligne trois pavés sur un chemin, il y a un début, un milieu et une fin. Le trois implique talent et énergie ; il indique une nature artistique, pleine d'humour et de grâce en société. Les 3 ont souvent de la chance, de l'aisance (tant dans les manières que dans les finances) et du succès. Mais ils peuvent aussi s'éparpiller, s'irriter sans raison ou se montrer superficiels.

4 : A l'image d'une table solidement plantée sur ses quatre pieds, ce chiffre est celui de la stabilité et de la fermeté. Les 4 aiment travailler dur. Ils sont pragmatiques, fiables, et ont la tête sur les épaules. Aux accès de folie, ils préfèrent la logique et la raison. Ce sont d'excellents organisateurs, qui mènent toujours leurs projets à bien. Comme le cycle des quatre saisons, ils sont plutôt prévisibles. Il leur arrive d'être bornés, susceptibles et sujets à des éclats de colère. Les conflits possibles pour les 2 sont multipliés par deux chez les 4.

5 : C'est le nombre de l'instabilité et du déséquilibre, indicateur de changement et d'incertitude. Les 5 sont attirés par une foule de choses différentes, mais ne s'engagent vraiment dans aucune. Ce sont des énergiques, des aventuriers qui n'ont pas peur de prendre des risques. Ils aiment voyager et faire de nouvelles rencontres, mais ne restent en général pas très longtemps au même endroit. Les 5 sont parfois vaniteux, irresponsables, emportés et impatients.

6 : Il représente l'harmonie, l'amitié et la vie de famille. Les 6 sont fidèles, fiables et aimants. Ils s'adaptent facilement. Ils sont doués pour l'enseignement et les arts en général, mais n'ont pas toujours du succès dans les affaires. Ils se laissent parfois aller aux ragots ou à la complaisance. Les pythagoriciens considéraient le 6 comme le nombre parfait car il est divisible par 2 et par 3 ; il est aussi égal à la somme et au produit des trois premiers nombres (1 + 2 + 3 = 6 et 1 x 2 x 3 = 6).

7 : Sensibles, compréhensifs et brillants, les 7 aiment travailler dur et relever des défis. Ils sont souvent sérieux et érudits et leur intérêt se porte sur tous les sujets mystérieux. Chez eux, l'originalité et l'imagination l'emportent sur l'appât du gain et des biens matériels. Les 7 peuvent aussi se montrer pessimistes, sarcastiques et anxieux. Le 7 est considéré comme un nombre mystique ou magique car on l'associe aux sept jours de la Création et aux sept corps célestes de l'astronomie antique (le Soleil, la Lune, Mercure, Vénus, Mars, Saturne et Jupiter).

8 : Ce nombre augure d'un grand succès dans les affaires, la finance ou la politique. Les 8 sont pragmatiques et fonceurs, ce sont des travailleurs acharnés. Ils sont aussi parfois jaloux, envieux, autoritaires et avides de pouvoir. Le 8 est considéré comme le nombre le plus prévisible du cycle ; il peut incarner le sommet de la réussite aussi bien que le fond de l'échec. Dès la naissance, les deux voies s'ouvrent au 8.

9 : Il symbolise la complétude et la réussite portées à l'extrême. C'est en effet le nombre « complet » (3) multiplié par lui-même (3 x 3 = 9). La vocation des 9 est de se consacrer aux autres, c'est pourquoi ils sont souvent enseignants, chercheurs ou militent dans des organismes humanitaires. Ils ont une volonté de fer et travaillent sans relâche ; ils sont souvent pour les autres un exemple ou une source d'inspiration.

Cependant, ils peuvent se montrer arrogants et prétentieux si les choses ne marchent pas comme ils le souhaitent.

A la lumière de ces interprétations, nous pouvons dire que Nicolas Flamel (5-4-1) était une personnalité curieuse et ouverte, désireuse d'élargir son horizon par la compréhension de ce qu'elle ne connaît pas. D'un point de vue émotionnel, c'est un profil stable, qui peut néanmoins être sujet à une colère intérieure ou au soupçon. Cependant, le visage qu'il offre au monde extérieur est celui d'un inventeur, à qui ses objectifs tiennent à cœur et qui se donnera les moyens de les réaliser.

On peut encore affiner ce portrait en recherchant d'éventuels nombres récurrents dans la grille de Nicolas Flamel. Le 1 et le 3, particulièrement présents, tendent à confirmer qu'il s'agit d'un perfectionniste doté d'une grande concentration, capable en outre de gagner de l'argent facilement.

Aussi étonnant que cela puisse paraître, la plupart de ces qualités traduisent assez fidèlement le tempérament du fameux alchimiste (voir p. 113).

Néanmoins, comme c'est le cas avec la plupart des systèmes de divination, mieux on connaît la personne étudiée, plus on a tendance à relever les traits de caractère qui lui correspondent. Le vrai défi consiste à dresser le portait d'un individu sans rien savoir de lui et sans chercher à le flatter.

Tout comme l'**astrologie**, l'arithmancie prétend pouvoir déterminer les jours de chance et les jours de malchance. En règle générale, les jours favorables sont ceux qui correspondent au nombre d'expression de la personne considérée. Une personnalité de type 8, par exemple, aura intérêt à programmer ses rendez-vous importants ou son mariage le huitième jour du mois, ou bien le 17 ou le 26, qui se réduisent au nombre 8.

L'arithmancie sert aussi à dévoiler des « affinités cachées » entre les personnes, les lieux et les choses. En théorie, les noms et les mots qui partagent la même valeur numérique sont liés et fonctionnent ensemble de manière naturelle. Ainsi, un 6 se trouvera à l'aise au volant d'une Honda ou d'une Toyota, alors qu'un 7 préférera une Ford. Dans le domaine des sentiments, un 2 s'entendra à merveille avec un autre 2. Les 5 seraient bien inspirés d'habiter une ville dont le nom peut-être réduit à ce nombre (Tokyo ou Munich, par exemple), et ainsi de suite.

Bien que nous ne le recommandions pas, toutes les décisions de la vie ou presque peuvent se prendre « en fonction des nombres », depuis le choix d'un ami jusqu'à celui du menu du petit déjeuner (œufs = 3 ; céréales = 5 ; café = 6, etc.).

PA, 12

Astrologie

Lorsque les **centaures** de la **Forêt interdite** discutent de la luminosité de la planète Mars, il ne s'agit pas d'un commentaire adventice sur la beauté du ciel nocturne. Leurs paroles sont des prédictions déguisées, la lecture d'un mauvais augure, synonyme de colère, de violence et peut-être de vengeance et de sang versé. Ces centaures pratiquent l'astrologie : ils entrevoient l'avenir dans la disposition des étoiles.

On confond souvent *astrologie* et *astronomie* ; ces deux termes proviennent certes de la même racine grecque, *astron*, qui signifie « étoile ». Mais si l'*astronomie* est l'étude scientifique des corps célestes (étoiles, planètes, lunes, comètes et météores), l'*astrologie* quant à elle est une quête plus fantaisiste, qui prétend expliquer et interpréter l'influence que ces corps célestes ont sur la vie terrestre. Ces deux disciplines sont apparues à Babylone (l'Irak actuel) il y a plus de sept mille ans, lorsque les observateurs d'étoiles commencèrent à tenir des comptes rendus précis du mouvement du Soleil, de la Lune et des étoiles. Une de leurs premières découvertes fut que, si la plupart des étoiles restaient dans une immobilité relative les unes par rapport aux autres, certaines au contraire bougeaient. A l'instar du Soleil et de la Lune, ces astres, appelés

On doit aux astronomes babyloniens les premières cartes précises du ciel, dressées vers l'an 1800 av. J.-C.

« étoiles vagabondes », dont on pensait à l'époque qu'ils étaient le refuge des dieux, se déplaçaient le long d'une bande étroite nommée « zodiaque ». Nous savons aujourd'hui qu'il ne s'agit pas d'étoiles, mais de planètes (du terme grec *planêtês,* qui signifie « vagabond »).

Au fil du temps, les Babyloniens attribuèrent à ces planètes, selon leur apparence, des propriétés et des divinités immuables. Ainsi, son halo rougeâtre visible à l'œil nu valut à Mars d'être considérée comme un astre furieux et sanguinaire, et donc identifiée au dieu de la Guerre (Nergal chez les Babyloniens, Arès pour les Grecs et Mars pour les Romains). Vénus, la plus brillante de toutes les étoiles, mais qui disparaît parfois pendant six semaines d'affilée, devint la planète annonciatrice de l'amour, qu'il soit fidèle ou volage. Et Saturne, qui semble plus lent et plus solennel dans sa course céleste parce qu'il est le plus lointain, fut associé au Mal, à la vieillesse, à la mélancolie et à la mort. Seules les cinq planètes visibles à l'œil nu (Mercure, Vénus, Mars, Jupiter et Saturne) étaient alors connues, et l'on croyait que, tout comme le Soleil et la

Lune, elles tournaient autour de la Terre, dont on pensait que c'était l'astre pivot de l'univers.

Non contents de s'en tenir à l'observation des mouvements des astres, les anciens Babyloniens entreprirent d'associer leurs observations aux événements qui frappaient la Terre, tels les séismes, inondations et autres catastrophes naturelles. Leur raisonnement était simple : tout étant lié dans l'univers, les événements célestes ne peuvent que refléter, voire annoncer les événements terrestres. Ainsi, l'apparition d'une comète, événement céleste le plus imprévisible qui soit, doit prédire un bouleversement majeur, par exemple la mort d'un roi. Les conjonctures plus habituelles (la pleine lune, les éclipses, l'apparition d'un halo autour de la Lune, la convergence de deux astres ou plus) étaient moins funestes, mais pouvaient cependant annoncer une famine, une tempête, une épidémie ou tout autre désastre du même acabit.

Ainsi l'astrologie, même sous sa forme la plus sommaire, était un instrument capital de **divination**. Ses adeptes scrutaient le ciel en quête d'augures et de cycles et en tiraient des prédictions. Mais à la différence des astrologues actuels, qui exercent leur science pour des clients privés, les astrologues d'alors concentraient leur travail sur le roi et sur la société dans son ensemble.

Au ve siècle av. J.-C. fut fixé le concept de zodiaque comme ensemble de douze constellations ; les astrologues commencèrent alors à établir des **horoscopes** individuels et personnels. Les Grecs et les Égyptiens s'intéressèrent à cette pratique dès le IIIe siècle avant notre ère ; ils y ajoutèrent toutes sortes de règles nouvelles et complexes, liées notamment à la médecine et à la **magie**. Non seulement les positions des étoiles et des planètes étaient-elles censées prédire l'avenir, mais ces dernières influençaient également la nature physique de tout être et de toute chose sur terre. Chaque signe du zodiaque devait avoir une influence sur une partie bien précise du corps et chaque fleur, chaque plante médicinale était régie par une planète différente. Même les minéraux et les pierres précieuses absorbaient les ondes diffusées par les astres. Ainsi, tout médecin se devait de comprendre les grands principes de l'astrologie s'il voulait établir un bon diagnostic et traiter efficacement ses patients. De

Le zodiaque

Il y a des milliers d'années, les observateurs du ciel remarquèrent que, si le Soleil et les planètes se déplaçaient au cours de l'année, ils le faisaient toujours le long d'une étroite bande qui ceignait la Terre. Cette bande, que les Grecs appelaient le zodiaque, fut divisée par les astrologues en douze segments égaux ou « signes », dont chacun fut associé à une constellation – Bélier, Taureau, Gémeaux, Cancer, Lion, Vierge, Balance, Scorpion, Sagittaire, Capricorne, Verseau, Poissons – et à une période de l'année. Les astrologues utilisaient la position du Soleil et des planètes à l'intérieur du zodiaque pour établir des prédictions ou déterminer une personnalité selon la date de naissance. Les caractéristiques principales associées à chaque signe ont été déterminées voici des milliers d'années, mais se sont précisées au fil des siècles. En voici les fondements.

Bélier *(21 mars-19 avril)* : les natifs de ce signe sont souvent énergiques, enthousiastes, directs, indépendants, créatifs et impatients. Ils ont tendance à ouvrir les portes « à coups de bélier », c'est pourquoi on les dit aussi agressifs, déterminés et réactifs de tempérament.

Taureau *(20 avril-20 mai)* : comme il est naturel pour un taureau, les natifs de ce signe sont dotés d'une grande force et de beaucoup d'endurance ; mais ils peuvent aussi se montrer bornés. Ils se révèlent cependant fiables, chaleureux, patients, artistes et dignes de confiance.

Gémeaux *(21 mai-20 juin)* : on dit des Gémeaux qu'ils sont polyvalents, vivants, curieux, éloquents et intelligents, mais souvent superficiels. Tels Castor et Pollux, ces jumeaux mythologiques qui ont donné son nom à la constellation, les Gémeaux sont dévoués à leur famille.

Cancer *(21 juin-22 juillet)* : les Cancers (crabes) sont considérés comme intuitifs, compréhensifs, lunatiques, entêtés, inventifs, attachés à leur famille et à leur foyer. Tout comme le crabe, ils ont l'air dur à l'extérieur, mais ils cachent leur tendresse.

Lion *(23 juillet-22 août)* : les Lions sont présentés comme confiants, indépendants, généreux, ouverts, doués pour la mise en scène et plutôt orgueilleux. A l'image du roi des animaux, ils peuvent se montrer dominateurs et courageux ; ils réclament aussi beaucoup d'attention.

Vierge *(23 août-22 septembre)* : les Vierges ont un tempérament analytique, appliqué et attentif aux détails. Ce sont des êtres astucieux qui ont tendance à se montrer critiques et perfectionnistes. On leur associe également une image de pudeur et de réserve.

Balance *(23 septembre-22 octobre)* : les Balances sont des personnes élégantes, idéalistes, romantiques et intelligentes. Ce sont de bonnes natures, mais souvent indécises. Leur constellation a la forme d'une balance, ce qui leur assure équilibre de pensée et d'émotion. Les Balances pèsent mûrement leurs actions.

Scorpion *(23 octobre-22 novembre)* : les Scorpions sont décrits comme passionnés, secrets, magnétiques, puissants et vindicatifs. Comme leur animal totem, les Scorpions peuvent se montrer rapides et audacieux ; ils savent frapper au bon moment.

Sagittaire *(23 novembre-21 décembre)* : la constellation du Sagittaire (archer) a la forme d'un centaure bandant son arc ; or les Sagittaires aiment les grands espaces, le sport et les animaux. Honnêtes, volontiers philosophes, on les dit aussi très actifs, aventuriers et fougueux.

Capricorne *(22 décembre-19 janvier)* : tout comme les boucs, les Capricornes sont de caractère stable et fiable ; ils savent néanmoins surmonter les dangers et balayer les obstacles qui se dressent en travers de leur chemin. On les dit aussi ambitieux, bien organisés, disciplinés, pragmatiques et matérialistes.

Verseau *(20 janvier-18 février)* : le Verseau est souvent décrit comme un être original, visionnaire, amical et idéaliste. Il est aussi détaché et obstiné. Traditionnellement représenté par une silhouette tenant une outre d'eau, il symbolise l'entraide et l'altruisme.

Poissons *(19 février-20 mars)* : comme il convient pour un signe aquatique, les Poissons aiment l'eau et la natation. Ce sont des êtres sensibles, réceptifs, à la vie émotionnelle et à l'imaginaire riches. De nature empathique, ils sont aussi désorganisés et irréalistes.

Désastres et maladies : la faute aux étoiles

Vous avez la grippe ? Sachez qu'en anglais, « grippe » se dit *flu*, terme qui vient lui-même d'*influenza*. Or, lorsque au Moyen Age on souffrait d'*influenza*, il ne s'agissait pas d'un virus. Le sens premier du mot, comme on le devine, est « influence » : celle des étoiles et des planètes, bien sûr. Les gens croyaient que c'était cette influence – et non les microbes – qui les rendait malades. De même, le mot « désastre » est lié aux croyances astrologiques, puisqu'il est un mélange de *dis*, qui signifie « qualité négative », et d'*astron*, « étoile ». Lorsqu'une calamité frappait les hommes, on l'attribuait généralement à *dis-astron*, la mauvaise étoile.

même, les **magiciens** qui voulaient faire des expériences, jeter des sorts ou confectionner des **talismans** devaient posséder la science des astres afin de déterminer les influences planétaires et choisir le moment propice pour mener leurs activités. Par exemple, un **sort** d'amour était bien plus puissant s'il coïncidait avec l'influence de Vénus qu'avec celle de Saturne.

Depuis la Grèce et l'Égypte, l'astrologie conquit Rome, où elle fut acceptée comme un complément épatant aux nombreux systèmes de divination déjà en usage. Bon nombre de penseurs influents s'élevèrent contre l'astrologie, la qualifiant de superstition vaine, et ceux qui la pratiquaient furent assidûment chassés de la cité – pour y être finalement ramenés par la volonté du peuple. Après la chute de l'Empire romain au IVe siècle, l'astrologie perdit de son influence en Europe. Elle ne resurgit qu'au XIIe siècle, par le biais de sources arabes.

Au Moyen Age, l'astrologie était enseignée à l'Université en Angleterre, en France et en Italie. La plupart des cours d'Europe employaient leurs propres astrologues pour qu'ils établissent des horoscopes et conseillent les dates les plus favorables

Le sens caché des planètes

Les astrologues pensent que le Soleil, la Lune, Mercure, Vénus, Mars, Jupiter, Saturne, Uranus, Neptune et Pluton représentent chacune un aspect de la personnalité ou du caractère. Voici la signification qu'on leur donne traditionnellement.

Le **Soleil**, le plus gros et le plus brillant des corps de notre système solaire, auquel il donne son nom, exprime les traits principaux d'un caractère, le profil essentiel d'une personne et son approche générale de la vie.

La **Lune** représente les réactions d'ordre émotionnel, les instincts et les besoins inconscients.

Mercure, qui tient son nom du dieu messager romain, symbolise la communication. C'est la planète la plus rapide, on l'associe donc également à l'intelligence et au changement.

Vénus, planète la plus brillante au firmament, a pris le nom de la déesse romaine de l'Amour. Elle symbolise la séduction, les relations, l'amour et la beauté.

Mars, associée au dieu romain de la Guerre, est un astre reconnaissable à son halo rougeâtre ; il incarne l'agressivité, l'énergie physique et l'esprit d'initiative.

Jupiter, qui est la plus grosse planète du système solaire, représente la chance, les opportunités à saisir, l'aptitude à élargir ses horizons. Jupiter était pour les Romains le dieu de tous les dieux, le maître du Panthéon, l'équivalent du dieu grec Zeus.

Saturne, la plus lente du système solaire, est synonyme d'obstacles, de peurs et de défis. Saturne était le dieu romain des Récoltes.

Uranus, dont le nom s'inspire de celui du dieu grec du Ciel, Ouranos, est l'emblème de l'excentricité et de la rébellion qui habitent chacun de nous. Il indique les brusques changements, les bouleversements et l'impatience.

Neptune est la planète de l'imagination, de la créativité, des rêves, et symbolise la capacité à distinguer illusion et réalité. Elle porte le nom du dieu romain de la Mer et incarne donc toutes les choses profondes.

Pluton, planète la plus éloignée du Soleil, est celle de l'obsession, de l'inconscient, de la tentation de transformer sa vie. Pluton était l'équivalent romain d'Hadès, dieu grec des Enfers.

à l'action. Dans l'Angleterre de la Renaissance, la reine Élisabeth Ire avait demandé au mathématicien et astrologue John Dee de fixer la date de son couronnement en fonction des influences planétaires. En France, le célèbre astrologue Nostradamus accomplit le même genre de besogne pour la reine Catherine de Médicis. Et bien que l'Église se fût exprimée contre l'astrologie, le pape Urbain VIII loua en 1629 les services d'un astrologue pour exécuter des rites magiques afin de contrer les effets funestes d'une série d'éclipses.

A la même époque, pourtant, la révolution scientifique était en marche. En 1542, Copernic établit que le Soleil, et non la Terre, était le centre du système solaire. Cette théorie sembla menacer les fondements mêmes de l'astrologie, puisqu'elle établissait que les planètes supposées irradier la Terre de leurs ondes ne gravitaient aucunement autour d'elle. Au XVIIe siècle suivirent d'autres découvertes scientifiques et la plupart des esprits sérieux se détournèrent de l'astrologie. Cependant, alors même que l'astrologie perdait de son prestige, les almanachs astrologiques devenaient extrêmement populaires, grâce auxquels chacun s'appliquait à faire ses propres relevés des bons et des mauvais jours, sans l'aide d'un professionnel. Ainsi, les prédictions hebdomadaires ou mensuelles proposées aujourd'hui par les magazines relèvent d'une tradition vieille de plusieurs siècles.

De nos jours, bien qu'elle ne jouisse plus du crédit intellectuel qu'elle avait autrefois, l'astrologie demeure très populaire et nombre de gens considèrent les prédictions des astrologues avec le plus grand sérieux. Néanmoins, les sceptiques sont légion. Parmi eux, les plus farouches sont d'ailleurs certains élèves d'une certaine école de magie et de sorcellerie…

CF, 13

Baguette magique

Qui d'entre nous n'a jamais rêvé, ne serait-ce qu'une fois, de posséder une baguette magique ? Discrète, élégante, facile à transporter, la baguette magique est reconnue dans le monde entier comme un symbole de toute-puissance. Un petit coup de baguette et pouf ! la vaisselle est faite, votre chambre est rangée, votre crème glacée a triplé de volume et – miracle – la tante Henriette vient d'appeler pour annuler le déjeuner.

Hélas ! tout n'est pas aussi simple, Harry est là pour nous le prouver. Il faut déjà se débrouiller en **sortilèges** et en **métamorphoses** avant de manier la baguette. D'ailleurs, quelle essence choisir : acajou, houx, chêne, noisetier ? Faut-il préférer un crin de **licorne** ou une plume de **Phénix** pour en renforcer le cœur ? Voilà des décisions qui ne se prennent pas à la légère !

Les baguettes magiques ne datent pas d'hier. Elles apparaissent déjà dans les peintures rupestres des premiers hommes préhistoriques, puis dans l'art de l'ancienne Égypte. En Europe, les druides de l'ère préchrétienne présidaient à leurs cérémonies avec une baguette en bois d'aubépine, d'if, de saule ou de tout autre arbre tenu pour sacré. On ne pouvait tailler les baguettes qu'à l'aube ou au crépuscule – les meilleurs moments pour capturer la puissance du soleil – au moyen d'un couteau sacré préalablement trempé dans le sang. Dans l'Ancien Testament, Moïse fait usage d'une baguette

Le gourdin magique

Pourquoi est-ce la baguette qui est devenue le symbole de la magie ? Pourquoi pas... une plume ? Pourquoi ce mince bâton est-il représentatif des extraordinaires pouvoirs du magicien ? A en croire les spécialistes, la réponse est liée au premier instrument à avoir été utilisé comme signe de pouvoir : le gourdin de l'homme des cavernes. Si cette grosse branche n'avait rien de « magique » en soi, il est cependant certain qu'elle dotait son propriétaire d'un considérable pouvoir – celui de se défendre, d'assommer ses ennemis et d'abattre du gibier. Lors d'une altercation, le simple fait de brandir son gourdin d'un air menaçant était reconnu comme un signe de puissance. Lorsque les lances et les épées remplacèrent la massue et devinrent des armes de choix, le gourdin quitta la sphère du pratique pour entrer dans celle du symbolique : il devint ainsi sceptre (l'emblème du pouvoir pour un roi ou un empereur) ou encore bâton héraldique, par lequel un émissaire endossait les pouvoirs du roi qu'il représentait ; enfin, entre les mains du magicien, ce gourdin miniature prit la forme d'une baguette magique, symbolisant ainsi la maîtrise des pouvoirs de la nature et des forces surnaturelles. Bien que la baguette magique ne ressemble plus exactement à son ancêtre la massue, dans le monde sorcier son emprise est intacte et en fait encore la plus redoutable des armes.

Le sceptre royal, tout comme la baguette magique ou le gourdin de l'homme des cavernes, est l'emblème du pouvoir.

Sur cette carte de tarot, le magicien de rue (ou bateleur) se sert de sa baguette pour capter l'attention des badauds.

magique, sous la forme d'une crosse de berger, pour séparer les eaux de la mer Rouge et faire jaillir l'eau d'un rocher. Une icône du IVe siècle montre Jésus ramenant Lazare d'entre les morts en le touchant d'une baguette. Comme le suggèrent ces exemples, d'un point de vue historique, les baguettes servaient non seulement de conducteurs pour les forces surnaturelles, mais aussi d'instruments dans les rituels religieux et de symboles du pouvoir.

Dans les œuvres de fiction, les baguettes magiques apparaissent dès *L'Odyssée*, composée en 800 ou 900 av. J.-C. par le poète grec Homère. La belle sorcière **Circé** se sert de sa baguette pour changer l'équipage d'Ulysse en un troupeau de porcs poussant des cris perçants. La métamorphose d'un objet en un autre est l'un des usages les plus classiques de la baguette magique, notamment dans les contes de fées. L'exemple le plus connu est celui de la baguette coiffée d'une étoile qui permet à la marraine de Cendrillon de transformer des souris en chevaux et une citrouille en carrosse. Les autres baguettes célèbres sont celles du magicien **Merlin**, mentor du roi Arthur, et du dieu grec Hermès, qui utilise son *caducée* pour se rendre invisible aux yeux des mortels.

Au début de l'époque moderne, en Europe, les disciples de la **magie** considéraient la baguette comme un outil primordial pour l'exercice de leur art. Elle était utilisée par les magiciens rituels (voir **magie**, p. 166) pour jeter des sorts ou pour dessiner des cercles sur le sol, afin de se protéger de l'influence maléfique des esprits ou des **démons** qu'ils s'apprêtaient à invoquer. Ne disposant pas d'une adresse aussi pratique que le Chemin de Traverse, les aspirants magiciens devaient s'en

Le caducée

Parmi tous les modèles de baguettes, la plus chic est sans doute le caducée ailé et entortillé de serpents que brandit **Hermès**, dieu messager chez les Grecs, maître de la magie et de l'illusion. Cadeau de son frère Apollon en échange d'une flûte, le caducée devint en quelque sorte l'outil de fonction d'Hermès.

Le motif du caducée – deux serpents enlacés autour d'une baguette – apparaît dans l'art mésopotamien dès 3500 av. J.-C. Quelques siècles plus tard, les Grecs ajoutèrent des ailes à la baguette pour symboliser la rapidité d'Hermès, et placèrent un orbe au sommet. Si l'on en croit la légende romaine, Mercure (l'homologue romain du dieu Hermès) avait séparé deux serpents en train de se battre à l'aide de sa baguette, autour de laquelle les reptiles se réconcilièrent et s'enroulèrent, formant le caducée qui les unit depuis. Dans cette version de l'histoire, la baguette symbolise l'harmonie à travers la communication. Au Moyen Age, des alchimistes, parmi lesquels Nicolas **Flamel**, soutinrent que ces deux serpents représentaient l'union des contraires.

Le caducée est parfois utilisé comme symbole de la profession médicale, bien que le symbole original en soit la crosse d'Asclépios, le dieu grec de la Médecine, figurée par une longue gaffe entourée d'un seul serpent. On dit que ce dernier est signe de régénération, car le serpent mue, se débarrassant chaque année de sa vieille peau. Il symboliserait donc la régénération physique, c'est-à-dire la guérison.

A l'époque médiévale, les médecins portaient traditionnellement une crosse ou une canne comme signe de leur profession, et beaucoup attribuaient toutes sortes de pouvoirs à cet objet. Après des années de confusion entre le caducée et la crosse d'Asclépios, les deux objets sont aujourd'hui associés à la médecine, à l'art de guérir… et parfois à l'assurance maladie.

tenir aux instructions des grimoires pour se confectionner eux-mêmes une baguette. Selon *La Clef de Salomon*, l'un des livres magiques les plus fameux du Moyen Age, la baguette idéale était faite dans une branche de noisetier, coupée d'un seul coup d'une hache toute neuve. Les experts soutenaient qu'il était possible d'augmenter la puissance d'une baguette en l'ornant d'un embout magnétique ou de cristaux, ou bien en y gravant des **formules magiques** ou des noms sacrés. En taillant la baguette, le magicien invoquait les esprits, les démons ou les dieux dont il désirait que sa baguette intégrât les pouvoirs – celui de soigner les malades, de maîtriser les forces de la nature ou de réaliser tous les vœux.

Quoique les magiciens prissent ce travail très au sérieux, dès le XVe siècle, les baguettes servaient aussi à des tâches plus légères, par exemple d'accessoires aux artistes de rue qui avaient fait de la **magie** leur gagne-pain. Pour l'illusionniste, la baguette avait au moins deux fonctions importantes : elle était l'intermédiaire rendant possible la magie, mais surtout, elle permettait de distraire l'attention du public pour mieux le leurrer. Aujourd'hui encore, la baguette magique reste l'attribut distinctif du magicien de scène. Certains en possèdent des télescopiques, des molles, d'autres qui changent de couleur, lancent des serpentins ou explosent en morceaux. Voilà qui n'est pas sans rappeler les baguettes des jumeaux Weasley, qui se sont apparemment lancés dans un commerce très lucratif chez les Moldus : les farces et attrapes. Secouez votre baguette et elle se transformera en poulet en plastique !

ES, 5

Balai

Personne n'adore les balais autant que les sorcières, mais, à voir l'attachement que voue Harry à son Éclair de Feu, on serait tenté d'ajouter : et les sorciers. D'un point de vue historique, néanmoins, tout individu volant sur un balai s'est presque toujours révélé être une femme. Si, à l'occasion, un sorcier décidait de faire un petit tour dans les airs, c'était plutôt une fourche qu'on lui voyait chevaucher fièrement !

Bien qu'aujourd'hui on ne représente plus les sorcières que sur un balai volant, elles n'ont pas toujours utilisé que ce moyen de locomotion. Entre 1450 et 1600, alors que la sorcellerie était une croyance très répandue en Europe, on disait avoir vu des sorcières se rendre à leurs réunions nocturnes à dos de chèvre, de bœuf, de mouton, de chien ou de loup, et même sur des bâtons, des pelles ou des perches ! Pourquoi finirent-elles par se décider une fois pour toutes pour le balai ? Parce que, déclarent les spécialistes, on associe traditionnellement les femmes aux travaux ménagers…

Selon la croyance populaire, largement inventée et diffusée par les chasseurs de sorcières professionnels, ces dernières quittaient leur logis par la cheminée. Une fois en l'air, il était paraît-il assez facile de se diriger – sauf dans deux cas précis. Une novice pouvait éprouver quelques difficultés à rester perchée, car le balai était aussi rapide qu'instable. De plus, il arrivait que les sorcières fussent renversées de leur monture (ou clouées au sol au moment du décollage) par des sons de cloches provenant d'une église. Au début du XVIIe siècle, dans une ville d'Allemagne, on craignait tant les sorcières que le conseil de la ville avait ordonné que les cloches de l'église sonnent à toute volée du crépuscule à l'aube.

Les sorcières, dit-on, s'oignaient d'un « onguent de vol » avant de déguerpir par la cheminée pour se rendre à leurs sabbats nocturnes...

Le vol des sorcières fit l'objet d'un large débat entre les instances universitaires et religieuses, notamment au plus fort de la chasse aux **sorcières**. A en croire le *Malleus Maleficarum* (1486), manuel qui faisait autorité en matière de repérage et d'extermination des sorcières, leur aptitude à voler était un fait établi. Tout d'abord parce que de nombreuses femmes avaient avoué savoir voler, certaines même s'en étant vantées publiquement. En outre, un passage de l'Évangile de Matthieu rapporte que Satan avait le pouvoir de transporter Jésus dans les airs ; or, comme le soulignèrent des hommes d'Église, si le diable pouvait faire voler Jésus, il avait dû accorder ce don à celles qui le servaient. D'autres spécialistes rejetèrent ce pouvoir comme étant physiquement impossible et expliquèrent que, si les femmes avaient cru savoir voler, c'est que le diable leur avait fourré la tête de balivernes.

Un groupe de penseurs aux méthodes plus scientifiques proposa encore une autre interprétation. On disait que les sorcières se préparaient à décoller en enduisant leur balai et leur corps d'un « onguent d'envol », extrait de plantes et d'herbes diverses (parmi lesquelles la jusquiame, la **mandragore**, l'aconit et la belladone), qu'elles cultivaient dans leur jardin. Les médecins qui, au XVIe siècle, purent examiner cet onguent découvrirent qu'il contenait des substances chimiques très puissantes, capables de pénétrer dans l'organisme à travers la peau et de provoquer un profond sommeil ainsi que des hallucinations – notamment l'illusion de voler. Selon leur théorie, les sorcières qui croyaient « planer » s'endormaient en fait dans leur cuisine et se réveillaient quelques heures plus tard avec le souvenir très vivace d'un vol fantastique... qu'elles n'avaient en fait vécu qu'en **rêve**.

ES, 9

Basilic

Selon les sources, le basilic est un reptile cracheur de venin, un lézard féroce, un immense dragon ou une chimère arborant la tête et les ailes d'un coq sur un corps de **serpent**. Il est, en tout cas, l'un de nos monstres favoris. Tout comme l'énorme créature que Harry rencontre dans la Chambre des Secrets, le basilic est toujours effrayant et souvent mortel, puisqu'il a le pouvoir de tuer ses victimes d'un seul regard.

Le premier à évoquer ce charmant reptile fut Pline l'Ancien, auteur latin du Ier siècle, dont l'*Histoire naturelle* reflète les connaissances et les croyances des Romains de l'Antiquité. Selon Pline, le basilic serait un serpent de petite taille (il ne dépasse pas quarante centimètres), à la morsure fatale, provenant d'Afrique du Nord. Appelé « roi des serpents » du fait des marques en couronne qui ornent sa tête (*basiliskos* signifie « petit roi » en grec), et contrairement aux autres serpents qui ondulent sur le sol, le basilic avance sur sa proie le corps dressé. Parmi ses pouvoirs, il posséderait celui d'enflammer des buissons, et sa seule exhalation briserait net les pierres. Le basilic vit dans le désert, pas nécessairement par choix, mais parce que son souffle brûlant a tôt fait de transformer tout ce qui l'entoure en lieu de désolation. Pline rapporte que son venin est tellement puissant que, lorsqu'il arrive qu'un cavalier tue un basilic d'un coup de lance, le venin remonte le long de la lance, tuant le cavalier ainsi que sa monture.

Les serpents ont-ils un talon d'Achille ? Le basilic, lui, en a deux : il ne supporte ni l'odeur de la fouine, ni le chant du coq. Pour se débarrasser d'un basilic, il faut donc commencer par attirer une fouine dans le terrier de la bête puis d'en bloquer les issues ; le serpent succombe ainsi à l'odeur du petit mammifère. Mais il est bien plus efficace d'utiliser un coq : selon l'auteur latin Claudius Aelianus, le simple chant du gallinacé causerait le trépas du basilic après d'atroces convulsions (c'est pour protéger le basilic d'un tel supplice que Tom Jedusor le cache dans la Chambre des Secrets et élimine les coqs dans l'enceinte de Poudlard). Tout bien réfléchi, le basilic a un troisième talon d'Achille, le plus vulnérable : son regard meurtrier. S'il le croise dans un miroir, il meurt d'effroi.

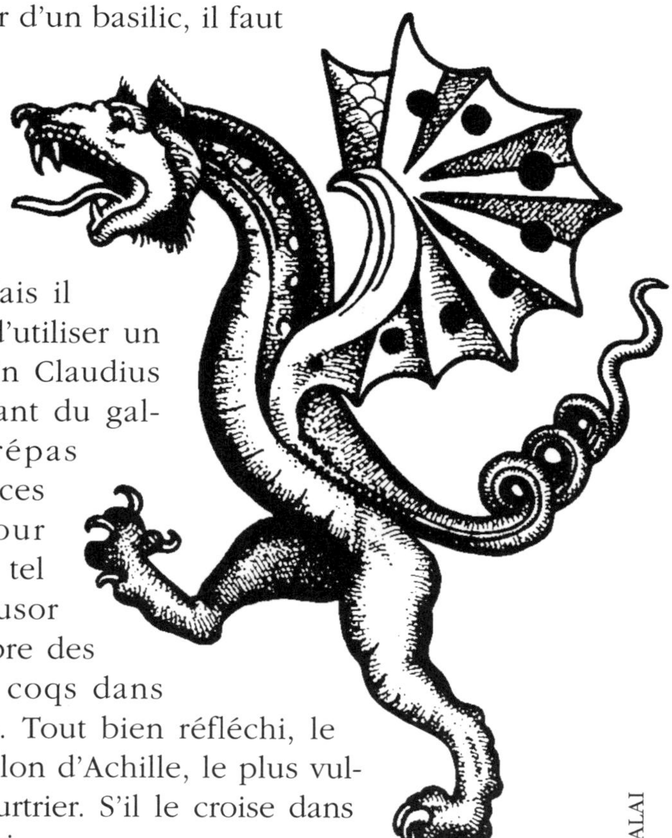

BALAI

Le basilic aujourd'hui

L'animal qui porte de nos jours le doux nom de basilic est un étonnant lézard, que l'on trouve dans les forêts tropicales d'Amérique centrale ou du Sud. De la famille des iguanes, il vit dans les arbres ou dans les roches. Il peut en outre courir à la surface de l'eau à une vitesse surprenante, dressé sur ses pattes arrière et le corps bien droit. Il est aussi bon nageur que grimpeur et se nourrit d'insectes, d'araignées et de petits animaux. Puisqu'il semble capable de marcher sur l'eau, on l'appelle aussi parfois « lézard Jésus ».

Comme maintes créatures imaginaires, le basilic a probablement été inspiré par un animal réel – ici, le cobra égyptien, dont le venin est mortel, et qui s'avance tête dressée, intimidant sa proie en exhibant les marques en forme de couronne dont sa tête est ornée.

Dans l'Antiquité, il n'était pas rare qu'un auteur s'avisât de décrire les coutumes et les créatures de terres étrangères sans avoir jamais quitté la sienne. Il se nourrissait pour cela des récits de voyageurs rapportés par le bouche à oreille, sans doute embellis pour les rendre plus captivants. A mesure que ces récits étaient répétés, l'effrayante renommée du basilic grandissait. Si bien qu'au Moyen Age, les livres traitant de créatures mythiques commencèrent à le décrire comme un monstre bizarre, pourvu d'un corps de serpent (c'était là tout ce qu'il avait conservé de la tradition grecque et latine), d'une tête, d'ailes et parfois de pattes de coq. Cette variante de la créature, que, selon la légende, on trouverait aujourd'hui aussi bien en Angleterre qu'en Afrique, était aussi connue sous le nom de « coquatrice ». Cette combinaison improbable est liée à l'histoire de sa naissance : on raconte que le basilic sortit d'un œuf de poule pondu sur une colline et couvé par un **crapaud**... C'est cette image du basilic qui fut largement adoptée et reproduite dans l'art et les armoiries médiévales, avec un corps recouvert tantôt de plumes, tantôt d'écailles.

Le basilic de la Chambre des Secrets, cependant, est de l'ancienne école : c'est bel et bien un serpent, énorme qui plus est, comme il convient à l'héritier de Serpentard.

CS, 16

Botanique

Avoir la main verte peut se révéler un atout de taille pour un **sorcier**. En effet, bon nombre des ingrédients nécessaires aux **potions** magiques poussent le plus naturellement du monde dans les jardins et les potagers, de même que les remèdes à toutes sortes de maladies naturelles ou surnaturelles – de l'acné à la morsure de serpent en passant par la **pétrification**. Certaines herbes ont même le pouvoir de vous protéger des sortilèges concoctés par vos ennemis. Le secret, c'est de savoir quelle plante produit quel effet, et d'apprendre à la cultiver et à la récolter. C'est ici que la botanique entre en scène.

On utilise les herbes en magie et en médecine depuis des milliers d'années. L'étude systématique des plantes remonte aux Sumériens, qui avaient établi l'usage médicinal du cumin, du thym, du laurier et de bien d'autres végétaux que l'on peut aujourd'hui cultiver sans peine sur son balcon. Le premier « livre d'herbes » chinois (ou « herbier »), écrit aux alentours de 2800 av. J.-C., recense les propriétés médicales de trois cent soixante-six plantes. Dans l'Antiquité, les Grecs et les Romains

Un traité de botanique du XVe siècle. Les caractéristiques extérieures de la plante sont censées renseigner sur son usage : celle qui ressemble à un croc apaisera les maux de dents, celle en forme de cœur soignera les affections cardiaques infantiles, celle qui rappelle un œil aiguisera la vue. De même, une plante velue sera souveraine pour combattre la calvitie !

se servaient des herbes pour préparer remèdes, assaisonnements, produits de beauté, parfums et teintures. Les plus superstitieux d'entre eux en faisaient même des amulettes sous forme de petits sachets d'herbes qu'ils s'accrochaient autour du cou pour repousser les esprits malins, la maladie ou les **malédictions** d'un voisin mécontent. Dans *L'Odyssée* d'Homère, Ulysse reçoit une herbe du nom de *molybdenum* pour le protéger des **sorts** jetés par la magicienne Circé. Dans d'autres récits mythologiques, les herbes sont associées aux **sorcières**, telles que Hécate ou Médée, qui s'en servaient pour mijoter des **potions** investissant de dons fabuleux ceux qu'elles aimaient et répandant des souffrances abominables sur ceux qu'elles voulaient détruire.

Au Moyen Age, tout le monde connaissait près de chez soi un « bonhomme » ou une « bonne femme » usant d'herbes pour soigner maux et blessures ou résoudre toutes sortes de difficultés personnelles, du puits tari à la belle-mère envahissante – et inversement. Ces prescriptions reposaient sur des croyances relatives aux propriétés médicinales et magiques des plantes, croyances qui se transmettaient de génération en génération. On s'appuyait généralement sur l'idée que chaque plante avait été créée par Dieu dans un but précis, et portait la marque physique de ses qualités – si bien qu'en jetant un simple coup d'œil à un végétal, on comprenait instantanément à quoi il était bon. La couleur des fleurs ou des fruits, la forme d'une racine ou d'une feuille, la texture du pétale ou de la tige – autant d'indices sur les vertus d'une plante. Celles à fleurs jaunes, telle la solidage, étaient censées soigner le teint cireux causé par la jaunisse ; les plantes à feuilles ou racines rouges étaient utilisées pour les troubles du sang ou les blessures ouvertes ; quant aux pétales violets de l'iris, réduits en cataplasme, ils étaient réputés efficaces contre les bleus. Si une plante avait l'apparence d'un organe humain, on en déduisait qu'elle pouvait soulager cet organe. La pulmonaire, qui tire son nom des taches en forme de poumon qui ornent ses feuilles, était employée contre les douleurs aux poumons, tandis que l'hépatique à trois lobes, qui ressemblait, dit-on, à un foie, servait à traiter les affections de ce viscère. Les feuilles de tremble réduisaient pour leur part les spasmes de la paralysie agitante. Enfin, les fleurs en forme de papillon étaient recommandées pour apaiser les piqûres d'insectes.

Bien que bon nombre de pathologies fussent attribuées aux forces surnaturelles, là encore, les plantes faisaient des miracles. L'herboriste ou la bonne femme locale vous conseillait de suspendre une couronne de mûrier pour éloigner les esprits maléfiques, de farcir le trou de votre serrure de graines de fenouil pour empêcher les **fantômes** d'entrer et de répandre du jus de digitale sur le seuil de votre maison pour vous protéger des **fées**. Les plantes avaient aussi des fonctions plus prosaïques. Un cocher qui craignait de s'endormir aux rênes de son chariot devait emporter de l'armoise, dont la simple présence avait la réputation de chasser le sommeil. Le chercheur de trésor choisira plutôt la chicorée, qui aurait le pouvoir d'ouvrir portes et coffres verrouillés. Une femme désireuse de tomber enceinte plantera du persil autour de sa maison, et quant au jeune homme impatient de gagner le cœur de sa belle, il cueillera des mille-feuilles en récitant un charme d'amour.

Mais connaître les indications thérapeutiques ou magiques des plantes n'est que la première moitié du travail. Encore faut-il savoir à quel moment précis et de quelle manière on doit les cueillir. Beaucoup d'herboristes soutenaient que les caractéristiques de nombreuses plantes – comme des humains – dépendent directement du mouvement des planètes et des étoiles. Un enthousiaste de la botanique astrologique est allé jusqu'à déclarer : « Si une plante n'est pas cueillie selon les règles de l'astrologie, elle n'a que peu ou prou de vertus. » Ainsi, les plantes associées à Saturne, telles que ciguë et belladone, devaient être cueillies lorsque Saturne se trouvait à la position idoine dans le ciel, et ainsi de suite. La règle d'or était qu'il valait mieux faire sa cueillette la nuit, à la pleine lune, quand les plantes sont au maximum de leur puissance. C'est sans doute pour cette raison qu'Hermione doit suivre des instructions très précises lorsqu'elle récolte des sisymbres pour la concoction du Polynectar.

Mais un certain nombre de plantes suivent des règles bien à elles. Si par exemple vous souhaitez que la chicorée bleue vous ouvre le moindre verrou, il vous faudra la couper à l'aide d'une lame en or, à minuit ou au clair de lune, le jour de la Saint-Jacques, c'est-à-dire le 25 juillet. Attention : prononcez un seul mot pendant cette opération et vous tomberez raide mort… Et si vous vous servez de pivoines pour protéger votre bétail et vos récoltes des orages, vous ferez bien de vous assurer qu'aucun pic-vert ne traîne dans les parages au moment de la cueillette. On raconte en effet que ces oiseaux, s'ils vous surprennent, vous feront perdre la vue sur-le-champ ! Considérant toutes ces règles et tous les dangers mortels encourus au moindre faux pas, il ne paraît pas vain, pour les étudiants de Poudlard, de passer tant d'années en cours de botanique…

ES, 8

Boule de cristal

« Attendez un peu que je regarde dans ma boule de cristal… » De nos jours, ces mots sont dits de façon ironique, pour répondre à des questions pressantes sur l'avenir. Mais pour ceux qui pratiquent les arts multiples de la **divination**, lire dans une boule de cristal, c'est du sérieux !

A Poudlard, c'est le professeur Trelawney qui a pour tâche d'enseigner à ses élèves de troisième année comment percer les « profondeurs infinies de la Sphère » ; s'ils font preuve de patience et de relaxation, ils seront justement récompensés, leur assure-t-elle, et auront des visions concernant l'avenir. Harry, Ron et Hermione ont beau être pour le moins sceptiques, légion sont ceux qui croient aux pouvoirs de révélation de la boule de cristal.

Si les boules en vrai cristal n'ont fait leur apparition qu'au Moyen Age, la *cristallomancie* – l'art d'observer du cristal naturel ou poli pour y entrevoir des visions d'avenir – relève d'une tradition bien plus ancienne. Cette forme de voyance consiste à scruter des surfaces lisses ou réfléchissantes jusqu'à ce que des images se forment, soit sur la surface elle-même, soit dans l'esprit de celui qui observe. Il semble que toutes les cultures aient eu recours à cette méthode, sous une forme ou sous une autre.

Dans l'ancienne Mésopotamie, les devins versaient de l'huile dans des bols d'eau et interprétaient ensuite les formes qui se dessinaient à la surface. Dans la Bible, le prophète Joseph transporte une timbale d'argent, dont il se sert aussi bien pour boire que pour la divination. Les Égyptiens, les Arabes, les Perses scrutaient des coupes remplies d'encre, tandis que les Grecs utilisaient des miroirs polis et du cuivre bruni dans l'espoir de recevoir des visions susceptibles de les éclairer. Les Romains furent les premiers vrais cristallomanciens, qui préféraient les cristaux polis (pas toujours ronds, cependant) de quartz ou de béryl.

Même à cette époque, une sceptique telle qu'Hermione aurait fait un bien piètre disciple de la boule de cristal, puisque la sincérité, une attitude mentale positive et la foi dans le procédé sont les conditions indispensables à la réussite de l'entreprise. Le cristallomancien idéal devait être physiquement et spirituellement pur et se préparer à chaque lecture par quelques jours de prière et de jeûne. Il devait opérer dans une pièce à l'atmosphère solennelle et sereine. Tous ces préparatifs avaient pour but de mettre le voyant dans un état proche de la transe, pour favoriser l'apparition d'images. Les Anciens recon-

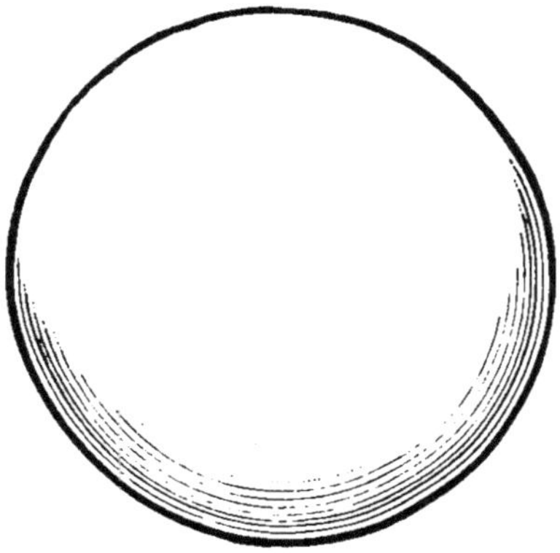

naissaient sans mal que les visions des devins, loin d'apparaître à proprement parler sur le cristal lui-même, se formaient dans leur esprit. Néanmoins, ces visions étaient considérées comme des prophéties et non comme des rêves éveillés.

Dans certaines cultures, on pensait que les enfants étaient les mieux disposés à la voyance, puisqu'ils avaient un esprit pur et une imagination plus ouverte que ceux des adultes. Confiant dans cette théorie, répandue dans l'Europe de la Renaissance, on faisait prédire l'avenir aux enfants par un rituel proche de celui de l'Antiquité, comprenant une surface de cristal, des prières, de l'encens et des **formules magiques**. C'est en outre à cette époque qu'enfants et adultes commencèrent à mettre à profit cette technique pour des motifs beaucoup plus terre à terre : découvrir l'identité d'un criminel ou localiser un bien perdu ou volé, par exemple. Un document datant de 1671 rapporte qu'un marchand, las d'être volé sans répit, choisit de parcourir les rues de la ville accompagné d'un enfant portant une boule de cristal, à dessein de confondre le voleur. Trouva-t-il son coupable ? L'histoire ne le dit pas.

La boule de cristal la plus célèbre de la Renaissance est sans aucun doute celle qui appartenait à John Dee, honorable mathématicien et astronome anglais que la reine Élisabeth Iʳᵉ employa pour déterminer la date la plus propice à son couronnement, en 1558. Dee avait une réelle passion pour la voyance, qu'il concevait entre autres comme un moyen d'entrer en contact avec le monde des anges et des esprits, détenteurs selon lui d'un savoir unique. Il possédait une boule de cristal « des plus brillantes, des plus pures et des plus magnifiques, de la taille d'un œuf », comme il aimait à la décrire. Malheureusement, malgré son assiduité et ses efforts continus, Dee ne vit jamais rien se dessiner dans sa boule. Plutôt que d'abandonner sa passion, il loua les services d'Edward Kelly, devin professionnel dont beaucoup de savants disaient qu'il était un escroc. Les deux hommes travaillèrent ensemble durant de nombreuses années, Dee posait les questions, auxquelles Kelly répondait après avoir interrogé son globe de cristal. Ils produisirent ainsi des centaines de prédictions, notamment celle de l'exécution de Marie Stuart, reine d'Écosse, qui survint en février 1567. La boule de cristal de Dee est aujourd'hui conservée au British Museum, à Londres.

Tout comme Dee, des voyants utilisent aujourd'hui encore la boule de cristal pour tenter d'entrer en contact avec le monde des esprits. D'autres prédisent l'avenir ou s'emploient à retrouver des personnes disparues. Beaucoup s'inspirent de procédures vieilles de plusieurs siècles, bien que leurs préparatifs soient aujourd'hui moins contraignants. On accorde toujours une grande importance à l'atmosphère de la pièce et la séance se déroule sous une lumière tamisée. La boule est souvent une sphère parfaite d'une quinzaine de centimètres de diamètre et peut être blanche, bleue, violette, jaune, verte, opalescente ou transparente. Traditionnellement, la boule repose sur un socle d'ébène, d'ivoire ou de buis parfaitement poli. Au cours d'une lecture, le voyant peut placer la boule sur une table ou bien la tenir entre les mains, sur fond de tissu noir.

De nos jours, on associe souvent les boules de cristal aux grands spectacles commerciaux de voyants autoproclamés et itinérants qui, tel le professeur Merveille dans *Le Magicien d'Oz*, prétendent « tout voir et tout savoir ». Bien que l'art de la voyance ait quelque peu perdu de son rayonnement universel, il joue toujours un rôle important dans de nombreuses cultures. L'actuel dalaï-lama n'a-t-il pas été découvert par un comité de moines qui recherchaient son identité en scrutant les eaux du lac Lhotse, au Tibet ?

PA, 15

Cape d'invisibilité

Parfois, l'habit fait vraiment le moine. Demandez donc au propriétaire d'une cape d'invisibilité ce qu'il en pense ! Ce vêtement bien pratique, qui rend celui qui le porte invisible aux yeux de tous (sauf de Maugrey Fol'Œil), a rendu de fiers services à des générations entières de héros, les aidant ainsi à asseoir leur réputation.

La notion même de vêtement ou d'accessoire qui rend invisible remonte à la mythologie grecque. Hadès, le dieu grec des Enfers, possédait un « casque de ténèbres » miraculeux, qui conférait l'invisibilité à quiconque s'en coiffait. Ce n'est d'ailleurs pas une coïncidence si, en grec ancien, le nom « Hadès » signifie « celui qu'on ne voit pas ». Cette capuche

Jack « le tueur de géants » fut sans doute, avant Harry Potter, le plus célèbre héros à porter une cape d'invisibilité. Il s'en sert ici pour déjouer l'attention de deux griffons.

était très utile pour tromper un ennemi et l'on ne compte plus les personnages mythologiques qui l'empruntèrent. Le jeune prince Persée s'en servit pour terrasser la gorgone Méduse à la chevelure de serpents ; quant au dieu Hermès, il en fit bon usage pour combattre le **géant** Hippolyte.

D'autres légendes grecques font référence à des anneaux, des flèches et même des nuages de brume offrant le rare plaisir de pouvoir se promener partout sans se faire remarquer. La cape d'invisibilité, à proprement parler, n'apparaît qu'au Moyen Age, dans le fameux poème autrichien *La Chanson des Nibelung*. Dans cette épopée du XIIe siècle, adaptée d'une série de récits issus de la mythologie nordique, un puissant magicien **nain** du nom d'Alberich possède une cape secrète (ou *tarnekappe*) qui rend celui qui la porte invisible. Les attributs de cet étonnant costume ne s'arrêtent pas là, puisque en l'enfilant, on gagne aussi la force de douze hommes. Alberich utilise la *tarnekappe* pour protéger le trésor enfoui des Nibelung (une prestigieuse dynastie royale européenne), jusqu'à sa défaite face au héros Siegfried, qui lui confisque également sa cape. Cette histoire est au cœur de la *Tétralogie* de l'Allemand Richard Wagner, ensemble de quatre opéras composés au XIXe siècle.

Au XVIIIe siècle, les capes et autres manteaux d'invisibilité étaient devenus monnaie courante dans le folklore européen. Le héros populaire anglais Jack, le « tueur de géants », portait un « manteau d'ombre » qui lui permettait de passer à l'attaque au nez et à la barbe de ses ennemis (pour faire bonne mesure, il possédait aussi une « calotte du savoir » et des « chaussures de vent » dans bon nombre de ses aventures). Les capes d'invisibilité sont aussi le ressort principal de plusieurs contes de Grimm, notamment de celui des « souliers de bal usés ». Dans ce récit léger, un jeune soldat sans le sou gagne gloire et fortune ainsi qu'une épouse de sang royal, grâce à sa cape magique qui lui permet de se jouer de douze princesses trop gâtées. Malgré ses ruses, le soldat manque pourtant de se faire prendre : monté sur une barque, il éveille autour de lui comme un doute ; le prince qui tient les rames s'écrie même : « Je ne comprends pas, la barque me semble aujourd'hui plus lourde que d'habitude. Je dois ramer de toutes mes forces pour avancer ! »

Bien sûr, toutes les capes d'invisibilité ne sont pas nées égales. Comme tous les vêtements, elles existent en plusieurs tailles, couleurs et tissus. Celle de Jack « le tueur de géants » est en général décrite comme « un humble et vieux manteau », tandis que la cape que Harry hérite de son père est faite d'une étoffe souple et argentée qui glisse et miroite comme de l'eau. Certaines capes ont aussi des fonctions optionnelles, telle la cape volante décrite dans une suite du *Magicien d'Oz* et qui, en un clin d'œil, transporte où il veut celui qui la porte.

Toutes les capes d'invisibilité ont cependant un point commun : elles permettent à leur propriétaire de faire exactement ce qu'il souhaite, sans craindre ni jugement ni représailles. Comme le découvre Harry lorsqu'il se glisse subrepticement hors de Poudlard, il peut, grâce à sa cape, agir à sa guise et aller où bon lui semble. C'est d'ailleurs cette perspective de totale liberté qui conduisit le philosophe grec Platon à demander à ses élèves de l'Académie comment ils se comporteraient s'ils devenaient subitement invisibles. Et vous, que feriez-vous ? Tueriez-vous d'horribles monstres, comme le fit le jeune Persée ? Vous rendriez-vous maître d'un affreux royaume souterrain, tel Alberich ? Ou bien vous contenteriez-vous d'aller déguster en douce quelques délicieux gnomes au poivre, comme Harry et ses amis ?

ES, 12

Centaure

A la différence des centaures pensifs et philosophes qui parcourent la **Forêt interdite**, ceux de la mythologie grecque avaient tout d'une bande de voyous. Ils vivaient en troupeaux dans les montagnes du nord de la Grèce, où ils menaient une vie sauvage et dissolue.

Moitié homme, moitié cheval, le centaure offrait à l'œil un spectacle magnifique. Mais il était aussi toujours prêt à s'enivrer, à se battre et à séduire les femmes humaines. Alors que leur voisin, Pirithous, roi des Lapithes, les avait invités au mariage de sa fille, le banquet tourna au pugilat lorsque les centaures, saouls comme des cochons, se mirent à assaillir toutes les femmes de l'assemblée et tentèrent d'enlever la mariée – s'ensuivit une bataille sanglante contre leur hôte et ses amis, bataille que les centaures perdirent, au grand soulagement de tous ceux qui vivaient dans le voisinage.

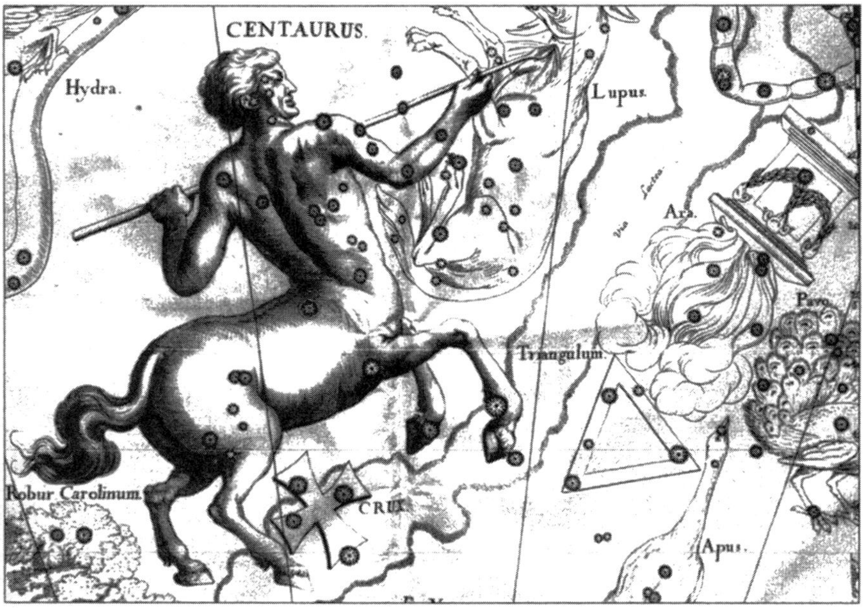

La constellation du Centaure n'est visible qu'au sud ou à proximité de l'équateur. Elle comprend l'une des planètes les plus brillantes dans le ciel nocturne : Alpha du Centaure, qui est aussi la plus proche du Soleil.

Comme dans toute famille nombreuse, il y eut bien quelques centaures pour se révolter contre les manières barbares de leurs semblables ; ceux-là préférèrent une vie de vertu et de contemplation. Le plus fameux d'entre eux est Chiron, qui devint le professeur et le mentor de beaucoup de jeunes hommes promis à une vie illustre, notamment Hercule, Achille (le héros de la guerre de Troie), Jason (le capitaine de l'*Argo*) et Asclépios (le dieu de la Médecine). Réputé pour sa sagesse et son équité, Chiron avait des dons multiples : la médecine, la chasse, la **botanique** et la navigation céleste n'avaient pas de secrets pour lui. Il pratiquait également l'**astrologie** et la **divination**. Si l'on observe Ronan, Bane et Firenze en train de lire l'avenir dans les étoiles, on peut aisément en conclure qu'ils descendent de la branche Chiron de la grande famille des centaures.

Chiron, nous apprend la mythologie, aurait pu continuer à éduquer de jeunes héros indéfiniment, car il était né immortel. Il décida pourtant de renoncer à ce don après qu'une flèche empoisonnée de son ami Hercule l'eut blessé. Lorsque la douleur devint insupportable, il supplia Zeus de lui accorder la mort. Le puissant dieu accepta de le faire périr, mais lui conserva en quelque sorte son immortalité en l'abritant dans le ciel, où il devint la constellation du Centaure.

ES, 15

Charme

Lorsque, dans la conversation courante, nous parlons du charme d'une personne, nous faisons allusion à une certaine aisance en société, à cette qualité rare et délicieuse qui la rend plus convaincante et séduisante que d'autres. Mais le terme « charme », issu du latin *carmen* (qui signifie « chant » ou « paroles rituelles »), a de nombreuses significations, qui n'ont rien à voir avec la grâce que nous venons d'évoquer. Dans le monde de la magie et de la sorcellerie, un charme est généralement une expression que l'on récite ou que l'on écrit pour obtenir un effet magique particulier. Ainsi, pour appeler son Éclair de Feu, Harry prononce la formule appropriée (« Accio Éclair de Feu ! ») ; Hermione utilise quant à elle un charme de lévitation pour faire flotter une plume dans l'air (« Wingardium Leviosa ! »).

Les élèves du cours de sortilèges du professeur Flitwick le comprennent rapidement : il existe un charme pour chaque occasion ou presque. En utilisant les bonnes formules au bon moment, on peut s'attirer richesse et célébrité, vaincre ses ennemis ou encore gagner le cœur des hommes. On a même retrouvé un charme rédigé en vieil anglais qui assure une protection contre les nains maléfiques. Mais les charmes sont couramment associés aux « bonnes femmes » du Moyen Age, qui les utilisaient pour des tâches plutôt humbles : soigner les malades, protéger les récoltes et les troupeaux et écarter les **sorts** qui menaçaient les villageois.

Bien que quelques charmes combinent paroles et action (par exemple, cracher ou agiter sa **baguette magique**), la plupart n'exigent aucun rituel ou instrument particulier pour être efficaces. On dit même qu'il suffit d'écrire un charme pour le rendre actif. Les premiers étaient donc de simples chutes de parchemin sur lesquelles on inscrivait la **formule magique** (par exemple, « abracadabra ») pour les porter ensuite en **amulettes** autour du cou.

Les charmes oraux devinrent très populaires en Europe au XIIe siècle, lorsque l'Église catholique commença à promouvoir la prière orale et les bénédictions papales. Au cours du Moyen Age, il était courant pour une **sorcière**, un **magicien**, voire un ecclésiastique d'adapter une prière chrétienne à des fins magiques. Le Notre Père était souvent décrit et utilisé comme charme contre la maladie, la peste ou la malchance. Un grimoire français du XIIIe siècle rapporte qu'un curé se servit de cette prière « pour délivrer Arnault de Villeneuve des verrues qu'il avait aux mains » ! D'autres charmes mêlaient formules magiques et noms de saints et soignaient principalement les morsures de serpents et les brûlures.

Les sorciers et sorcières peu doués – ainsi que la plupart des « Moldus » – appellent également « charme » tout objet de petite taille, facile à emporter avec soi et auquel on prête des propriétés magiques. Parmi eux, on compte les pattes de lapin, trèfles à quatre feuilles et autres fers à cheval – même si tout magicien digne de ce nom ne leur accorderait strictement aucun crédit. Ce genre d'artifices magiques est à ranger dans la catégorie des **amulettes** (objets assurant une protection magique) ou des **talismans** (objets qui confèrent au porteur des pouvoirs magiques). Les « charmes » qui pendent aujourd'hui des bracelets à breloques sont purement décoratifs ; ils symbolisent l'amour ou l'amitié, mais ne possèdent aucun pouvoir magique.

Je suis sous le charme...

L'idée qu'un charme puisse s'emparer de nous et guider nos actions se retrouve dans bon nombre d'expressions courantes... et charmantes. Un beau parleur vous tiendra « sous son charme », ou bien on dira de lui qu'il est « plein de charme ». Les petits villages vieillots ont « un charme très pittoresque » et la musique, à en croire l'écrivain anglais William Congreve, « possède ce charme qui sait apaiser la bête la plus sauvage ». Le « prince charmant » obtient en général tout ce qu'il désire, et l'on dit de ceux qui jouissent d'une bonne santé qu'ils se portent « comme un charme ». En revanche, on dira parfois d'un ton ironique : « C'est vraiment charmant ! »... pour signifier exactement le contraire. Enfin, toute technique élaborée en vue de parvenir à ses fins – un mot gentil, un sourire, un billet glissé à un maître d'hôtel peu coopératif – peut être justement qualifiée de « coup de charme ».

Hermione ne nous contredira pas : le meilleur endroit où trouver des charmes authentiques, c'est bien sûr dans les livres. Si vous cherchez un charme de bonne humeur pour un ami qui n'a pas le moral ou bien un charme « spécial décapage » pour remettre votre cuisine à neuf, une seule chose à faire : vous rendre directement à la bibliothèque de Poudlard et emprunter un exemplaire de *Sorts et Enchantements anciens et oubliés*. Mais assurez-vous bien que vous avez choisi le bon charme et que votre prononciation est irréprochable, sous peine de subir le sort de ce bon à rien d'Aberforth, le frère du professeur Dumbledore, qui fut humilié en public pour avoir utilisé à mauvais escient des charmes sur une chèvre...

ES, 10

Chat

Sous ses airs inoffensifs de vieux chat grisonnant, Miss Teigne, la chatte de Rusard, a le don de mettre mal à l'aise n'importe quel élève de Poudlard. Elle est toujours à traquer les bêtises et semble communiquer par télépathie avec son maître, sans même un miaou, dès lors qu'il s'agit de dénoncer quelqu'un.

Les chats ont toujours été associés à la magie et au surnaturel. Au XVIe siècle, ils étaient les compagnons privilégiés des **sorcières**, desquelles ils semblaient capables de se faire comprendre, comme Miss Teigne de Rusard. Dans certaines contrées d'Écosse, cette croyance était même si forte que beaucoup refusaient d'aborder des histoires de famille en présence d'un chat, de peur qu'une sorcière ne fît mauvais usage de leurs confidences.

Cependant, selon certaines théories, les chats ne se contentaient pas d'être les espions des sorcières : ils *étaient* des sorcières déguisées ! Nicolas Rémy, un juge du XVIe siècle qui présida le procès de centaines de sorcières, prétendit que la plupart de celles qu'il avait rencontrées savaient se transformer instantanément en chat lorsqu'elles voulaient pénétrer dans une maison. Mais, contrairement au professeur McGonagall, qui peut devenir chat dès qu'elle le souhaite, les sorcières ne pouvaient accomplir ce tour que neuf fois – une pour chacune des vies du chat.

Le rôle traditionnel du chat auprès d'une sorcière est celui de *démon familier* (voir **sorcière**, p. 246). Plus serviteur qu'animal de compagnie, il s'agissait d'un **démon** mineur que le diable fournissait à chaque sorcière afin qu'il accomplît pour elle de petites tâches maléfiques (faire tourner le lait, détruire un troupeau, déclencher une épidémie ou même supprimer ses ennemis). Au XVIe siècle, lors d'un procès, une sorcière repentie avoua que son chat, Sathan, lui parlait d'une voix étrange et gutturale ; il lui avait trouvé un riche mari qu'il avait ensuite rendu infirme, et avait tué son bébé de six mois, tout cela sur ses ordres. Dans l'ouest de l'Angleterre, des témoins rapportèrent avoir vu une femme, connue sous le plaisant sobriquet de « cruelle sorcière noire de Fraddam », fendre les airs sur le dos d'un gros chat noir pour aller cueillir des herbes magiques ou récolter des poisons. Pareilles histoires courant la campagne, il n'était pas surprenant que la population redoute les chats autant que les sorcières elles-mêmes, et ne les traite guère mieux.

Pourtant, avant d'être craints, les chats ont été vénérés. Dans l'Antiquité, les Égyptiens furent les premiers à les domestiquer et à en faire des animaux de compagnie ; ils devinrent bientôt l'objet d'un culte religieux. Tout commença aux alentours de 2 000 avant notre ère, quand la déesse Bastet, que l'on représente en général pourvue d'un corps de femme et d'une tête de chat, fut célébrée comme la divinité de la Fertilité et de la Guérison. Si l'on en croit l'historien grec Diodore de Sicile, les chats vivant dans les temples se faisaient servir du pain, du lait et des tranches de poissons pêchés dans le Nil ; les hommes chargés de leurs soins occupaient en outre un statut de choix dans la communauté. On en vint à considérer tous les chats non seulement comme des symboles de la bonté de Bastet, mais comme des dieux eux-mêmes. Les **amulettes** en forme de chat se fabriquaient et se vendaient par milliers. Tuer un chat, même par accident, était passible de la peine de mort, et lorsque le chat de la famille venait à casser sa pipe, toute la maisonnée se rasait les sourcils en signe de deuil. Et le culte qu'on leur portait ne cessait pas avec leur mort. Il importait de les inhumer avec le plus grand respect, c'est-à-dire les envelopper de bandelettes à la façon des **momies** humaines (l'embaumement était censé permettre aux défunts de revenir à la vie). Pendant l'été 1888, un fermier égyptien qui labourait sa terre exhuma un

Histoires de chats

Le chat exerce sur les hommes une fascination peu commune. Le folklore abonde d'histoires qui prétendent donner un sens aux moindres faits et gestes de ces animaux. Une légende raconte que, si vous voyez un chat tout fringant, c'est qu'il va pleuvoir. Variante : la pluie n'est certaine que si le chat se passe la patte au-dessus des deux oreilles en faisant sa toilette. Si le chat se lisse les moustaches, il faut s'attendre à de la visite ; s'il s'étire en tendant les pattes en direction du feu, ce sont des étrangers qui approchent. Un chat qui éternue près d'une jeune fille le jour de son mariage est un gage d'union heureuse ; en revanche, trois éternuements, et c'est le rhume pour toute la maisonnée.

Vous vous êtes sans doute déjà demandé si les chats noirs portent *vraiment* malheur. Réponse : ça dépend où. Les Américains ont tendance à fuir les chats noirs, alors qu'en Angleterre, ils portent bonheur. A l'époque élisabéthaine, les chats associés aux sorcières n'étaient ni blancs ni noirs, mais tigrés ; dans le *Macbeth* de Shakespeare, les trois sorcières savent qu'il est temps de passer à l'action car « par trois fois le chat tigré a miaulé ». On ne peut dire précisément pourquoi telle couleur a pris tel sens au fil des siècles. Le plus sûr est peut-être de suivre la tradition galloise selon laquelle les plus chanceux de tous sont ceux qui possèdent à la fois un chat noir d'ébène et un autre blanc comme neige.

[redacted] trois cent mille momies félines vieilles de deux [redacted] qui reposaient sous le sable du désert ! Encore ne [redacted] là que d'un seul des nombreux cimetières de chats [redacted] l'Égypte.

[redacted] les chats ont-ils été si passionnément aimés, puis [redacted] superstitions liées aux chats s'appuient [redacted] assez sommaire de cet animal. Comme [redacted], le chat d'Hermione, la plupart des félins n'aiment pas les rats… ou bien sous forme de gigots ! Pour certains, le culte égyptien du chat viendrait du fait que ce petit félin empêchait les rongeurs d'envahir les greniers à grain et les réserves de nourriture. Ayant vu des chats tuer des vipères mortelles, les Égyptiens en conclurent par ailleurs que le chat était l'ennemi naturel du **serpent**, symbole traditionnel du Mal.

L'excellente vision nocturne du chat, ainsi que cet étrange reflet que l'on aperçoit la nuit dans ses yeux, lui ont valu une réputation de voyant : s'il peut voir dans le noir, pourquoi pas dans l'avenir ou dans les méandres de l'esprit humain ? Quant à l'électricité statique dont sa fourrure est chargée – et dont la qualité change en fonction de la sécheresse de l'air –, elle fut interprétée comme une capacité à prévoir le temps. Un baromètre à quatre pattes, en quelque sorte ! Enfin, ce comportement désinvolte et indifférent, bien connu des amoureux des chats, amena certains à considérer cet animal comme une créature venue « d'un autre monde », ou bien comme un farceur invétéré, attendant le bon moment pour sauter sur le bébé endormi ou pour répéter les secrets de famille. Si vous aimez de temps à autre caresser la tête douce d'un chat qui ronronne ou lui susurrer quelque confidence à l'oreille… eh bien ! un conseil : préférez les chiens.

ES, 8

Chaudron

A première vue, un chaudron ressemble à une grosse cocotte. Placé entre de bonnes (ou de mauvaises) mains, il peut devenir un instrument magique aux pouvoirs remarquables. Au moyen d'un chaudron, une **sorcière** ou un **magicien** expérimenté peut mijoter des **potions**, prédire l'avenir, produire de la nourriture à volonté pour un nombre illimité d'invités, rendre jeunesse et santé, ou encore accorder science et sagesse.

Les premiers chaudrons étaient de toutes tailles et de toutes formes. On en trouvait en bronze, en cuivre, en étain (comme celui de Harry), en pierre et plus tard en fer. Au Moyen Age, le chaudron était au centre de toutes les activités du foyer. On l'utilisait pour cuisiner, pour faire infuser des remèdes, pour laver ou teindre les tissus, pour confectionner du savon ou des chandelles, pour transporter l'eau aussi bien que les braises. Dans les familles nombreuses, un seul chaudron servait souvent à toutes ces tâches, imprégnant la layette d'une délicieuse odeur de graillon.

Dans certaines cultures, le chaudron jouait un rôle dans les rites religieux. Les Celtes conservaient les grâces de leurs dieux par des offrandes de bijoux d'or et d'argent, qu'ils plaçaient dans un chaudron plongé ensuite dans l'eau. Un chaudron de ce type fut retrouvé en Gaule, dans un lac, par des Romains bien heureux de leur pêche. Le fameux chaudron de Gundestop, découvert en 1891 dans une tourbière du Danemark, est presque entièrement constitué d'argent massif et orné de dessins de dieux, de plantes et d'animaux fantastiques. Il date du Ier siècle av. J.-C. et servait probablement aux sacrifices humains.

Mais si le chaudron marque les esprits, c'est surtout parce qu'il est le compagnon privilégié de la sorcière, et ce depuis l'Antiquité. Dans la mythologie grecque, la sorcière Médée avait promis à son mari qu'elle rendrait la santé à son père âgé et malade. Dans un chaudron, elle mélangea des herbes magiques à des ingrédients tirés d'animaux d'une grande longévité (notamment la tortue). Elle trancha ensuite la gorge de son beau-père et versa cette décoction dans la plaie. La potion de Médée rendit au vieil homme sa vigueur d'antan.

Le chaudron magique le plus célèbre est probablement celui du trio de sorcières qui aida Macbeth à accomplir sa destinée. Alors que ce dernier exigeait qu'elles lui disent son avenir, elles concoctèrent un breuvage répugnant, touillant dans leur chaudron une écaille de **dragon**, une dent de loup, une patte de lézard et ces deux ingrédients essentiels que sont les yeux de triton et les orteils de grenouille. Au moyen de cette potion et de leur fameuse incantation : « Double, double, malheur et brouilles, brûle le feu et chaudron bouille », les sorcières convoquèrent trois esprits qui présentèrent des prophéties détaillées – bien qu'habilement trompeuses.

Le chaudron est également très présent dans l'imagerie irlandaise et galloise, ainsi que dans la mythologie celtique, selon laquelle il avait le pouvoir d'ôter ou de donner la vie. La bouche du chaudron est considérée comme un passage vers l'autre monde ; c'est d'elle que surgit la vie et c'est elle qui engloutit les morts. On dit en outre que le chaudron de Pwyll, seigneur des Enfers chez les Gallois, avait le pouvoir d'accorder l'immortalité. La légende raconte que le roi Arthur et ses chevaliers tentèrent de dérober ce chaudron. Le héros irlandais Bran aurait possédé un chaudron capable de ramener les morts à la vie, qu'il offrit à son roi. Le souverain corrompu utilisa alors le récipient magique pour engendrer une armée de soldats éternels. Il les fit muets, pour qu'ils ne révèlent rien de la vie après la mort. Des récits de batailles rapportent que les membres tranchés des combattants étaient jetés dans le chaudron, duquel les corps reconstitués émergeaient aussitôt, prêts à reprendre la lutte. Le roi irlandais ne fut vaincu que lorsque le demi-frère de Bran sauta dans le chaudron, sacrifiant ainsi sa vie pour détruire cet outil infernal, qui ne pouvait contenir de chair vivante.

Une armée ainsi constituée ne devait jamais être battue, car de nouveaux soldats étaient sans cesse engendrés à partir des restes de ceux tombés au combat. C'est une tâche assez ardue pour les sorciers de se défendre contre les **forces du Mal** qui vivent et respirent ; mais imaginez le danger lorsque des adversaires vaincus depuis longtemps se réveillent, revenant lentement à la vie du fond de quelque chaudron mystérieux !

ES, 5

Chien à trois têtes

Touffu, l'énorme chien à trois têtes qui monte la garde auprès de la **Pierre philosophale** à Poudlard, descend d'une tradition mythologique vieille de presque trois mille ans. Son ancêtre le plus vénérable est en effet Cerbère, le chien sauvage de la légende grecque et romaine, qui se tient à l'entrée des Enfers. Pour Hésiode, poète du VIIIe siècle av. J.-C., Cerbère avait cinquante têtes et une voix d'airain. Deux siècles plus tard, cinquante parut un nombre excessif, même pour un chien très méchant ! Les artistes – n'ayant peut-être que l'excuse de leur paresse – préférèrent représenter Cerbère avec trois têtes, une queue de dragon et une colonne vertébrale hérissée de serpents. L'image s'imposa.

Les Grecs croyaient qu'après la mort, l'esprit du défunt descendait aux Enfers. Dirigé par le dieu Hadès et sa femme Perséphone, ce monde souterrain était la destination de toutes les âmes, bonnes ou mauvaises, mais c'est leur comportement sur terre qui décidait de la nouvelle existence qu'elles y mèneraient. Chien de garde des Enfers, Cerbère avait pour tâche de veiller à ce que personne ne s'échappe du royaume d'Hadès, une fois passé les grilles. Né de deux monstres terribles (son père était un **géant** cracheur de feu recouvert de **serpents** et sa mère, une créature mi-femme mi-serpent, qui dévorait les hommes tout crus), Cerbère n'avait aucune peine à effrayer les gens. N'était-on pas assez terrifié à sa simple vue ? Il exhibait les crocs acérés garnissant ses trois gueules et les pointes hérissant sa queue.

Seuls quelques rares personnages mythologiques parvinrent à tromper la vigilance de Cerbère et à revenir dans le monde des vivants. La nymphe Psyché l'amadoua en lui donnant un gâteau au miel contenant un somnifère ; le héros troyen Énée suivit son exemple. Le musicien Orphée, qui s'aventura dans les Enfers pour secourir sa femme Eurydice, joua si bien de la lyre que Cerbère en ferma les yeux d'extase et lui laissa le champ libre (d'ailleurs, Touffu a le même genre de réaction dès qu'il entend de la musique). Et Hercule, accomplissant le dernier de ses douze travaux, combattit Cerbère à mains nues, ramenant la bête sur terre pour un bref séjour. La légende raconte que, durant les quelques jours qu'il passa dans le monde des vivants, Cerbère, comme tous les chiens, bava. Quelques gouttes de sa salive tombèrent sur le sol et firent germer une plante vénéneuse appelée aconit. Cette fleur existe bel et bien ; elle entrait autrefois dans la composition des **potions** et onguents de **sorcières**, réelles ou imaginaires…

ES, 9

Chiromancie

Si l'on se fie à la paume de la main gauche de Harry, il ne lui reste pas beaucoup de temps à vivre sur cette terre. C'est en tout cas ce qu'insinue le professeur Trelawney lorsqu'elle débute son cours de chiromancie en déclarant de la ligne de vie de Harry que c'est la plus courte qu'elle ait jamais vue. Quel manque de tact !

La chiromancie (du grec *kheir*, « main » et *manteia*, « prophétie ») est une méthode complexe de prédiction et d'analyse

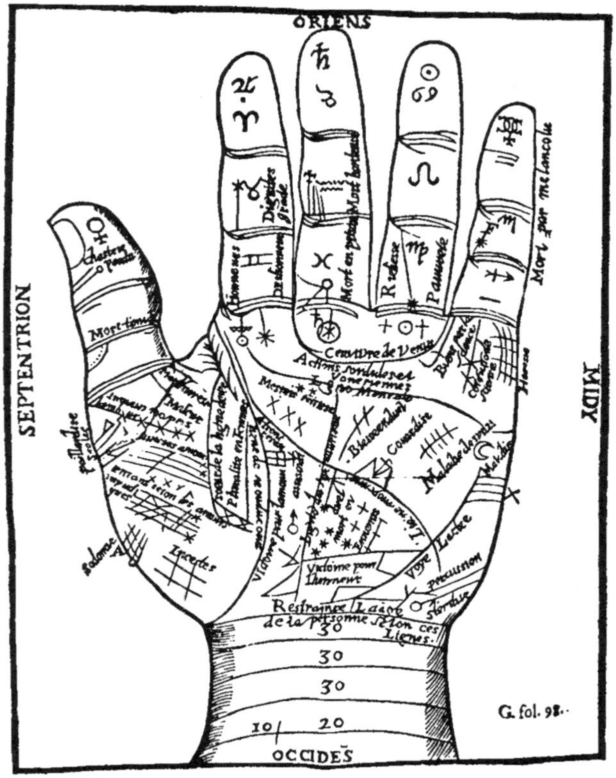

Cette carte détaillée de la main, datant de 1640, montre les liens existant entre les signes astrologiques et les lignes de la paume. Qui a dit que la chiromancie était un jeu d'enfant ?

de caractère fondée sur l'étude des lignes de la paume, mais aussi sur la forme, la taille et la texture des mains d'une personne. Ce système de divination naquit probablement en Inde, il y a plus de cinq mille ans. On le pratiquait en Chine, au Tibet, en Perse, en Mésopotamie et en Égypte. Aristote, qui décrivait la main comme « l'organe principal » du corps, aurait enseigné la chiromancie à son fameux élève, Alexandre le Grand. Et Jules César se considérait si doué pour cet art qu'il jugeait ses hommes à l'apparence de leurs mains.

Si l'Antiquité vantait les mérites de la chiromancie, ce n'est pourtant qu'à la Renaissance qu'on vit fleurir des guides spécialisés. Le premier manuel complet sur le sujet, *L'Art de la chiromancie*, parut en Allemagne en 1475, peu après l'invention de l'imprimerie. Dans cet ouvrage et dans beaucoup d'autres ensuite, les lecteurs trouvaient des cartes détaillées de la main, attribuant à chaque ligne, à chaque bosse (ou « mont ») et à chaque creux (ou « plaine ») de la paume des noms et des significations spécifiques. En les analysant, on obtenait des indices sur le caractère et la destinée de tout un chacun, mais aussi sur les risques d'accident cardiaque, de maladies du foie ou d'autres maux. Au XVIIe siècle, des cours de chiromancie figuraient au programme de plusieurs universités de renom.

L'apogée fut atteint à la fin du XIXe siècle, avec l'essor du plus célèbre des chiromanciens, le comte Louis Hamon. Pratiquant à Londres sous le pseudonyme professionnel de « Cheiro », Hamon procédait chaque année à des milliers de lectures, selon un système transmis par sa mère, irlandaise. Il gagna une réputation d'extrême précision et s'attira des clients notables, parmi lesquels les rois Édouard VII et Édouard VIII d'Angleterre, Léopold de Belgique, le tsar Nicolas II de Russie, Grover Cleveland, Thomas Edison, Mark Twain et Oscar Wilde. L'engouement provoqué par le succès de Hamon n'est jamais tout à fait retombé ; aujourd'hui encore, des chiromanciens professionnels exercent à travers l'Europe et les États-Unis.

QUELQUES NOTIONS DE BASE

La plupart des chiromanciens observent les deux mains. C'est la gauche qui est censée révéler les caractères hérités par un individu, tandis que la droite indique les choix à faire et les réussites et les déconvenues que réserve l'avenir. Chaque ligne et chaque mont de la paume est examiné consciencieusement, mais une lecture complète prend en considération le sens global de toutes les caractéristiques de la main.

Jetez un coup d'œil à votre propre main : vous y distinguerez une douzaine de lignes, longues ou courtes, profondes ou très fines. De nombreux systèmes très sophistiqués prêtent un sens à chaque ligne, ainsi qu'à la distance qui les sépare et à la façon dont elles se croisent. Mais tous s'accordent sur quelques principes fondamentaux.

1. LA LIGNE DE VIE : contrairement à la croyance populaire (et au discours du professeur Trelawney), la longueur de cette ligne n'indique pas l'espérance de vie, mais donne une idée

générale de la qualité de vie et de la vitalité d'une personne. Une courbe nette orientée vers le bas, même courte, est signe de force physique. Une ligne plutôt droite suggère en revanche une endurance limitée.

2. LA LIGNE DE TÊTE : elle est le reflet des capacités intellectuelles, du pouvoir créatif, de la force de concentration et de la faculté à résoudre les problèmes. Une ligne longue indique un esprit déterminé et concentré.

3. LA LIGNE DE CŒUR : elle permet de comprendre les émotions. Elle exprime la façon dont le sujet communique avec les autres, ainsi que ses attentes dans le domaine de l'amour et des relations en général.

4. LA LIGNE DE DESTINÉE : elle mesure le degré de maîtrise exercée par l'individu sur sa propre existence et sur les circonstances extérieures. Elle montre quel usage la personne fait de ses responsabilités et de ses talents innés.

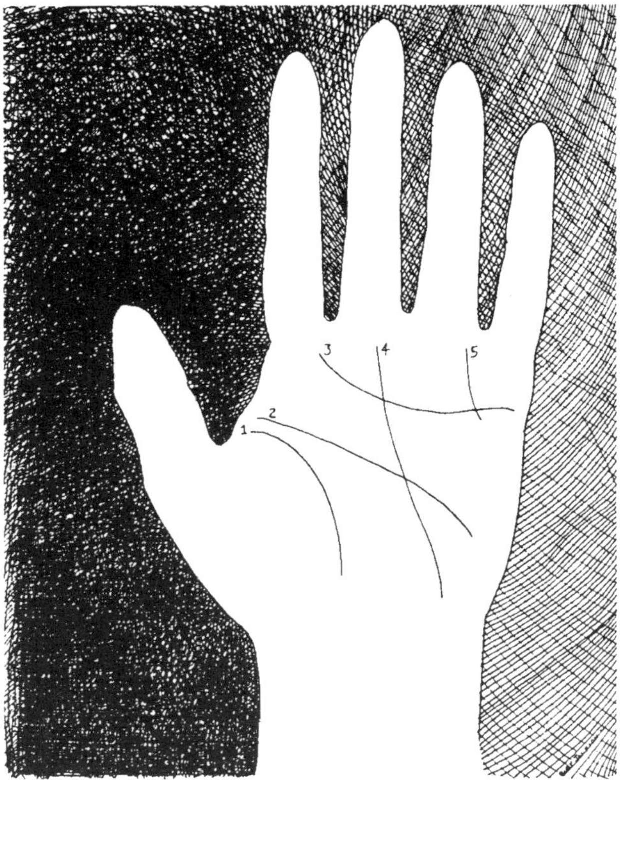

5. LA LIGNE D'APOLLON : Aussi appelée ligne de soleil, elle mesure la plénitude intérieure. Elle n'est pas apparente chez tous les individus, mais lorsqu'elle est visible, elle indique la capacité à profiter de la vie et à tirer une réelle satisfaction de son travail. Selon certaines méthodes, une longue ligne d'Apollon porterait bonheur.

PA, 12

Circé

D'une beauté fatale et d'un charme cruel, Circé est l'une des grandes **sorcières** de la mythologie grecque. Par le pouvoir de sa baguette magique, de ses **potions**, de ses herbes et de ses incantations, elle transformait les hommes en animaux, déplaçait les forêts, changeait le jour en nuit. Les poètes Homère, Hésiode, Ovide et Plutarque ont tous rapporté ses exploits, lui assurant ainsi une place dans la légende – et dans les cartes des Chocogrenouilles.

Fille d'Hélios, dieu du Soleil, et de l'océanide Perséis, Circé vivait sur l'île d'Aeaea, au large des côtes italiennes, où elle passait ses journées à tisser des étoffes éblouissantes en chantant de sa voix envoûtante. Elle recevait parfois la visite de voyageurs, certains égarés, d'autres venus la consulter pour ses pouvoirs magiques. Mais l'île d'Aeaea n'avait rien d'un club de vacances. Le dieu marin Glaucos le découvrit à ses dépens alors qu'il venait demander à Circé un philtre d'amour pour conquérir la nymphe Scylla. Circé tomba amoureuse de Glaucos et voulut le garder auprès d'elle. Comme il refusait, elle jeta des herbes empoisonnées dans l'eau où se baignait sa rivale, laquelle fut changée en monstre hideux dont le corps se hérissait de serpents et de têtes de chiens. Un autre malheureux, assez inconscient pour rejeter l'amour de Circé, dut finir le reste de ses jours sous la forme d'un pic-vert...

Les visiteurs les plus fameux que reçut Circé sur son île furent le héros grec Ulysse et son équipage, de retour du siège de Troie. Apercevant un filet de fumée au loin, Ulysse envoya ses hommes en reconnaissance. Ils arrivèrent bientôt au repaire de l'enchanteresse, un palais de marbre au milieu d'une clairière, cerné d'ours, de lions et de loups apprivoisés – qui avaient été des êtres humains avant leur rencontre fatale avec Circé. En bonne hôtesse, cette dernière accueillit ses visiteurs sur le seuil et leur offrit de se restaurer. Mais l'orge et le fromage qu'elle leur fit servir contenaient un puissant poison qui priva les hommes de leur mémoire ainsi que du désir de rentrer chez eux. Et tandis qu'ils restaient assis dans une sorte d'extase et de stupeur, elle toucha chacun d'eux de sa **baguette magique**. Ils furent aussitôt changés en cochons qu'elle mena, gémissants, à la porcherie.

Circé projetait de faire subir le même sort à Ulysse ; mais alors qu'il partait à la recherche de ses hommes, il fut arrêté par le dieu Hermès, qui lui remit une herbe appelée *molybdenum*, dotée du pouvoir de neutraliser les effets des **sorts** et des potions. Voyant que sa magie ne lui était d'aucune utilité contre Ulysse, Circé se prit d'amitié pour lui et rendit forme humaine à son équipage. Dès lors, elle devint sa conseillère, lui apprenant à communiquer avec les **fantômes** et l'avertissant des dangers et des embûches qui se dressaient sur sa route vers le monde des Enfers.

Les mythes bâtis autour de Circé et de sa nièce Médée, ou encore de la déesse et sorcière grecque Hécate, sont la source de nombreuses croyances populaires au sujet des sorcières et de la sorcellerie. Au Moyen Age, ceux à qui l'on racontait ces histoires croyaient souvent que Circé avait bel et bien existé et que ses pouvoirs magiques étaient réels.

ES, 6

Crapaud

Si Harry peut compter sur Hedwige, et Hermione sur Pattenrond. Neville, pour ce qui le concerne, ne se sépare jamais de Trevor, son crapaud bien-aimé.

De même que les **hiboux** et les **chats**, les crapauds ont longtemps été associés, dans les légendes populaires et dans le folklore, aux **sorciers** et aux **sorcières**. On est certes tout

Les sorcières, dit-on, habillaient leurs crapauds domestiques de petits mantelets et ornaient leur cou d'une clochette. Visiblement, cela ne leur déplaisait pas !

prêt à croire que Trevor est un bon petit gars, mais d'ordinaire les crapauds ont une réputation plutôt douteuse.

Au XVIIe siècle, au plus fort de la **chasse aux sorcières** en Angleterre et en Écosse, on disait que ces dernières avaient des crapauds pour « esprits familiers » – des **démons** mineurs que leurs maîtresses envoyaient perpétrer toutes sortes de petits méfaits. Après tout, il était nettement plus facile à un crapaud qu'à une sorcière de se faufiler jusqu'au puits du voisin pour en empoisonner l'eau ou d'aller glisser en secret un **charme** maléfique sous l'oreiller de sa victime !

On racontait aussi que les crapauds jouaient un rôle important dans les cérémonies d'initiation des sorcières novices – parmi les tâches à accomplir, on pouvait leur demander de nourrir ou d'embrasser un crapaud pour prêter allégeance au diable. Et il arrivait aux sorcières de se transformer elles-mêmes en crapauds. Certains témoins interrogés lors de procès en sorcellerie prétendaient encore avoir vu des sorcières baptiser leur crapaud et leur donner un nom, l'habillant pour l'occasion de velours noir ou écarlate et lui accrochant de petites cloches aux pattes. Tout cela tendrait à suggérer que les sorcières étaient très attachées à leurs animaux familiers ; nombre de gens redoutaient d'ailleurs de blesser un crapaud, craignant qu'il ne fût le compagnon verruqueux d'une sorcière.

Un conte du Somerset, en Angleterre, raconte qu'un jour, une vieille femme avait emmené en promenade ses trois crapauds domestiques, Duke, Dick et Merryboy, les portant dans un panier. Tandis qu'elle s'arrêtait pour regarder trois fermiers qui fauchaient les blés, l'un de ses crapauds s'échappa et sauta devant la faux d'un d'entre eux. Le fermier abaissa sa faux en riant et tua le crapaud. La vieille femme s'écria : « Vous allez voir ce que vous allez voir ! Aucun de vous ne finira son travail aujourd'hui ! » Dans les secondes qui suivirent, le premier fermier se trancha la main avec sa faux. Peu après, le deuxième enfonça la sienne dans le bout de son pied et le dernier fendit sa botte sur toute la longueur. Effrayés, les trois fermiers s'enfuirent sans finir le fauchage.

Cependant, si l'on en croit la tradition populaire, la relation entre sorcières et crapauds ne fut pas toujours sans ombre. Le batracien, loin d'être chouchouté comme un

Pierre de crapaud

Vous n'avez pas de quoi vous offrir un diamant ? Que diriez-vous alors d'une pierre de crapaud ? Ces pierres grises ou marron clair ne scintillent peut-être pas au soleil, mais la légende veut que ces objets magiques changent de couleur en présence de poison.

Montées le plus souvent en bagues ou autres bijoux, les pierres de crapaud étaient très populaires au Moyen Age. On racontait qu'elles se formaient à l'intérieur du crâne de très vieux crapauds… Selon la tradition, on les obtenait en les extirpant de la tête de l'animal, mais celui-ci pouvait obligeamment décider de la cracher, pourvu qu'on le demandât poliment.

Si l'on vous offre une bague en pierre de crapaud, un seul moyen de tester son authenticité : placez-la en face d'un crapaud. S'il fait un bond vers elle, c'est une vraie ; si en revanche il se détourne d'un air dédaigneux, elle est fausse.

En réalité, les pierres de crapaud étaient des pierres ordinaires, dont la seule particularité était de rappeler vaguement l'animal par la couleur ou par la forme. Outre leur utilité comme détecteurs de poison, les pierres de crapaud servaient de **talismans** pour atteindre le bonheur parfait et favoriser la victoire dans la bataille. On en faisait aussi des **amulettes** pour protéger maisons et bateaux. Placées sur une morsure ou une piqûre, on leur prêtait des vertus curatives.

animal de compagnie, avait toutes les chances de finir comme ingrédient d'une **potion** ou comme instrument d'un **sortilège**. Pour se débarrasser d'un ennemi, la sorcière pouvait baptiser de son nom un crapaud, puis tuer l'animal de façon particulièrement abjecte ; au même moment, la victime humaine était censée ressentir les mêmes souffrances.

Pour se rendre invisibles, on raconte que les sorcières s'appliquaient sur la peau une lotion à base de bave de crapaud mélangée à de la sève de laiteron. L'idée largement répandue selon laquelle le crapaud entre dans la composition de bon nombre de potions empoisonnées tient probablement au fait que, lorsqu'il a peur, l'animal sécrète lui-même une substance toxique. Les effets de cette défense naturelle ont souvent été exagérés, à commencer par Claudius Ælianus, auteur romain du IIIe siècle, qui ne craignit pas de prétendre que l'absorption de vin mélangé à du sang de crapaud provoquait une mort subite. En 1591, un groupe de sorcières reconnut avoir tenté d'empoisonner le roi Jacques VI d'Écosse en trempant un de ses habits dans de la bave de crapaud noir. Leur projet avait échoué parce qu'elles n'avaient pu se procurer un vêtement adéquat. Elles insistèrent cependant sur le fait que, si elles avaient réussi, le roi serait mort dans d'atroces souffrances (au lieu de quoi, il survécut, devint roi d'Angleterre sous le nom de Jacques Ier Stuart et écrivit sa *Démonologie*, livre qui ne cessa d'encourager la chasse aux sorcières).

Du fait de ses liens ancestraux avec la sorcellerie, il n'est pas sans danger de fréquenter un crapaud. Au XVIIIe siècle encore, certains considéraient la simple vue de ces amphibiens comme dangereuse : elle pouvait causer des évanouissements soudains, des palpitations ou des convulsions. On disait aussi les crapauds capables de mordre le bétail, causant ainsi des maladies. Hélas ! se débarrasser de ces bestioles n'était pas chose facile. Même s'il ne traînait pas de sorcière dans les parages, on hésitait souvent à tuer un de ces animaux, de peur de provoquer… un terrible orage. Il était préférable de simplement les déplacer, mais sans les toucher : une verrue est si vite attrapée !

ES, 6

Démon

Les démons – ces créatures malfaisantes que l'on retrouve dans le folklore, la mythologie et la religion partout dans le monde – peuvent revêtir toutes les formes, toutes les tailles, et ne cessent jamais de préparer quelque mauvaise action. Le méchant **Strangulot** qui attaque Harry dans le lac de Poudlard est un démon. De même que la **goule** dans le grenier des Weasley ou le ***kappa*** japonais étudié en cours de défense contre les forces du Mal.

On trouve dans la plupart des cultures des récits terrifiants où des démons s'illustrent de manière monstrueuse. Bien qu'on les considère aujourd'hui comme des créatures imaginaires, il fut un temps où on les croyait on ne peut plus réels et où on les tenait pour responsables d'une bonne partie du mal et de toute souffrance ici-bas. Les récits les plus anciens remontent aux cultures de Mésopotamie, d'Égypte et d'Israël ; ils accusent toute une série de démons d'avoir provoqué maladies, destruction de récoltes, inondations, incendies, épidémies de peste, haines et guerres. Des démons tels que « le Rampant » ou « l'Attrapeur » avaient la réputation de se tapir dans tous les coins, prêts à bondir – dans le désert et la forêt, dans les caves et sur les toits, dans tous les foyers que ne protégeaient pas suffisamment **amulettes** ou incantations magiques. Capables de changer d'apparence à l'envi, les démons anciens apparaissaient souvent sous forme de mouche, de chien, de taureau ou de monstre à plusieurs têtes.

La conception européenne du démon s'est inspirée de ces traditions, ainsi que de celle du *daimôn* grec, esprit invisible décrit comme un intermédiaire entre l'homme et les dieux, tantôt bon, tantôt mauvais. Les mauvais *daimôn* plongeaient les hommes dans la confusion et les poussaient à mal agir, tandis que les bons les guidaient et les protégeaient. Le philosophe

Socrate prétendait qu'un bon *daimôn* l'avait accompagné durant toute sa vie, lui chuchotant des conseils à l'oreille et le prévenant des dangers qu'il courait. Les *daimôn* étant censés communiquer avec les dieux, les hommes ne manquaient pas de faire appel à eux pour leurs activités magiques, comme jeter des **sorts** ou concocter des **malédictions**. La présence et l'influence des *daimôn* étaient admises par tous dans le monde réel.

Au IVe siècle, le *daimôn* était devenu *dæmon*, en latin ecclésiastique. Le christianisme était désormais la religion officielle du vaste Empire romain, et les prêtres expliquaient aux hommes que les seules créatures intermédiaires entre eux et Dieu étaient les anges. Tous les esprits païens – y compris les *dæmons*, bons ou mauvais – étaient considérés comme des anges déchus qui induisaient les hommes à faire le mal. Comme dans l'Antiquité, on imputait aux démons toutes sortes d'événements négatifs, de l'accident à la maladie, en passant par les mauvais **rêves**.

A l'époque médiévale, alors que le christianisme s'affermissait et se répandait, les nombreux démons venus du Moyen-Orient furent intégrés à l'imagerie chrétienne. Tous étaient alors décrits comme les serviteurs du Malin, mais chacun avait son nom propre, ses particularités physiques et ses talents spécifiques. Azmodan (Asmodée), par exemple, était un démon de la jalousie, de la colère et de la vengeance spécialisé dans la destruction des mariages. Il était pourvu de trois têtes (une d'homme, une de bélier et une de taureau), de pattes d'oie et d'une queue de serpent. Belial, quant à lui, était d'une beauté trompeuse ; il possédait une voix douce et cajoleuse et se plaisait à pousser les hommes vers la perversité, pour les voir ensuite se ronger de remords. Certains des plus grands peintres du Moyen Age et de la Renaissance ont laissé libre cours à

Asmodée, ou Azmodan, démon tricéphale, briseur de couples, propagateur de haine et de vengeance.

leur imagination pour représenter des démons dans leurs sujets religieux, sur les murs des églises ou dans les manuscrits enluminés. Au XVIe siècle, la galerie de démons était devenue tellement cosmopolite qu'un catalogue détaillé des suppôts de Satan évaluait leur nombre à… 7 405 926 ! Tous ces démons lâchés dans la nature, voilà qui n'était pas vraiment une bonne nouvelle…

En Europe, au plus fort de la **chasse aux sorcières** des XVIe et XVIIe siècles, on se mit à associer les démons à la sorcellerie. Ils furent considérés comme des serviteurs du diable et l'on pensait que les sorcières leur confiaient aussi bon nombre de leurs viles besognes. Plus inquiétant encore, on croyait les démons capables de pénétrer dans le corps des hommes et de les « posséder », déclenchant des symptômes comparables à ceux de l'épilepsie ou de certaines maladies mentales. Ces cas de « possession démoniaque » étaient souvent imputés à une sorcière, qui avait placé un démon sur un morceau de nourriture mangé par la victime.

Comment reconnaître un démon ?

Si vous craignez de tomber nez à nez avec un démon dans une rue mal éclairée, voici quelques conseils pour vous permettre de reconnaître un démon authentique.

Bien qu'ils proviennent de tous les coins du monde, les démons partagent un certain nombre de caractéristiques physiques qu'il est difficile d'ignorer. La plupart d'entre eux marchent sur leurs jambes et combinent apparences humaine et animale. Ils se satisfont mal d'une seule tête et ont rarement le nombre correct de doigts et d'orteils. Beaucoup sont pourvus d'ailes de chauve-souris, d'une queue, de griffes et de cornes – bien qu'ils s'ingénient généralement à camoufler ces attributs lorsqu'ils partent en vadrouille ou en chasse. Ils possèdent souvent une bouche grotesque et distordue, avec des crocs saillants et une longue langue très souple. Certains n'ont pas de peau, ou bien la moitié du corps recouvert de plumes ou d'écailles.

Mais ce qui trahit vraiment un démon, ce sont ses pieds. Même si le reste de la créature ressemble à un *top model*, à un tigre à trois têtes ou à n'importe quelle autre anomalie de la nature, ses pattes seront toujours celles d'un bouc, d'un cochon, d'un coq ou d'une oie (les démons marins sont pour leur part terminés par une queue de poisson ou de serpent).

En leur qualité d'anges, les démons étaient malgré tout censés posséder une science phénoménale dans des domaines aussi variés que les mathématiques, la pharmacognosie (connaissance des herbes médicinales), la géométrie, l'art de voler ou le don d'invisibilité. Cette somme de connaissances les rendait extrêmement intéressants aux yeux de **sorciers**, avides d'accéder à un tel trésor. Mais les démons étaient aussi fort roués ; les contes populaires leur prêtent une imagination débordante dès qu'il s'agit d'attaquer ou d'anéantir le pauvre inconscient qui essaierait d'entrer en contact avec eux. Invoquer les démons était d'ailleurs une activité hautement illégale, voire, dans une grande partie de l'Europe, passible de la peine capitale.

Pourtant, tous les démons ne sont pas associés aux forces du Mal. Dans certaines cultures, les démons se désintéressent de conduire les hommes sur les voies du Mal ; tout ce qu'ils veulent, c'est en faire leur dîner ! Ou bien, ils n'attaquent que pour défendre leur territoire d'élection – bois, montagnes, déserts, lacs et rivières – contre l'invasion humaine. Partout, cependant, les démons incarnent les peurs des hommes, tant dans le monde extérieur qu'à l'intérieur d'eux-mêmes. Comme nous, les démons tempêtent et se déchaînent, intriguent et manigancent, se montrent trompeurs ou enjôleurs et déploient une énergie incroyable (ils se « démènent comme de beaux diables ») pour obtenir ce qu'ils désirent. Heureusement, il est presque toujours possible de piéger un démon. Les armes les plus efficaces dont disposent les hommes dans ce domaine sont l'ingéniosité, la sincérité, l'amour et, bien souvent, la dérision.

PA, 8

Divination

Avec qui me marierai-je ? Jusqu'à quel âge vivrai-je ? Quelle est la combinaison gagnante ? Ce produit se vendra-t-il ? Gagnerons-nous la guerre ?

Tout le monde – adolescents amoureux, dirigeants politiques, en passant par vous et moi – souhaiterait savoir ce que l'avenir lui réserve. C'est pourquoi la divination – l'art de prédire l'avenir – a toujours existé, dans toutes les cultures, sous une forme ou sous une autre. Aujourd'hui encore, dans pratiquement toutes les villes, le client n'a que l'embarras du choix : **astrologie**, tirage des tarots, **boules de cristal**, chiromancie, numérologie, lecture dans les feuilles de thé... Et ce n'est là qu'un infime échantillon des centaines de systèmes de divination qui se sont développés au fil des siècles.

Nombre de ces méthodes ont vu le jour en Mésopotamie, il y a plus de quatre mille ans. Les arts divinatoires y étaient pratiqués par les prêtres, qui étudiaient le mouvement des étoiles et des planètes, ainsi que les entrailles des animaux sacrifiés, pour y distinguer des indices relatifs à la santé de leur souverain et

Coiffe, costume, baguette, livres : cet homme est, sans doute possible, un diseur de bonne aventure. Il brandit en outre un astrolabe, symbole de ses connaissances astrologiques (gravure du XVIIe siècle).

de la communauté en général. Certains devins entraient dans un état de transe, essayant de pénétrer le monde des esprits pour y trouver des réponses. D'autres lisaient les augures fournis par la nature. Une éclipse, une averse de grêle, la naissance de jumeaux ou la façon dont la fumée s'élève dans l'air, presque tout pouvait être interprété comme un signe prédisant l'avenir.

Dans la Grèce et la Rome antiques existaient deux niveaux de divination : celle exercée par des professionnels, devins ayant reçu une formation rigoureuse et appointés par l'État, et celle des amateurs, qui vendaient leurs services à qui pouvait se les offrir. Des devins professionnels, le plus fameux était l'oracle de Delphes, auquel on apportait ses questions (souvent à choix multiple) pour recevoir une réponse du dieu Apollon, par l'intermédiaire d'une prêtresse. Des émissaires royaux venus de provinces voisines venaient consulter l'oracle pour trancher des affaires importantes, telles que l'emplacement idéal d'un nouveau temple ou l'opportunité d'une guerre.

A Rome, les devins officiels étaient appelés « augures », du latin *avis* (« oiseau ») et *garrire* (« bavarder »). Leurs conseils avisés, si chers aux dirigeants, s'appuyaient sur l'observation des oiseaux, de toutes les créatures terrestres les plus proches des cieux, et donc indicateurs précieux de ce qui plaisait ou déplaisait aux dieux. Les indices observés étaient variés : nombre et espèces, schémas de vol, appels et chants, vitesse et direction d'envol. Jules César, Cicéron, Marc Antoine et bien d'autres éminents Romains furent tous des augures.

Des devins moins remarquables se tenaient aussi à la disposition de tout un chacun (même les esclaves avaient parfois droit à une consultation) et la prédiction de l'avenir était un commerce florissant dans le monde antique. L'interprétation des **rêves** et l'**astrologie** étaient considérées comme les arts les plus nobles, mais l'**arithmancie**, la cristallomancie (cousine de la technique de la boule de cristal) et la **chiromancie** étaient aussi très populaires, tout comme d'autres méthodes impliquant oiseaux, dés, livres, flèches, haches ou tout autre objet surprenant. Les diseurs de bonne aventure, quoique fort populaires, ne bénéficiaient toutefois pas du respect accordé aux devins officiels. Beaucoup d'entre eux vendaient aussi des

Les arts mantiques

Que peuvent donc avoir en commun l'affreux prédateur vert du monde des insectes (la mante religieuse) et l'art de prédire l'avenir ? Pas grand-chose, en réalité, si ce n'est une connexion linguistique intéressante : le grec *mantikos*, qui signifie « prophète ». Du fait de la nature prophétique de leurs prédictions, on dit parfois des diseurs de bonne aventure et des devins qu'ils pratiquent « les arts mantiques » et, dans les dictionnaires, le suffixe « -mancie » indique toute forme de divination. La lecture des lignes de la main est la chiromancie (*kheir* signifiant « main » en grec), l'interprétation des rêves est l'oniromancie (*oneiros* est le terme grec correspondant à « rêve ») et ainsi de suite. La mante vorace de nos jardins tire son nom de sa position particulière, dressée sur ses pattes de derrière, qui la fait ressembler à un prophète, les mains jointes, en « proie » à une vision. Cependant, dans cette histoire, la mante est rarement la « proie » et se soucie bien peu de prédictions ou de visions.

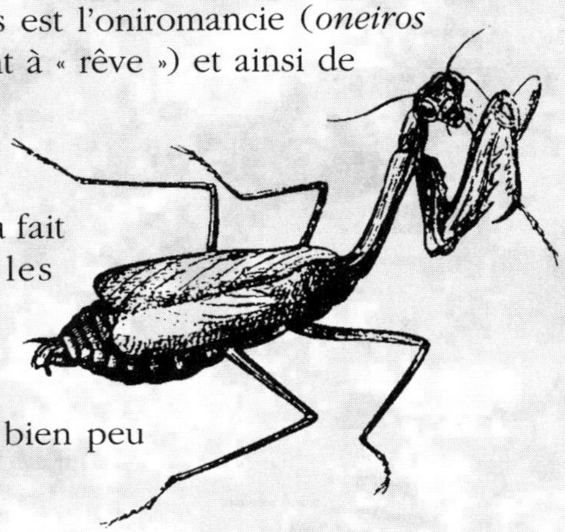

amulettes et des talismans, mais la plupart étaient des charlatans ; les amuseurs aimaient d'ailleurs se jouer de ceux qui couraient les consulter pour un oui ou pour un non.

De nombreux systèmes antiques survécurent au Moyen Age, malgré l'opposition farouche de l'Église partout en Europe. Les devins professionnels continuèrent d'exercer dans la plupart des grandes villes, et les diseurs de bonne aventure itinérants allaient de bourg en bourg. Les **magiciens** de village et autres « bonnes femmes » faisaient office de devins dans leur communauté. La spécificité des magiciens de village était d'interroger également le passé. On leur demandait fréquemment de retrouver des personnes disparues ou des objets perdus, d'identifier des voleurs ou de localiser des trésors enfouis (à l'époque où les banques étaient rares, beaucoup de gens enterraient leurs richesses, suscitant nombre de vocations de chasseurs de trésors). Chacun pratiquait aussi son propre « bricolage divinatoire », s'aidant de petits livrets illustrés et bon marché traitant entre autres de l'astrologie ou des lignes de la main, qui se vendaient déjà au XVIe siècle. L'essentiel de la divination demeurait néanmoins entre les mains de professionnels qui prétendaient détenir des informations, une pratique et un « don » accessibles à eux seulement.

Deux autres systèmes de divination s'ajoutèrent à cet arsenal dans les siècles qui suivirent. La cartomancie – prédiction par les cartes – se développa au milieu du XVIIe siècle, environ cent cinquante ans après l'apparition des cartes à jouer en Europe, et devint bientôt la spécialité des gitans. La tasséomancie – lecture dans les feuilles de thé –, pratiquée en Chine depuis le VIe siècle, n'apparut enfin en Europe que dans les années 1750. Ces nouveaux systèmes gagnèrent rapidement en popularité, peut-être parce que les jeux de cartes et la consommation de thé faisaient déjà partie de la vie quotidienne.

Bien que beaucoup de méthodes de divination aient été aujourd'hui abandonnées, toutes celles enseignées à Poudlard sont encore en usage à ce jour.

PETIT GLOSSAIRE DE LA DIVINATION

Des centaines de systèmes de divination ont prévalu au fil des siècles. Voici une petite sélection des plus étonnants.

AÉROMANCIE : Plutôt que de prédire le temps, on se servait autrefois du temps pour faire des prédictions. Les disciples de cet art voyaient des augures dans les conditions atmosphériques telles que le tonnerre, la foudre, le sens et la force des vents ou la présence d'un halo autour du soleil ou de la lune. L'aéromancie, pratiquée par les prêtres de l'ancienne Babylone, fut l'un des tout premiers systèmes divinatoires.

Bref historique du tarot divinatoire

Si les figures étranges et un peu effrayantes des cartes de tarot peuvent laisser croire que ces dernières ont été conçues pour la divination, il n'en est cependant rien. Le tarot n'était au départ qu'un jeu. Les cartes originales qui le composent furent créées au XVe siècle pour servir au jeu populaire appelé *tarrochi* (d'où vient le mot « tarot »), cousin éloigné du bridge moderne. A voir la variété des personnages et des scènes représentés (de l'Ermite au Bateleur en passant par le Pendu, la Papesse et la Maison-Dieu), on suppose qu'elles servaient aussi à raconter des histoires.

Les cartes de tarot furent associées pour la première fois aux prédictions dans les années 1770, lorsqu'un Français du nom d'Antoine Court de Gébelin élabora une théorie très complexe (et totalement infondée) sur leur origine et leur signification. Gébelin croyait que les cartes de tarot avaient été créées dans l'ancienne Égypte et qu'elles renfermaient une sagesse secrète. Bien que le lien avec l'Égypte fût rapidement démenti, cette théorie fantaisiste raviva l'intérêt pour le tarot. En 1785, un lecteur de cartes professionnel nommé Jean Baptiste Alliette publia le premier guide complet de prédiction de l'avenir par les tarots. Il créa en outre un jeu original et attribua un sens spécifique à chacune des cartes. Alliette enseigna sa méthode à plus de cent cinquante disciples et contribua à donner au tarot sa place parmi les systèmes de divination les plus reconnus au monde.

ALECTRYONOMANCIE : Le coq (*alektor* en grec) était l'élément central de cette pratique. On dessinait les lettres de l'alphabet à l'intérieur d'un grand cercle et on plaçait des grains de blé sur chaque lettre. L'ordre dans lequel le coq venait picorer les graines épelait un message. Si les mots n'avaient aucun sens, le devin les interprétait. On replaçait immédiatement les grains manquants pour que chaque lettre soit disponible à tout moment et puisse apparaître autant de fois que l'exigeait le message.

ALOMANCIE : Aux quatre coins du monde, on prêtait autrefois au sel des vertus magiques. L'alomancie consistait à lancer une poignée de sel et à interpréter ensuite les dessins formés sur le sol. Est-ce de là que viennent certaines superstitions, qui veulent que renverser du sel porte malheur, et que jeter une poignée de sel par-dessus l'épaule, notamment la gauche, attire au contraire la chance et repousse la malchance ?

APANTHOMANCIE : Les rencontres fortuites avec des animaux étaient autrefois porteuses de sens. Dans l'Europe médiévale, rencontrer par hasard un bouc ou un lièvre était gage de chance imminente, tout particulièrement si le lièvre tentait d'échapper à des chiens. Voir une chauve-souris, un corbeau ou un âne était de mauvais augure. Une même rencontre s'interprète différemment selon les cultures. Aux États-Unis, rencontrer un chat noir porte malheur, alors que, pour les Britanniques, c'est tout le contraire.

ASTRAGALOMANCIE : Le lancer de dés comme moyen de prédiction remonte à l'Égypte ancienne et a traversé les siècles. (Au cas où vous vous demanderiez d'où vient cette appellation, elle est tirée du grec *astragalos*, qui désigne l'osselet d'animal dans lequel on taillait autrefois les dés.) Comme l'explique un opuscule médiéval, ce système nécessitait trois dés. Tirer trois 6 signifiait que tous vos vœux allaient se réaliser. Deux 6 et un 2 promettaient la réussite, mais âprement gagnée. Un 6 et deux 4 encourageaient au renoncement – le souhait exprimé était une mauvaise idée et devait être abandonné.

BIBLIOMANCIE : Pour la pratiquer, un simple livre suffit. Le devin pose une question, ouvre le livre au hasard et, les yeux fermés, pose le doigt quelque part sur la page. La phrase ou le paragraphe ainsi indiqué est regardé comme une réponse – ou du moins comme un commentaire relatif à la question posée. Pendant des siècles, la Bible fut le livre privilégié pour cet exercice, pour être finalement concurrencée par les classiques – Homère, Virgile, Shakespeare. Mais on peut tenter sa chance sur presque tous les livres – y compris celui que vous tenez entre les mains.

CIROMANCIE : Cette méthode ancienne et très répandue consistait à faire fondre de la cire dans un récipient de cuivre. La cire chaude était alors lentement versée dans un second récipient rempli d'eau froide. La cire s'y solidifiait en formes variées auxquelles le devin prêtait un sens. Des interprétations de référence furent compilées au cours des siècles, pour élaborer un système accessible à tous. Ces mêmes interprétations furent ensuite appliquées à la tasséomancie, la lecture dans les feuilles de thé.

GÉOMANCIE : Une poignée de poussière retenue entre les paumes est délicatement versée sur le sol. Le dessin qui en résulte est ensuite interprété par le devin. Dans une déformation ultérieure de cet art, appelée « géomancie sur papier », le devin pose une question, puis, les yeux fermés, trace des formes au hasard sur une feuille de papier à l'aide d'un crayon. Quand bon lui semble, il rouvre les yeux et interprète le dessin.

HYDROMANCIE : L'eau joue un rôle important dans bon nombre de pratiques divinatoires. Dans cette méthode, originaire de la Grèce antique, trois pierres étaient lâchées en même temps dans une mare. La première pierre était ronde, la deuxième triangulaire et la troisième carrée. Il suffisait ensuite d'observer les cercles concentriques qui se formaient à la surface de l'eau et de les rapprocher d'images ou de reflets identifiables.

MYOMANCIE : C'est la divination fondée sur l'apparence, la couleur et les cris des souris. Un large éventail de prédictions, de la guerre à la famine, s'appuyait sur l'observation directe de souris et parfois de rats, ou sur celle des indices de leur présence, empreintes ou traces de dents. L'historien grec Hérodote rapporte la défaite d'une armée survenant juste après une invasion de rats. Il n'y a là cependant rien de surprenant, puisqu'on sait que les rats avaient rongé les carquois et les arcs des soldats, les laissant littéralement désarmés…

PÉDOMANCIE : Cette pratique est proche de la chiromancie, à cela près que c'est ici la plante des pieds qui est examinée. On y recourait souvent dans la Chine ancienne.

XYLOMANCIE : Dans cette méthode datant des temps bibliques, ce sont les motifs dessinés par des troncs d'arbre tombés, des branches ou des brindilles sur le sol qui forment des signes interprétables. A l'origine, seules les branches tombées de façon naturelle étaient considérées. Plus tard, on prit des branches dont on arracha une partie de l'écorce pour les jeter ensuite au sol et interpréter celles dont la partie dénudée était tournée vers le haut.

PA, 6

Dragon

Il est bien rare, dans les légendes d'Occident, qu'un héros n'ait jamais dû, au cours de sa carrière, affronter toute une série de démons et de monstres ; cependant, seuls de rares élus ont osé défier le plus puissant d'entre eux : le gigantesque dragon cracheur de feu. Bien plus qu'un trophée à ajouter au tableau de chasse, dans la plupart des récits le dragon représente pour le héros la dernière étape dans sa quête de gloire. Ainsi, affronter l'ombrageux Magyar à pointes est une épreuve de choix pour Harry s'il veut remporter le Tournoi des Trois Sorciers.

Les dragons ont toujours joué un rôle éminent dans les mythes et le folklore. Ils apparaissent très tôt dans la littérature de Babylone, d'Égypte, de Grèce, de Rome, d'Allemagne, de Scandinavie et des Îles britanniques. La liste des guerriers ayant affronté la bête se lit comme une sorte de *Who's Who* des héros. Hercule terrassa plusieurs dragons au cours de sa longue carrière, notamment l'Hydre, qui avait neuf têtes venimeuses. Divers guerriers babyloniens furent confrontés à

Tiamat, dragonne également connue sous le nom de Reine des Ténèbres, qui possédait la tête et les pattes avant d'un lion, les pattes arrière d'un aigle, des ailes plantées de plumes et un corps couvert d'écailles à l'épreuve de n'importe quelle arme. Le dieu nordique du Tonnerre, Thor, succomba au venin du serpent du Midgard, gigantesque dragon qui entourait la terre entière de son corps – non sans avoir porté à la bête un coup fatal. Beowulf, que l'on considère comme l'un des tout premiers héros de la littérature anglo-saxonne, trouva lui aussi la mort en éliminant un dragon. Quant aux chevaliers de l'époque médiévale, ils voyaient dans cette activité l'un des rares passe-temps qui fût à leur mesure.

La description physique des dragons varie peu d'un conte à l'autre. Généralement présentés comme d'énormes serpents (ce que signifie d'ailleurs le mot grec *drakôn*), les dragons étaient recouverts d'une armure d'écailles impénétrable et équipés d'une ou de deux paires de jambes et d'ailes de chauve-souris géantes. La plupart possédaient une tête en biseau et de longs crocs pointus, parfois empoisonnés. Certains arboraient aussi une paire de cornes, étaient armés d'énormes serres et terminés d'une queue fourchue ou acérée. Les dragons gallois sont souvent rouges, les allemands blancs et les autres indifféremment noirs ou jaunes.

Presque tous les dragons ont un point commun : leur souffle dévastateur. Les formidables boules de feu que peuvent cracher à l'envi ces créatures ne menaçaient pas que les valeureux chevaliers : on disait qu'elles pouvaient ravager des pays entiers ! Même lorsqu'un guerrier était assez habile pour éviter le souffle mortel et exterminer son adversaire, le cadavre de ce dernier pouvait encore se montrer redoutable. On dit en effet que le sang de dragon était fatal au toucher et que ses crocs, plantés dans le sol, faisaient surgir une armée de guerriers armés et assoiffés de sang[1].

Un être aussi menaçant ne pouvait être considéré que comme l'ennemi naturel de l'humanité. Il avait en outre la réputation d'être malin, glouton et cruel. Il vivait dans d'immenses

1. En anglais, provoquer une guerre se dit depuis « planter les dents du dragon ».

Dragons d'Orient

Un dragon d'Europe qui, d'un petit coup d'aile, irait faire un tour en Chine ou au Japon comprendrait le sens de l'expression « choc des cultures ». Loin d'être haï, craint et attaqué, il serait là-bas accueilli avec un grand sourire. En Orient, on a en effet toujours considéré le dragon comme une créature bienveillante et un gage de chance.

A l'encontre de leurs cousins occidentaux, les dragons d'Orient n'ont pas d'ailes (bien qu'ils utilisent la magie pour voler) et ne crachent pas le feu. Un dragon oriental typique aura des cornes de cerf, une tête de chameau, un cou de serpent, des serres d'aigle, des oreilles de taureau et de longues moustaches. Dans les légendes chinoises, on retrouve des dragons gardiens du ciel, faiseurs de pluie ou maîtres des fleuves et des cours d'eau. Au Japon, les dragons sont bons, sages et serviables et sont depuis des siècles l'emblème de la famille impériale.

cavernes, dans des cratères volcaniques, dans des lacs ou dans des océans. De temps à autre, il venait satisfaire sa faim en se repaissant de bétail ou d'humains. Dans de nombreuses légendes, on rapporte l'enlèvement d'une jeune vierge par un dragon affamé, ou simplement en quête de compagnie. Bien que n'ayant nul besoin de liquidités, les dragons étaient réputés pour leur rapacité : on dit qu'ils gardaient des quantités considérables d'or, d'argent et autres trésors (notamment des perles, pour les serpents marins). Chaque dragon connaissait le montant exact de son butin et se rendait immédiatement compte de la disparition de la moindre pièce – ce qui déchaînait aussitôt sa rage meurtrière.

Au Moyen Age, on s'avisa d'associer le dragon au serpent biblique responsable de l'expulsion d'Adam et Ève hors du jardin d'Éden. L'art et la littérature en firent dès lors l'incarnation du péché, du Mal, parfois du diable lui-même. Et le combat entre le valeureux chevalier et le cruel dragon devint une représentation de la lutte du Bien contre le Mal.

Plusieurs saints chrétiens auraient rencontré des dragons. Parmi eux, le fameux saint Georges, dont on dit qu'il passait aux environs de Silène, en Libye, lorsqu'il entendit parler d'un dragon vivant dans un lac tout proche. Comme tous ceux de son espèce, ce dragon aimait dévorer de jeunes vierges et refusait aux villageois l'accès à leur unique point d'eau s'ils ne lui en amenaient pas une par jour en offrande. Des armées entières avaient été massacrées en tentant de vaincre la bête. Le jour de l'arrivée de saint Georges, on s'apprêtait à sacrifier la seule vierge encore vivante dans le pays, la fille du roi lui-même. Saint Georges offrit noblement de combattre le dragon et le terrassa d'un seul coup de sa lance. Son succès fut l'objet d'une admiration sans bornes, surtout après qu'il fut décrété saint patron de l'Angleterre, au XIVe siècle.

Dès lors, les dragons devinrent des créatures de contes chevaleresques et romantiques, et tout chevalier digne de ce nom se devait d'aller occire un de ces cracheurs de feu et libérer de ses griffes une jeune fille innocente s'il voulait prétendre au titre de vrai héros. Dans la légende de la Table ronde, Lancelot et Tristan, souvent considérés comme les chevaliers les plus valeureux du roi Arthur, sont tous deux des tueurs de dragons. La tradition veut que l'extinction des dragons soit le fait de ces âmes pieuses, désireuses de prouver leur foi chrétienne et leur courage. Charlie Weasley aurait certainement une autre théorie à ce sujet…

ES, 14

Elfe

Tour à tour exaspérant et attachant, Dobby, l'elfe de maison, est un sacré numéro. Lorsque Harry rencontre pour la première fois ce minuscule homoncule, drapé d'un simple torchon, il est très impressionné. Mais quand il se retrouve avec le gâteau de tante Pétunia écrabouillé sur le sol de la cuisine et sans aucun suspect en vue, Harry apprend à ses dépens que les elfes domestiques peuvent aussi jouer des tours pendables.

Les elfes appartiennent au folklore de nombreuses régions, et c'est pourquoi ils prennent des formes et des tailles variées. A l'état de nature, on dit souvent qu'ils ressemblent à des humains plutôt minces, mais ils peuvent changer d'apparence

ou disparaître en un clin d'œil. Un même elfe peut se faire assez petit pour dormir sous un tabouret ou assez grand pour passer pour un humain. Les elfes noirs d'Allemagne seraient très laids, alors que ceux du Danemark sont célèbres pour leur beauté. Dans le folklore anglais, les elfes mâles sont généralement décrits comme des vieillards ratatinés et les femelles comme de charmantes jeunes filles à la chevelure d'or.

La spécialité de tous les elfes, quelle que soit leur nationalité, est d'utiliser leurs pouvoirs magiques pour intervenir dans la vie des hommes. Bien qu'on n'ait jamais entendu parler d'elfes tels que Dobby et ses amis, qui passent leur vie au service d'un maître et se punissent eux-mêmes lorsqu'ils se comportent mal, beaucoup d'elfes se proposent très volontiers de participer aux tâches ménagères. Par exemple, dans le conte de fées *Les Elfes et le Cordonnier*, deux elfes viennent en aide à un pauvre savetier affamé en confectionnant pour lui, chaque nuit, de magnifiques paires de chaussures avec le cuir qui lui reste. Mais lorsque le savetier et sa femme, voulant exprimer leur gratitude, laissent un soir de petits vêtements neufs pour chacune des créatures, ces dernières poussent un cri de plaisir, enfilent les costumes et disparaissent pour ne plus jamais revenir, ce qui peut sembler une réaction bien grossière à un geste attentionné ; ce n'est pourtant rien comparé aux mauvais tours que les elfes ont pour coutume de jouer. Il est en effet très difficile de trouver un elfe (même un elfe de maison) qui n'ait pas de travers. Certains sont même carrément méchants. En Islande et en Allemagne, ils ont la réputation d'enlever des bébés, de chaparder de la nourriture et de transmettre des maladies aux hommes et aux bêtes. Ils s'asseyent sur les gens pendant leur sommeil, provoquant des cauchemars, et envoûtent également les jeunes hommes, parfois des années durant. En Amérique, l'histoire bien connue de Rip Van Winkle, plongé dans un sommeil de vingt ans, repose sur cette vieille croyance populaire.

Les Anglais prêtent aux vilains elfes tant d'actes malveillants que tout un vocabulaire a été élaboré pour décrire leur comportement. Au Moyen Age, lorsqu'un homme ou un animal mourait brusquement de façon inexpliquée, on disait qu'il avait reçu un « tir d'elfe », c'est-à-dire qu'il avait été frappé au

Une nouvelle garde-robe

Pourquoi le magnifique « cadeau » d'une vieille chaussette sale affranchit-il Dobby de ses devoirs ? Nous ne prétendons pas connaître toutes les subtilités ou les règles de la relation entre les humains et leurs elfes domestiques, mais nous sommes en mesure d'affirmer que les « fées du logis » ont toujours eu une réaction étrange vis-à-vis des vêtements neufs. Certaines créatures, comme les deux elfes de notre cordonnier, ne se sentent plus de joie à la vue de leur nouvelle panoplie, alors que beaucoup d'autres considèrent un tel cadeau comme une offense. Dans un cas comme dans l'autre, le résultat est le même : laissez une nouvelle chemise ou une paire de chaussures neuves pour votre elfe, votre **lutin** ou votre **épouvantard** et vous serez sûr qu'au lever du jour il aura déguerpi, sans espoir de retour.

Les explications à ce comportement déroutant varient d'un lieu à l'autre. Une tradition britannique veut que les fées domestiques soient des esprits libres et ne veuillent pas s'encombrer de possessions matérielles. Dans le comté écossais de Berwickshire, on dit que les *brownies* (épouvantards) s'enfuient au premier cadeau car Dieu les a destinés à servir l'homme et à travailler pour lui sans en attendre de récompense. Mais dans le Lincolnshire, on prétend le contraire : les elfes seraient des êtres très orgueilleux, qui quittent les maisons où ils ne reçoivent pas de cadeaux dignes d'eux. On raconte ainsi l'histoire d'un elfe qui quitta ses maîtres après qu'ils lui eurent offert une chemise de grosse étoffe – non sans leur avoir fait savoir qu'il serait resté si elle avait été en lin ! De toute évidence, Dobby n'est pas si difficile.

moyen d'une flèche décochée par un elfe. Et pour preuve que ce genre d'attaque était monnaie courante, on ramassait dans la campagne des « flèches d'elfes », petites pointes de silex dont l'archéologie nous a appris depuis qu'elles étaient l'œuvre d'hommes préhistoriques. Les marques de naissance portaient le nom de « marques d'elfe » et on disait de quelqu'un victime d'une violente attaque de paralysie qu'il avait été frappé par « le tir de l'elfe ». On accusait même ces créatures d'emmêler les cheveux et de transformer de belles tresses lisses en « nœuds d'elfe » inextricables.

CS, 2

Enchanteur

A plus d'un titre, Albus Dumbledore incarne l'enchanteur par excellence. Mieux que personne, le directeur de Poudlard sait dispenser des conseils d'une grande sagesse et résoudre les situations les plus épineuses. Ses pouvoirs magiques sont sans pareils et ses longues robes pourpres, sa barbe argentée et son chapeau pointu complètent le portrait de l'enchanteur tel que nous l'avons tous imaginé.

Cette image résulte d'un mélange de fiction et d'histoire. De **Merlin** à Dumbledore lui-même, l'invention littéraire a produit toutes sortes de créatures délicieuses, notamment des enchanteurs qui se métamorphosent en **chat** ou en **hibou**, font apparaître de somptueux banquets d'un coup de baguette magique, s'évanouissent dans l'air ou jettent des **sorts** qui donnent à un château l'apparence d'un chou. Historiquement, leurs ancêtres furent, entre autres, des milliers d'hommes et de femmes bien réels, vivant dans l'Europe du Moyen Age et de la Renaissance, et dont on pensait qu'ils possédaient à la fois une sagesse particulière et des pouvoirs magiques. On appelait ces femmes « bonnes femmes » ou « magiciennes blanches » et ces hommes, « bonshommes » ou « sorciers ».

A l'époque médiévale, la majorité des villages d'Europe possédaient au moins un enchanteur professionnel, qui proposait à ses clients tout un assortiment de services magiques, comme de retrouver des personnes disparues, des objets introuvables ou des trésors enfouis. Il se faisait également fort de démasquer les criminels, de soigner les maux, de dire l'avenir, de jeter ou de briser des sorts, de concevoir des **amulettes** ou des **charmes** pour protéger du Mal (naturel ou surnaturel) et enfin de concocter des **potions**. On croyait alors beaucoup à la **magie** et l'enchanteur était à la fois respecté et craint par la communauté qu'il servait. Jusqu'au XVIIe siècle, l'identification d'un voleur par un sorcier (en général, en demandant à la victime une liste de suspects et en se livrant ensuite à un exercice de divination) était prise très au sérieux et servait parfois de prélude à une arrestation.

Un villageois venait trouver l'enchanteur pour toutes sortes de demandes – gagner aux cartes ou aux dés, protéger sa maison des rongeurs, favoriser le sommeil d'un enfant ou échapper aux foudres du collecteur d'impôts. Il arrivait aussi qu'on lui demande conseil pour des affaires de cœur ou pour prendre une décision importante. Pour répondre à toutes ces questions, l'enchanteur – ou son homologue féminin – pouvait lire l'avenir dans une **boule de cristal**, réaliser une amulette de protection, préparer une potion ou encore recommander à son client d'aller cueillir une herbe précise en récitant des incantations. En retour, il recevait une petite somme d'argent ou une donation quelconque.

La clientèle était généralement pauvre, mais l'enchanteur n'était guère plus riche. Par bonheur, les membres des classes aisées n'hésitaient pas à le consulter lorsque les circonstances l'exigeaient. Un sorcier qui parvenait à se faire un nom dans le milieu aristocratique était dès lors assuré d'un excellent train de vie. Beaucoup de femmes riches avaient recours à des philtres d'amour pour attirer le mari qu'elle convoitait ou regagner l'affection d'un époux volage. Les hommes impliqués dans les affaires politiques faisaient parfois appel à un enchanteur pour gagner la faveur d'un roi, fomenter une rébellion ou assurer le succès d'une mission diplomatique délicate.

Les services des enchanteurs étaient si prisés qu'ils ne risquaient pas vraiment les poursuites légales réservées tôt ou tard à ceux qui pratiquaient la magie, sous une forme ou sous une autre. En Angleterre, trois « lois sur la sorcellerie » furent édictées entre 1542 et 1604, instituant comme crimes le fait de prédire l'avenir, de réaliser des sortilèges de guérison ou des philtres d'amour ou de pratiquer la divination pour retrouver trésors ou biens volés. Cependant, le nombre de poursuites pour ces crimes resta modeste, comparé à celui des comparutions pour avoir pratiqué la magie à des fins malveillantes, en frayant avec le diable ou en convoquant des esprits malins. Pour la plupart, les enchanteurs de village étaient protégés par leurs habitués. Mais ils n'étaient pas pour autant à l'abri des caprices de clients mécontents, qui pouvaient les dénoncer aux autorités ou les accuser de sorcellerie.

Au cours du XVIe siècle, le terme « sorcier » prit peu à peu des significations différentes. Il ne désignait plus seulement les devins de village, mais aussi les **magiciens** utilisant l'alchimie et communiquant avec les **démons**, les astrologues de cour et les illusionnistes pour qui la magie était un simple art de divertissement. Ce mot finit par s'appliquer à tous les disciples de la magie, quelle qu'elle soit, y compris la catégorie particulière des enchanteurs. Il devint le terme favori des conteurs, qui prêtèrent à leurs personnages des pouvoirs spectaculaires, dont aucun enchanteur réel n'aurait osé rêver.

ES, 4

Épouvantard

L'épouvantard qui hante l'univers de Harry Potter est inspiré d'une créature du folklore du nord de l'Angleterre, présentée comme un esprit changeant sans cesse de forme et qui, bien qu'ordinairement invisible, peut se matérialiser en être humain, en animal, en squelette et même en **démon**. La plupart des épouvantards, tel celui que le professeur Lupin retient dans un placard de Poudlard, prennent un grand plaisir à effrayer les gens. Certains sont simplement farceurs et se contentent de semer le chaos dans les foyers bien ordonnés, ce en quoi ils ressemblent à leurs cousins les **poltergeists**. La tradition nous enseigne qu'un de ces chenapans est dans les parages lorsque les portes se mettent à claquer toutes seules, que les bougies s'éteignent brusquement, que les outils disparaissent et que des bruits étranges résonnent de la cave au grenier. D'autres épouvantards, de nature plus malfaisante, se tiennent dans l'ombre au bord d'une route pour effrayer les voyageurs solitaires, provoquant des accidents parfois mortels.

L'épouvantard est un cousin, certains diraient même le jumeau maléfique du « gentil » *brownie*. Les *brownies* sont apparus dans les contes populaires anglais sous la forme d'aides ménagères qui prennent très à cœur leurs responsabilités au sein du foyer qui les accueille ; on dit en outre que les *brownies* sont des porte-bonheur pour leur propriétaire. Ils s'occupent du ménage, de la vaisselle et de divers travaux ménagers ; ils font le pain, moissonnent dans les champs, font paître les troupeaux, réparent et reprisent. En échange de leur labeur, ils ont droit chaque soir à un bol de lait ou de crème et à un morceau de gâteau. Toute autre récompense est regardée comme une insulte personnelle, et les *brownies* s'offusquent facilement. Lorsque c'est le cas, il arrive qu'un épouvantard prenne leur place au sein du foyer.

Le croquemitaine

« Sois sage ou bien le croquemitaine te prendra ! » Qui n'a pas entendu cette menace au moins une fois ?

Le croquemitaine est un être surnaturel qui rampe sous les lits, dans les placards, dans les escaliers mal éclairés ou dans tout autre lieu sombre et effrayant. Il n'a pas d'apparence propre. Mais, comme l'épouvantard de Poudlard, il aime prendre celle de votre plus grande frayeur.

Ses ancêtres sont deux autres esprits malins, le *bogle* écossais et le *bogie* anglais, eux-mêmes intimement liés à l'épouvantard. Le *bogle* est un esprit changeant qui peut ressembler aussi bien à un chien qu'à un nuage ou à un sac de farine. Les *bogles* ont la réputation de jouer des tours aux voyageurs, mais ils ne sont vraiment méchants qu'avec les brigands qui méritent une bonne leçon. Les *bogies*, quant à eux, sont de petits **gobelins** noirs et poilus qui aiment les embrouilles. Tout comme le croquemitaine, ils sont souvent le recours des parents qui veulent effrayer leurs enfants pour les faire obéir.

Les épouvantards « domestiques » sont décrits comme étant recouverts de poils noirs ; ils sont très laids, et leurs mains et leurs pieds sont énormes. Pour parfaire leur silhouette, ils sont habillés de haillons. Jadis, quand une maison était hantée par un épouvantard, le propriétaire faisait tous les efforts possibles pour s'en débarrasser. Mais il arrivait que l'épouvantard eût le dernier mot, auquel cas la famille était parfois forcée de quitter les lieux et de fuir la ville pour lui échapper. Encore ces mesures extrêmes ne suffisaient-elles pas toujours. On raconte l'histoire d'un fermier tellement exaspéré par les dégâts causés chez lui par un épouvantard qu'il emballa tout ce qu'il possédait et emmena sa famille vers d'autres horizons. A peine avaient-ils passé le portail qu'un voisin, surpris, leur demanda s'ils partaient. Avant même que le fermier ait pu répondre, une voix se fit entendre des profondeurs de sa malle et dit joyeusement : « Eh oui ! on s'en va... » Le fermier et sa famille poussèrent un profond soupir et reprirent le chemin de leur maison, conscients qu'ils n'échapperaient jamais à ce vieux roublard.

PA, 7

Fantôme

Vous êtes-vous jamais demandé d'où viennent vraiment les fantômes ? Ou pourquoi certaines âmes chères disparues, tels Mimi Geignarde ou le professeur Binns, flottent audessus du sol alors que d'autres se contentent de reposer sagement dans une tombe ? Si vous vous êtes déjà posé ces questions, eh bien ! sachez que vous n'êtes pas les seuls. Les fantômes et les histoires de fantômes occupent une place centrale dans le folklore, la littérature et les croyances religieuses de presque toutes les civilisations.

Les fantômes se manifestent sous des formes diverses. Le cas le plus élémentaire et le plus universel est celui de l'apparition (ou « esprit désincarné »). Si certaines apparitions semblent faites d'une brume blanchâtre et vaporeuse, beaucoup d'autres présentent l'aspect fort ordinaire d'humains en chair

et en os. La tradition européenne abonde en récits dans lesquels des fantômes bien trop humains mangent, boivent et montrent la plupart des fonctions corporelles des vivants. Souvent, leur vraie nature ne se révèle qu'au moment où ces fieffées créatures s'évaporent dans l'air, ou bien à l'odeur de moisi ou de putréfaction que certaines laissent derrière elles.

Dans la Rome et la Grèce antiques, les esprits des morts prenaient souvent la forme d'ombres noires, d'étranges taches sombres ou bien se manifestaient par une présence inquiétante et invisible, à la façon des **poltergeists**. Les Égyptiens pensaient que les morts pouvaient réintégrer leur propre corps. Dans bien d'autres cultures, on croit que les fantômes peuvent apparaître sous forme de démons, d'animaux ou même de plantes.

Dans la plupart des sociétés, aussi bien orientales qu'occidentales, on tient pour acquis que les fantômes sont un phénomène très réel et parfaitement naturel. Dans de nombreuses cultures, des festivités organisées tout au long de l'année visaient à entretenir de bonnes relations avec les morts. La plus étrange de ces fêtes antiques était probablement celle des Lemuria, qui se tenait à Rome chaque printemps. Pendant trois jours, les propriétaires romains se levaient au beau milieu de la nuit et se mettaient à arpenter leur salon en semant derrière eux des fèves noires. « Par ces fèves, récitaient-ils gravement, je me rachète ainsi que ma famille. » Ils encerclaient ainsi la pièce neuf fois de suite, pour donner tout le temps aux esprits (les mânes) de ramasser ces offrandes. Puis le chef de famille frappait un grand coup sur une lourde cymbale de bronze en criant : « Que les esprits de mes ancêtres quittent ce logis ! », ce qui devait persuader les fantômes les plus récalcitrants de laisser le foyer en paix jusqu'à l'année suivante.

Comme le montre le caractère plutôt amical de ce rituel, la plupart des fantômes n'étaient pas, dans l'Antiquité, des objets de crainte, mais plutôt de vénération. Aujourd'hui, en revanche, on présente presque toujours les fantômes – dans la réalité comme dans la fiction – comme des êtres effrayants, contre-nature, qui n'apparaissent que lorsque l'esprit d'un défunt ne peut trouver le repos éternel, pour une raison ou pour une autre. Certains esprits agités, tel celui de Jaco Marley dans le *Chant de Noël* de Charles Dickens, sont condamnés à hanter les hommes à cause des péchés qu'ils ont commis de leur vivant. D'autres parcourent le monde sans fin, parce que leur mort a été violente ou inattendue. On raconte par exemple que le manoir de Beamish Hall, dans le comté anglais de Durham, est hanté par le fantôme d'une malheureuse jeune femme qui périt étouffée alors quelle se cachait dans un coffre. (La légende dit qu'elle essayait d'échapper à un mariage arrangé. Il reste à espérer que son fiancé était vraiment aussi horrible qu'elle le craignait !)

Bon nombre des fantômes de Poudlard ont eux aussi connu une fin tragique. L'horrible trépas de Nick Quasi Sans Tête a pu être inspiré par une histoire datant du XIVe siècle, celle du comte de Lancaster, qui hante encore le château anglais de Dunstanburg pour se venger d'une décapitation « bâclée ». Selon des témoins, il aurait fallu onze tentatives au bourreau débutant pour disjoindre la tête du comte, et on raconte que les soldats les plus endurcis s'évanouirent d'horreur devant un tel spectacle !

Lorsqu'un fantôme se retrouve lâché dans la nature, son rôle consiste en général à errer, à hanter maisons et cimetières, jusqu'à ce qu'il soit vengé ou libéré. La façon la plus classique de se débarrasser d'un esprit indésirable est de faire appel à un exorciste professionnel, ou « libérateur de fantôme », mais le simple fait d'enterrer ses os à un carrefour peut parfois faire disparaître un esprit. Sachant que les fantômes sont connus pour leur sens de l'orientation désastreux, ce petit artifice suffit en général à les égarer pour l'éternité.

Si tout le reste échoue, dites-vous que vous finirez bien par vous habituer à la présence d'un esprit chez vous. Après tout, il y a pire chose dans la vie que d'être invité de temps en temps à une bonne fiesta chez les morts-vivants !

ES, 7

Farfadet

La Coupe du monde de Quidditch n'est peut-être pas remplie d'or, mais sa valeur est inestimable, comme le prouve la bataille serrée que se livrent Irlandais et Bulgares lors de cet événement sportif primordial pour le monde sorcier. Lorsque les Irlandais l'emportent, c'est avec indulgence qu'ils laissent leurs fidèles mascottes, les farfadets (ou *leprechauns*), exulter de joie sur le terrain. Cependant, les rencontres entre humains et farfadets n'ont pas toujours été aussi harmonieuses.

Bien que ces créatures féeriques du folklore celtique passent le plus clair de leur temps à fabriquer des chaussures, ce n'est un secret pour personne que les farfadets gardent aussi des sacs d'or et des trésors enfouis. La légende raconte que les humains peuvent parfois profiter de cette richesse, mais seulement s'ils sont assez malins pour capturer un farfadet et lui faire avouer le lieu de sa cachette en échange de sa liberté. Mais ce n'est pas là chose facile car ces hommes minuscules (tous les farfadets sont des hommes) sont extrêmement intelligents et retournent toujours la situation à leur avantage.

L'histoire de farfadet la plus répandue commence ainsi : dans une forêt ou une prairie isolée, un voyageur entend des coups de marteau assourdis et se met en chasse. Une fois débusqué, le *leprechaun* se montre plutôt amical, jusqu'au moment où le visiteur lui demande l'emplacement de son or. En général, il pique alors une colère, nie posséder quoi que ce soit ou essaie désespérément de créer une diversion (en tendant le doigt vers une nuée d'abeilles imaginaires, un arbre en train de tomber, etc.). Dès que l'homme détourne les yeux, le farfadet disparaît. Si ce petit manège échoue, il en a beaucoup d'autres en réserve. Il peut aussi se montrer soudain extrêmement généreux et tendre une pleine bourse de pièces d'or. Mais, comme l'apprennent à leurs dépens les fans de Quidditch qui se font arroser de pièces d'or lors de la Coupe du monde, il vaut mieux ne pas dépenser trop vite de l'argent *leprechaun,* de peur de se retrouver endetté jusqu'au cou – car cet or a vite fait de se transformer en cendres ou de disparaître complètement.

Les représentations plus modernes des farfadets, notamment celles qui fleurissent au moment de la Saint-Patrick, montrent en général de petits bonshommes habillés tout en vert. Traditionnellement, cependant, le parfait petit farfadet porte une veste rouge aux boutons argentés rutilants, des bas bleus ou marron, d'épais souliers à grosse boucle d'argent et un chapeau haut ou un tricorne. D'une taille qui varie de quinze à soixante

Le fermier et le farfadet

Voici une histoire illustrant l'ingéniosité des farfadets. On la raconte en Irlande de génération en génération.

Un fermier qui labourait son champ aperçut un jour un tout petit bonhomme caché sous une feuille. Soupçonnant qu'il s'agissait d'un *leprechaun,* le fermier l'attrapa bien vite dans sa main et lui demanda où il cachait son or. Le farfadet, visiblement désireux de partir, révéla bien volontiers que son trésor était enterré sous un buisson tout proche. Faisant bien attention de ne pas lâcher son minuscule prisonnier, le fermier partit en quête du buisson. Il le trouva au milieu de centaines d'arbustes identiques. N'ayant pas sur lui les outils nécessaires, le fermier ôta une de ses chaussettes rouges et l'attacha au buisson en question. Alors que le fermier repartait chez lui chercher une pelle, le farfadet demanda à être relâché, soulignant qu'on n'avait plus besoin de ses services. Le fermier le libéra, non sans lui avoir fait promettre de ne pas dénouer la chaussette et ne pas déterrer l'or. A malin, malin et demi : quand il revint dans le champ quelques minutes plus tard, chacun des buissons était marqué d'une chaussette rouge identique !

centimètres, les farfadets peuvent avoir l'air à la fois malicieux et très dignes. Beaucoup portent la barbe et fument la pipe.

Pour travailler, le farfadet revêt un tablier de cordonnier en cuir et use d'un petit marteau pour fabriquer ou réparer de minuscules chaussures. De toute évidence, les farfadets ne traitent pas leurs congénères mieux que les humains, puisqu'ils ne leur fournissent que des chaussures à la pièce, jamais par paire. D'ailleurs, certains spécialistes pensent que le terme *leprechaun* viendrait du gaélique *leith bhrogan,* qui signifie « faiseur d'une chaussure ». Ce manque de professionnalisme tient-il au fait que les farfadets ont un petit faible pour la bière maison, et qu'ils n'ont pas toujours les yeux en face des trous ?

CF, 8

Fée

Les **lutins** qui se déchaînent dans la classe de Gilderoy Lockhart, les **farfadets** qui font pleuvoir For sur le terrain de Quidditch et les elfes de maison qui triment dans les cuisines de Poudlard ont un point commun : ils appartiennent tous à la grande famille des fées. Souvent désignées comme de gentilles petites créatures, les fées constituent une vaste communauté d'êtres immortels, surnaturels, qui ne se montrent aux hommes que dans des circonstances particulières. Ces êtres occupent une place de choix dans le folklore du monde entier, de la Suède à l'Iran en passant par la Chine.

Pour beaucoup d'entre nous, le mot « fée » évoque les contes de l'enfance, peuplés de minuscules créatures au grand cœur et pleines d'entrain. Autrefois, cette appellation recouvrait cependant des réalités très diverses : les fées étaient petites ou grandes, gentilles ou méchantes, drôles ou menaçantes, belles ou laides – du **Red Cap** meurtrier des frontières écossaises à la douce marraine de Cendrillon.

Le terme « fée » vient du latin *fata* (« destin »), qui renvoie lui-même aux trois parques mythiques qui déroulaient le fil de la vie, maîtrisant la destinée de chacun depuis sa naissance jusqu'à sa mort. Tout comme les parques, les fées jouaient un rôle important dans l'existence des mortels, les aidant quand elles s'en sentaient d'humeur, mais leur infligeant aussi à l'occasion leur lot de souffrances et de malheurs. Au Moyen Age, on imputait aux fées une grande part

La petite souris

De nos jours, il n'y a pas de fée plus connue et plus aimée que la « petite souris ». Aux États-Unis et dans certaines provinces de l'Angleterre, où on l'appelle « fée de la dent », mais aussi en Espagne, au Canada ou en France, on dit qu'elle vient la nuit déposer sous l'oreiller des enfants des bonbons ou une petite pièce, en échange d'une de leurs dents de lait.

Bien que les histoires qui courent sur la « fée de la dent » ne datent que du début du XXe siècle (sans que personne en connaisse vraiment l'origine), le fait d'associer les dents aux cadeaux ou aux friandises est bien plus ancien. Il y a plus de mille ans, les enfants vikings recevaient une récompense lorsque leur première dent poussait. La petite souris, version européenne et plus ancienne de cette fée, tire son nom de l'habitude qu'avaient les enfants, au XIXe siècle, de placer les dents qu'ils avaient perdues dans des trous de souris, sous les étagères de la cuisine et partout ailleurs où une petite souris était susceptible de les trouver. Non seulement ces petits veinards recevaient en échange une friandise ou une pièce de monnaie, mais on raconte qu'en plus, leurs nouvelles dents poussaient aussi pointues que celles de leur minuscule bienfaitrice !

des affections du corps, de l'urticaire à la tuberculose. Les bleus, les crampes et les rhumatismes étaient ressentis par un homme lorsque des fées malveillantes et invisibles le pinçaient. Dans le cas d'attaques, de paralysie ou de maladies mystérieuses, on parlait de « tir d'**elfe** », comme si ces douleurs étaient causées par une flèche tirée par une fée. On recommandait aux jeunes mamans de ne pas quitter une seule seconde leur nouveau-né des yeux, de peur qu'une fée ne l'enlève et ne dépose à sa place un bébé fée souffreteux, comme cela arrivait couramment.

Dans les années 1550, on se mit plutôt à craindre les **sorcières**. Les créatures féeriques (même si certaines demeuraient des farceuses invétérées, telles les **Pitiponks**) devinrent avant

Les anneaux de fée

On dit que les fées laissent des traces de leurs réjouissances nocturnes. Selon le folklore britannique, quand les fées dansent sous les étoiles, on note au matin que l'emplacement est marqué d'un cercle d'herbe vert vif ou au contraire toute tassée ; c'est ce que l'on appelle un « anneau de fée ». Tout vœu prononcé à la pleine lune au centre d'un de ces anneaux était à coup sûr exaucé. Mais gardez-vous bien de pénétrer dans un anneau de fée quand ces dernières sont encore en train de faire la fête ! L'humain coupable de ce crime est condamné à danser jusqu'à épuisement. La seule issue est d'être secouru par un ami qui, tout en gardant un pied hors de l'anneau, se penche et tire le prisonnier à l'extérieur.

De mystérieux cercles d'herbe décolorée ont réellement été découverts un peu partout en Europe et en Amérique. Ils réapparaissent notamment après de fortes pluies. Leur diamètre varie de quelques centimètres à plusieurs dizaines de mètres. Les scientifiques ont cependant une explication bien rationnelle à ce phénomène : les responsables seraient des champignons du nom de *Balsidomycetes*, et non des fées.

tout des personnages bienveillants et bourrés d'imagination, aimant beaucoup s'amuser. Les histoires de fées, que l'on ne compte plus (mais que l'on conte encore…), se déroulent en général dans des royaumes boisés, habités par de minuscules créatures vêtues d'exquises étoffes bleues, vertes et dorées.

Bien qu'elles ressemblent la plupart du temps à de magnifiques femmes, les fées peuvent aussi changer de forme à volonté et se transformer en animal, voire devenir invisibles. Grandes mélomanes, elles virevoltent à la nuit tombée dans les clairières, dansant autour des champignons géants au son de flûtes et de harpes miniatures. Plusieurs chansons écossaises traditionnelles sont censées être des chants de fées, enseignés à des flûtistes mortels que les mélodies enchanteresses auraient attirés au royaume des fées. Ces humains envoûtés qui pénètrent dans un pays magique se retrouvent hors du temps. Lorsqu'ils en reviennent, plusieurs années se sont souvent écoulées en un clin d'œil. Mais ceux qui se lancent à la recherche du Royaume des fées le trouvent rarement, car la légende raconte qu'il ne peut être découvert que par hasard.

Toutes les créatures féeriques n'apprécient pas cette vie idyllique faite d'oisiveté. Beaucoup de contes populaires mettent en scène des **elfes** de maison – notamment des *brownies* et des **lutins** – qui préfèrent vivre aux côtés des humains et aider aux tâches ménagères en échange de leur bol de lait et de leur morceau de gâteau quotidiens. Pour quiconque vit au contact de ces êtres minuscules, une bonne connaissance de l'étiquette est essentielle, pour éviter de les offenser inutilement. Si vous ne veillez pas à la propreté de votre âtre ou que vous essayez de rémunérer les services de vos elfes, il se pourrait bien qu'ils expriment leur mécontentement en renversant les poubelles, en lâchant la vaisselle ou en tarissant le lait de votre vache. Il vaut mieux ignorer ce genre de sautes d'humeur, sachant que, aujourd'hui comme hier, le bon personnel est tellement difficile à trouver !

PA, 10

Les fées de Cottingley

En juillet 1918, deux jeunes filles de Cottingley, dans la campagne anglaise, rendirent publique pour la première fois au monde ce que l'on croyait être une photographie de fées. Sur ce cliché, pris par Elsie Wright, âgée de seize ans, apparaissait sa cousine Frances Griffiths, assise dans la forêt et entourée de plusieurs créatures minuscules et ailées. Le père d'Elsie, qui avait développé la photo, dit aux filles qu'il ne croyait pas aux fées et qu'il les soupçonnait d'avoir tout mis en scène. Mais elles affirmèrent avoir vu plusieurs fois des fées dans ces bois. Un mois plus tard, elles produisirent une deuxième photo, sur laquelle Elsie posait en compagnie d'un **gnome**.

Le père de la jeune fille demeura sceptique, mais sa mère parla de l'expérience à des amis intéressés par les phénomènes surnaturels. Dès lors l'histoire se répandit rapidement et finit par arriver aux oreilles de l'un des auteurs les plus célèbres de l'époque – Sir Arthur Conan Doyle, le père de Sherlock Holmes, le fameux détective. Fasciné par la perspective que les fées pussent être réelles, Doyle consulta un grand nombre d'experts pour déterminer si la photo était oui ou non un montage. Si certains trouvèrent la coiffure des fées un peu trop « moderne » pour être honnête, aucun ne réussit à prouver formellement que la photo n'était pas authentique. En décembre 1919, Doyle publia dans le *Strand* un article intitulé « Des fées photographiées – un événement qui fera date » ; le papier fut accueilli avec beaucoup de fièvre par les disciples de sa théorie et avec autant de véhémence par ses détracteurs. Les jeunes filles jetèrent encore de l'huile sur le feu en prenant trois nouvelles photographies de fées en 1920.

L'authenticité des fées de Cottingley fit l'objet d'un débat passionné pendant plusieurs décennies. Jusqu'au jour où, au début des années 80, Elsie et Frances, devenues de vieilles dames, admirent toutes deux que ces photos étaient une (délicieuse) supercherie. Elles avaient confectionné les silhouettes dans du papier et les avaient suspendues aux arbres ou fixées au sol à l'aide d'épingles à chapeau. Frances se déclara stupéfaite qu'on eût pris leur histoire tellement au sérieux ; sur certaines des photographies, souligna-t-elle, les épingles étaient même visibles ! Pourtant, personne ne les avait remarquées...

Feuilles de thé

Là où Ron ne voit qu'un inoffensif chapeau melon, le professeur Trelawney aperçoit une massue prête à frapper. Là où il voit un mouton, elle reconnaît ce terrible chien noir appelé **Sinistros**. Et pourtant, tous deux contemplent le fond de la tasse à thé de Harry et se livrent à une forme de **divination** connue sous le nom de « tasséomancie », ou lecture dans les feuilles de thé.

Cette coutume est née en Chine, probablement au cours du VIe siècle. Le thé n'est apparu en Occident qu'en 1609, lorsque les négociants néerlandais commencèrent à l'importer d'Orient. Bien que considéré dans les premiers temps avec suspicion, ce nouveau breuvage gagna la France en 1636 et se trouvait dans les boutiques anglaises en 1650. Il ne devait pas tarder, en Angleterre, à devenir une boisson quotidienne. Au milieu du XVIIe siècle, la consommation de thé s'était généralisée un peu partout en Europe, et les diseurs de bonne aventure avaient pris l'habitude de lire dans ses feuilles.

Cet art divinatoire n'était pas entièrement nouveau pour les Européens puisque, dans l'Antiquité, les Romains pratiquaient l'« œnomancie » – l'interprétation de la lie de vin – et que les devins du Moyen Age étudiaient les dessins formés par de la cire fondue ou du plomb liquide, entre autres substances. Mais la tasséomancie exigeait un certain nombre de connaissances : savoir préparer une tasse de thé pour la lecture et interpréter des dizaines, voire des centaines de formes différentes. Aux XVIIIe et XIXe siècles, on trouvait sans peine de petits ouvrages expliquant aux curieux les bases de la tasséomancie (de l'arabe *tass*, qui signifie « tasse », et du grec *manteia*, « prophétie »). De là, cet art se répandit, non plus seulement dans les alcôves clandestines des devins, mais aussi dans les salons des nantis.

Les différentes méthodes de lecture dans les feuilles de thé varient parfois dans leurs détails, mais les principes fondamentaux valent pour toutes. Il faut d'abord faire infuser du thé en vrac (idéalement, du thé noir de Chine ou d'Inde), puis le verser dans une tasse de couleur claire, sans utiliser de passoire. Celui dont on va lire l'avenir boit alors le thé, en laissant au fond de la tasse les feuilles dans une petite quantité de liquide. Après avoir mélangé le tout trois fois, il ou elle retourne la tasse sur une soucoupe et donne trois petites tapes sur le fond de la tasse, pour faire tomber la plus grosse partie des feuilles. Le devin retourne ensuite la tasse et examine les motifs dessinés par les feuilles restées collées à l'intérieur.

Que nous apprend le fond d'une tasse de thé ? Les adeptes de cette méthode affirment qu'ils peuvent y voir la forme des choses à venir. Lignes, points, figures géométriques, dessins rappelant des plantes, des animaux ou des objets : ces signes possèdent tous un sens spécifique. Par exemple, une seule ligne droite indique des projets réfléchis et de la sérénité. Deux lignes parallèles prédisent un voyage gratifiant. Un cercle couronné d'une croix est souvent mauvais signe et suggère un enfermement forcé, dans une prison ou un hôpital, alors que l'arbre promet la réussite et le gland, une bonne santé. Plus l'image est située près du bord de la tasse, plus elle est proche dans l'avenir. A l'inverse, un événement suggéré par une forme tout au fond de la tasse se situera dans un avenir lointain.

Comme le professeur Trelawney, beaucoup de devins insistent sur le fait que seuls des êtres au psychisme particulièrement réceptif peuvent lire correctement dans les feuilles de thé. Selon cette théorie, les feuilles de thé stimulent la partie intuitive de l'intelligence, ce qui permettra de prédire un avenir et de percevoir des vérités qui, autrement, seraient restées enfouis. Cela n'empêche pas des milliers d'amateurs de s'essayer à la tasséomancie, pour leur plaisir. Si l'expérience vous tente et que vous ne disposiez pas d'un exemplaire de *Lever le voile du futur,* voici quelques-unes des interprétations les plus courantes :

Abeille .... *Rencontre avec des amis.*
Aiguille...................... *Respect d'autrui.*
Ailes .... *Nouvelles.*
Ancre......................... *Voyages.*
Âne........................... *La patience est de rigueur.*
Anneau...................... *Mariage.*
Araignée.................... *Chance, argent.*
Arbre .... *Réussite.*
Arc-en-ciel .... *Chance.*
Balance .... *Justice, succès dans une affaire juridique.*
Ballon .... *Problèmes en vue.*
Banane .... *Voyage d'affaires.*
Bateau .... *Visite d'un ami.*
Bêche........................ *De la chance dans le travail.*
Bœuf......................... *Querelles avec des associés.*
Bouc .... *Malchance.*
Bouilloire .... *Foyer chaleureux.*
Branche.................... *Nouvelle amitié.*
Canne .... *Besoin de soutien.*
Cascade.................... *Abondance, richesse.*
Cercle....................... *Amour.*
Chaise .... *Un invité inattendu.*
Champignon .... *Des retards sont à prévoir.*
Chapeau .... *Nouvelle situation professionnelle.*
Chardon .... *Grandes ambitions.*
Chat .... *Trahison.*
Chaussure .... *Changement de carrière.*
Chauve-souris .... *Déception.*
Chien .... *Amis fidèles.*
Ciseaux .... *Accès de colère, malentendus familiaux.*
Citrouille .... *Relation chaleureuse.*
Clé .... *Résolution d'un mystère.*
Cloches .... *Bonnes nouvelles.*
Cochon .... *Difficultés dans une relation.*
Colombe .... *Chance.*
Corne .... *Abondance.*
Crabe........................ *Un ennemi approche.*
Croix .... *Des problèmes en cours de route.*
Dentelle. .... *Sujets délicats.*
Diamant .... *Un cadeau de valeur.*
Dragon..................... *Des changements en vue.*
Drapeau .... *Danger.*
Échelle .... *Progrès, mouvement, réussite.*

Écureuil .... *Richesse future.*
Enveloppe .... *Nouvelles.*
Épée .... *Dispute avec un ami proche.*
Escalier .... *Une amélioration prochaine.*
Étoile .... *Chance.*
Faux .... *Bonne récolte ou présage de mort.*
Fenêtre .... *De l'aide venant d'un ami.*
Fer à cheval .... *Chance.*
Feuille d'arbre .... *Chance.*
Flèche .... *Courrier annonçant de mauvaises nouvelles.*
Fleurs .... *Amour, honneur, estime.*
Fourche .... *Diversion.*
Fusil .... *Danger, conflit, catastrophe.*
Gant .... *Chance et honneur.*
Girafe .... *Malentendu.*
Gland .... *Bonne santé.*
Grenouille .... *Croissance dans les affaires.*
Guitare .... *Romance à l'horizon.*
Hibou .... *Médisance, mauvaise santé.*
Homme .... *Un visiteur surprise.*
Horloge .... *Rétablissement après une maladie.*
Instruments de musique .... *Bonne compagnie.*
Kangourou .... *Un voyage inattendu.*
Lampe .... *Gain d'argent.*
Lapin .... *Réussite.*
Lézard .... *Des ennemis cachés.*
Lion .... *Des amis vous viennent en aide.*
Livre .... *Perspicacité, connaissance.*
Lune .... *Amour.*
Main .... *Amitié.*
Maison .... *Stabilité.*
Marteau .... *Victoire contre l'adversité, dur labeur.*
Montagne .... *Voyage ou obstacle.*
Mouton .... *Chance.*
Nid .... *Abri, refuge.*
Nœud coulant .... *Danger en vue.*
Nuages .... *Doutes.*
Œil .... *La vigilance est de mise.*
Œuf .... *Fertilité, croissance.*
Oie .... *Invitation.*
Oiseau .... *Chance.*

Papillon	*Foie.*
Parapluie	*Contrariétés.*
Pendule (un)	*Indécision.*
Perroquet	*Un dérangement.*
Pièce de monnaie	*Paiement d'une dette.*
Pipe	*Nouvelles idées.*
Plume	*Des efforts sont exigés.*
Poignard	*Danger venant d'ennemis.*
Point d'interrogation	*Incertitude, changement.*
Poisson	*Nouvelles en provenance de l'étranger.*
Raisin	*De bons moments passés avec des amis.*
Rame	*Problèmes provisoires.*
Rat	*Danger, perte d'un bien.*
Sceptre	*Plus de responsabilités.*
Scie	*Problèmes avec un inconnu.*
Scorpion	*Complot ennemi.*
Serpent	*Tromperie, tentation.*
Serrure	*Nouvelles non désirées.*
Sirène	*Tentation.*
Soleil	*Bonheur constant.*
Souris	*Insécurité financière.*
Squelette	*Maladie.*
Table	*Une réunion plaisante.*
Tambour	*Ragots.*
Tasse	*Grand succès.*
Toile d'araignée	*Intrigue, complications.*
Tortue	*Critiques.*
Triangle	*Événement inattendu.*
Vase	*Un ami a besoin d'aide.*
Verre à vin	*Nouvelles rencontres.*
Violon	*Solitude.*
Visage	*Nouveaux amis.*

PA, 6

Flamel

Nicolas Flamel, pour les fans de Harry Potter, est avant tout l'alchimiste qui inventa la **Pierre philosophale** – cette substance miraculeuse qui avait le pouvoir de changer le plomb en or et de produire un élixir d'immortalité. A l'époque de l'arrivée de Harry à Poudlard (où est cachée la Pierre, protégée par tout un arsenal de **charmes** et de **sortilèges**), Flamel est toujours en vie et habite avec sa femme Perrenelle dans le Devon, en Angleterre – tout de même âgé de 656 ans… C'est à peu près le nombre d'années qu'aurait aujourd'hui le vrai Nicolas Flamel. Car Flamel était un authentique alchimiste, dont la femme se prénommait Perrenelle. Et si l'on doit en croire les écrits qu'il a laissés, c'est lui qui créa la Pierre légendaire dans son laboratoire, le 17 juin 1382.

Ce que nous savons de Nicolas Flamel, nous le devons essentiellement à son *Livre des figures hiéroglyphiques,* dans lequel il raconte comment, presque par accident, il devint alchimiste. A sa naissance – vers 1330, dans la petite ville française de Pontoise –, l'alchimie se pratiquait déjà couramment en Europe occidentale. Ayant pour fondements les règles des métallurgistes grecs et égyptiens, les secrets de l'alchimie arrivèrent en Europe en passant par le monde arabe et furent accessibles vers 1200 dans des livres en latin. Ces ouvrages décrivaient un équipement de laboratoire très sophistiqué, des ingrédients chimiques et des procédures complexes grâce auxquels il était possible de synthétiser la Pierre philosophale, donc de gagner une fortune

immense, sans parler du don inestimable de l'immortalité. On disait aussi de l'alchimie qu'elle était une science « spirituelle », ce qui impliquait que l'alchimiste, pour peu qu'il adoptât une attitude humble et une réelle dévotion, pouvait élever son âme et atteindre une pureté supérieure. Si beaucoup étaient sceptiques à ce sujet, d'autres, innombrables, se bâtirent des laboratoires de fortune et consacrèrent leur vie à tenter de créer la Pierre.

Nicolas Flamel semble n'avoir eu dans sa jeunesse aucun intérêt particulier pour l'alchimie, même s'il en avait sans doute entendu parler. Pour un homme de son époque, il était très instruit, connaissait en plus du français un latin solide, et quand il fut temps pour lui de s'installer, il partit pour Paris, où il devint copiste, notaire et marchand de livres. Beaucoup des contemporains de Flamel ne savaient ni lire ni écrire. Aussi, lorsqu'ils devaient consigner quelque transaction importante, ils allaient trouver un scribe professionnel, ce qu'était encore Nicolas Flamel. Il recopiait également des livres et des manuscrits (l'imprimerie ne fut inventée qu'un siècle plus tard) et augmentait ses revenus en donnant parfois des leçons d'écriture aux plus riches, leur enseignant, entre autres arts, celui de la signature. Sa première échoppe se situait dans une minuscule bicoque en bois de la rue des Notaires, mais son succès lui permit bientôt d'engager des apprentis et d'acheter une maison voisine, au premier étage de laquelle il transféra son commerce. Il rencontra en outre Perrenelle, une riche et séduisante veuve, qu'il épousa.

Jusque-là, la vie du jeune copiste semble tout à fait ordinaire. Mais tout bascula le jour où un étranger pénétra dans sa boutique et lui vendit un livre qui allait changer sa vie pour toujours. « Il me tomba entre les mains, pour la somme de deux florins, un livre doré, fort vieux et beaucoup large, écrit-il. Il n'étoit point de papier ou parchemin, comme sont les autres, mais il étoit fait de déliées écorces (comme il me sembloit) de tendres arbrisseaux. Sa couverture étoit de cuivre bien délié, toute gravée de lettres ou figures étranges. » Flamel observa consciencieusement ce livre et finit par se convaincre qu'il contenait le secret de fabrication de la Pierre philosophale – il ne lui restait qu'à en comprendre le contenu. Or

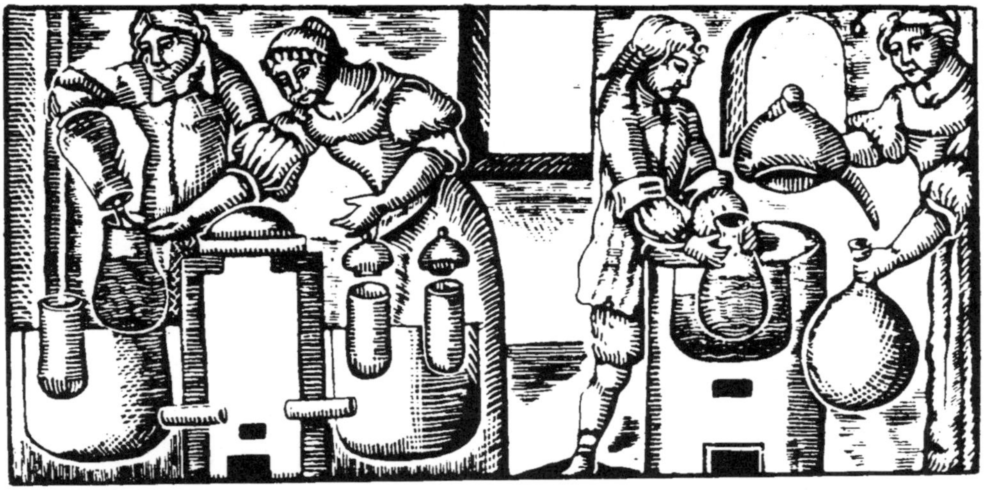

Nicolas Flamel ne pouvait compter, pour mener à bien le processus alchimique, qui pouvait prendre des mois, que sur l'aide de son unique assistante : sa femme Perrenelle.

comme tous les ouvrages d'alchimie, celui-ci était pour une grande partie écrit dans un langage crypté. Et les secrets les plus fabuleux étaient formulés non par des mots, mais par de mystérieux symboles. Un dessin, par exemple, représentait un désert peint, jalonné de magnifiques fontaines débordant de serpents. Sur un autre, un buisson fouetté par les vents et planté au sommet d'une montagne était entouré de griffons et de **dragons**.

Flamel recopia les dessins (nul hormis Perrenelle ne fut autorisé à voir le livre original), les montra à des collègues et les accrocha même aux murs de sa boutique, dans l'espoir que quelqu'un pourrait lui en révéler la signification. Mais personne ne le put. C'est probablement à cette époque que Flamel installa son propre laboratoire d'alchimie et entama ses expériences, en les fondant sur les parties du livre qu'il avait comprises. Néanmoins rien ne marchait. La tradition des alchimistes exigeait que tout disciple qui voulait pratiquer « l'art » fût d'abord initié à ses secrets par un maître. N'obtenant aucun succès dans ses expériences, Flamel se résolut donc à chercher un maître, qu'il trouva en Espagne. Détenant enfin les vrais secrets du livre, Flamel revint à Paris où, après trois ans d'un labeur sans relâche, il atteignit enfin son but. « Ce fut le 17 de Janvier, écrit-il alors, un Lundi environ midi, en ma maison, en présence de Perrenelle seule, l'An mil trois cens quatre-vingt deux. Et puis après, en suivant toujours de mot à mot mon Livre, je la fis avec la Pierre rouge, sur semblable quantité de Mercure, en présence encore de Perrenelle seule, en la même maison, le vingt-cinquième jour d'Avril suivant de la même année, sur les cinq heures du soir, que je transmuai véritablement en quasi autant de pur Or, meilleur certainement que l'Or commun, plus doux et plus ployable. »

D'après ses dires, Flamel ne créa de l'or que trois fois. Ce qui était déjà bien plus qu'il n'en demandait. Lui et Perrenelle vivaient modestement et utilisèrent leur richesse pour aider leur prochain. Ils créèrent et entretinrent de leur vivant quatorze hôpitaux, financèrent des monuments religieux, firent construire des chapelles, payèrent l'entretien d'églises et de cimetières et aidèrent bon nombre de veuves et d'orphelins. Perrenelle mourut en 1397 et Flamel passa les dernières années de sa vie à écrire sur l'alchimie. Il mourut le 22 mars 1418 et fut enterré près de chez lui, à l'église Saint-Jacques-de-la-Boucherie.

Que faut-il penser de l'histoire de Nicolas Flamel ? Fabriqua-t-il réellement de l'or ? Ou bien inventa-t-il toute l'histoire – le vieux grimoire, le voyage en Espagne et la Pierre philosophale ? Nous n'avons pour seule source d'information que Flamel lui-même. Certains faits cependant demeurent au-dessus de tout soupçon. Nicolas Flamel a réellement existé. Ses dons et ses bonnes actions également (certains des monuments qu'il fit construire sont restés debout plusieurs siècles). L'histoire de sa quête initiatique contribua à promouvoir l'alchimie comme une science authentique et à faire croire que la Pierre philosophale pouvait être synthétisée.

Au XVIIe siècle, l'histoire de Flamel faisait partie de la légende. On raconta qu'après sa mort, des pillards pénétrèrent chez lui et mirent la maison sens dessus dessous, pensant y trouver de l'or. Bredouilles, ils entreprirent ensuite d'ouvrir le cercueil du grand alchimiste, dans l'espoir qu'il avait emporté avec lui un morceau de la Pierre. Mais ils trouvèrent le cercueil vide – pas de Pierre et pas de Flamel non plus ! Certains dirent qu'en réalité, Flamel et Perrenelle n'étaient pas morts, qu'ils s'étaient servi de la Pierre pour devenir immortels. On rapporta alors sur eux une foule de témoignages. Un émissaire de Louis XIV avait aperçu le couple, qui vivait en Inde. En 1761, on les vit assister à une représentation au théâtre de l'Opéra, à Paris. Et, plus récemment, selon une rumeur concoctée par Albus Dumbledore en personne, le couple envisageait d'abandonner son immortalité pour un long repos bien mérité.

ES, 13

Forces du Mal

Si vous quittez les trottoirs familiers du Chemin de Traverse pour vous aventurer dans une ruelle miteuse aux alentours de la banque de Gringotts, vous vous retrouverez dans l'allée des Embrumes, le repaire des fournisseurs de têtes réduites, de corde de potence, de bougies empoisonnées et autres marchandises sinistres. Si Hagrid ose arpenter la rue en quête d'un répulsif contre les limaces, la plupart des visiteurs de cette partie de la ville sont des disciples des forces du Mal – cette branche de la magie consacrée aux moyens de nuire à son prochain.

Comme toute autre forme de magie, les forces du Mal (connues aussi sous le nom de « magie noire ») existent depuis des millénaires. Si dans les civilisations anciennes on développait des **sorts** et des **formules magiques** pour essayer de soigner les maladies, d'attirer la pluie sur les champs desséchés ou de protéger un village de l'invasion ennemie, on travaillait aussi à diverses **malédictions** visant à infliger souffrance et malchance à ses voisins. Ces méthodes s'employaient pour venger une injure personnelle ou pour se débarrasser de son concurrent en affaires ou en politique. Lorsque mourut, en l'an 19 de notre ère, le général romain Germanicus, on trouva des preuves de magie noire utilisée contre lui sous la forme d'ossements humains, de malédictions écrites et de morceaux de plomb (alors considéré comme le métal de la mort) enfouis dans le sol et les murs de sa chambre.

A Poudlard, les élèves s'initient aux forces du Mal en étudiant les mœurs détestables des ***Red Caps***, des ***kappas***, des **loups-garous** et autres créatures du même acabit. Les plus âgés sont initiés à la défense contre les malédictions de sorciers ou de sorcières maléfiques, qui utilisent ces moyens illégaux pour maîtriser totalement leurs ennemis, les torturer sans avoir à lever le petit doigt ou même commettre des meurtres. Beaucoup d'autres pratiques liées aux forces du Mal ne font pas partie du programme à Poudlard, pour autant que l'on sache. Cependant, la rumeur prétend qu'on les enseigne à Durmstrang. Or, il est toujours bon de savoir de quels moyens dispose un aspirant aux forces du Mal…

L'une des formes les plus anciennes de la magie noire est la « magie d'images », qui consiste à réaliser un dessin ou à modeler une figurine en terre ou en cire représentant sa victime, pour ensuite l'estropier ou la détruire. Tout ce que subit la figurine – que l'on appelle aussi effigie – est censé être subi également par la victime. En Inde, en Perse, en Afrique, en Égypte et en Europe, les petites poupées de cire étaient courantes, car aussi faciles à fabriquer qu'à détruire en les faisant fondre – frappant la victime d'une longue maladie. Les effigies pouvaient aussi être en argile, en bois ou en chiffon ; on les peignait alors pour les rendre plus ressemblantes. D'autres tortures consistaient par exemple à la truffer de piques ou de couteaux (pour provoquer souffrances ou maux divers), ou bien, si elle était faite de matière animale ou végétale, à l'enterrer pour qu'elle se décompose.

Autre forme de magie noire très ancienne, la « nécromancie » (du grec *nekros,* « cadavre », et *manteia,* « prophétie ») consistait à convoquer les esprits des morts comme moyen de **divination**. On croyait que les morts, étant détachés du temps et de l'espace terrestres, avaient accès à des informations aussi bien sur le présent que sur l'avenir, informations que les vivants ne pouvaient obtenir. La nécromancie apparaît dans la Bible, mais elle était pratiquée en Perse, en Grèce, à Rome. Elle connut un regain de popularité dans l'Europe de la Renaissance. Certains disciples essayaient *vraiment* d'animer des cadavres (ils furent parfois accusés d'envoyer ces cadavres s'attaquer aux vivants), mais la plupart se contentaient d'invoquer l'esprit d'un défunt par des rituels effectués sur la tombe, accompagnés d'incantations et de dessins de mots ou de symboles magiques sur le sol.

Le nécromancien s'entourait souvent de crânes ou d'autres images morbides. Il portait des vêtements volés sur un cadavre et concentrait toutes ses pensées sur la mort tandis qu'il convoquait l'esprit. Lorsque ce dernier apparaissait (tout signe, même infime, comme le tremblement de la flamme d'une bougie, était interprété comme une preuve de la présence de l'esprit), il lui posait des questions – tantôt sur les grands mystères de la vie, tantôt sur l'avenir ou sur des sujets beaucoup plus « terre à terre » (comme, par exemple, l'emplacement d'un trésor enfoui). Le but de ces pratiques n'était pas toujours de nuire à quelqu'un. Cependant, le fait d'invoquer (et peut-être de troubler) les âmes des morts était généralement considéré comme amoral et méprisable, ce qui valut à la nécromancie de figurer en bonne place parmi les forces du Mal.

Certains auteurs soutiennent que la magie « n'a pas de couleur » et qu'elle n'est « noire » ou « blanche » qu'en fonction des intentions qui la motivent. Par exemple, faire fondre une effigie de cire dans le but d'éliminer un odieux tyran peut être considéré comme de la magie blanche par tous ceux que ce tyran opprime, mais comme de la magie noire par le tyran lui-même. D'autres spécialistes expliquent que le combat symbolique entre magie blanche et magie noire traduit en fait la dualité de la nature humaine – notre égale capacité à faire le Bien comme le Mal. Les sorciers, comme nous tous, peuvent mettre leurs pouvoirs au service du Bien, pour créer, pour aider leur prochain ou pour améliorer le monde. Ou bien, tels les mangemorts, ils peuvent céder à leur côté obscur – l'égoïsme, la domination, la soif de puissance, la tentation de commettre les pires atrocités. Comme Dumbledore l'explique à Harry, le côté duquel on se range n'est pas affaire de destin, mais de choix.

CS, 4

Forêt interdite

Chaque fois que Harry met un pied dans la Forêt interdite, il se sent envahi d'un sentiment de crainte. Et il fait bien, car lui et ses camarades ont été prévenus à maintes reprises des nombreux dangers tapis dans l'obscurité de ces bois. Tout comme les forêts de nos contes de fées, peuplées de **sorcières** et d'ogres, de gobelins et de trolls, celle de Poudlard grouille de monstres de toutes sortes. Ce qui rend ce genre d'endroit si effrayant – et aussi si excitant –, c'est que l'on ne sait jamais ce qui va surgir de derrière un arbre.

La forêt a toujours été synonyme de danger – celui de se perdre, de faire de mauvaises rencontres ou d'être dévoré par des bêtes féroces. Au Ier siècle av. J.-C., Jules César rapporte l'histoire de voyageurs ayant marché sans relâche pendant soixante jours dans une forêt, sans jamais en approcher l'orée, mais qui, après en avoir finalement réchappé, racontèrent leur rencontre avec des créatures bizarres, disparues partout ailleurs. Pour les Romains, le déboisement et la construction de cités représentaient la victoire de la civilisation sur le monde barbare. Pour être plaisant à l'œil, un paysage devait avoir été façonné par la main de l'homme, alors que les espaces sauvages étaient considérés comme laids et effrayants. Pour Tacite, le fameux historien romain, ce qui distinguait principalement son peuple des tribus germaniques – qu'il méprisait – était le fait que ces derniers « résidaient dans la forêt ».

En Angleterre, bien des siècles plus tard, on ne regardait guère différemment l'univers sylvestre, lieu plus approprié aux animaux qu'aux hommes. Celui qui y vivait était forcément une brute aux mœurs grossières. Un philosophe du XVIIe siècle classifiait même les individus en deux catégories : les citadins, « à l'esprit civil et au comportement raisonnable », et les habitants des bois, « dépourvus de raison et ignorants » (certains hôtes de Poudlard semblent nourrir la même opinion à l'égard de Hagrid, qui est sur bien des plans une créature des bois, et qui vit d'ailleurs au bord de la Forêt interdite). La forêt incarnait l'étrange, le suspect, tout ce qui dépassait les limites de l'expérience humaine. En anglais, il est intéressant de noter que les mots « forêt » *(forest)* et « étranger » *(foreigner)* ont la même racine latine, *foris*, qui signifie « extérieur ».

Pour ceux d'entre nous qui apprécient une petite promenade dans les sous-bois ou une nuit à la belle étoile au milieu des arbres, une conception aussi négative peut heurter. Mais elle n'est pas totalement sans fondements. En Europe, au Moyen Age et au début de l'ère moderne, les bois étaient souvent le repaire de vagabonds et de fugitifs qui accordaient peu de prix à la vie et à la loi. Pour celui qui souhaitait fuir les autorités ou se livrer à un commerce illicite, une étendue boisée bien dense était le refuge idéal. Ce petit rappel historique explique pourquoi tant de contes de fées sont peuplés de créatures telles que la sorcière qui capture Hansel et Gretel ou encore le grand méchant loup du *Petit Chaperon rouge* – de sinistres coquins tapis dans les bois, prêts à se jeter sur de pauvres innocents. C'est donc très fidèlement à la tradition que Lord Voldemort choisit de se replier dans la forêt, le temps de recouvrer ses forces.

ES, 7

Formule magique

La force d'un **sorcier** réside dans celle de ses formules et dans le choix de ses mots sur le fil qui tisse les **sortilèges**, les **charmes** et les **malédictions**.

Comme l'attestent des légendes des quatre coins du monde, on trouve des formules magiques pour presque tout – pour enchanter un château, faire voler un tapis, devenir invisible ou persuader un balai de préparer le dîner et de faire la vaisselle dans la foulée. Bien sûr, tous les mots ne font pas l'affaire. Il faut savoir choisir la formule adaptée et, comme l'explique le professeur Flitwick à ses premières années, la prononcer avec une extrême précision. Bien articulée, elle marche automatiquement. Mais que votre langue fourche, et vous vous retrouvez avec trois têtes !

Bon nombre des mots à consonance latine enseignés à Poudlard sont assez transparents. « *Petrificus totalus* » pétrifie totalement sa victime et « *Riddikulus* » transforme l'**épouvantard** le plus affreux en… eh bien ! en quelque chose de ridicule. Mais les formules n'ont pas nécessairement un sens en soi. Un vieux grimoire nous apprend par exemple que les mots « *saritap pernisox ottarim* » servent à forcer n'importe quel verrou, tandis qu'« *onaim peranties rasonastos* » vous conduira à un trésor enfoui et qu'« *agidem margidem sturgidem* », répété sept fois un mardi ou un jeudi, provoquera une atroce rage de dents.

D'où viennent ces mots et qui leur a attribué un sens plutôt qu'un autre ? C'est là le grand mystère. Certains furent inventés par des **magiciens** pour impressionner leur clientèle. D'autres formules, en revanche, semblent vieilles de plusieurs millénaires, tels les noms de dieux ou d'êtres surnaturels, qui, déformés et mal traduits, sont devenus avec le temps parfaitement méconnaissables. Néanmoins, même sans signification apparente, ces mots étaient supposés contenir une incroyable puissance : celle de réaliser les intentions du magicien. En fait, l'idée selon laquelle les mots sont des instruments de pouvoir est probablement née avec le langage lui-même ; et l'une des croyances les plus anciennes est que le langage est « performatif » : dire une chose, c'est l'accomplir.

Une suite de paroles magiques, surtout prononcée de manière rituelle, est aussi appelée « incantation » et sert souvent à jeter un sort. Dans beaucoup de cultures tribales traditionnelles, les incantations étaient scandées ou chantées et accompagnées de danses et de percussions (les termes « chanter »,

« enchanter », « charme » et « incantation » ont tous une racine latine commune, qui signifie « chanson »). Il était fréquent pour un sorcier grec ou romain de jeter ses sorts en geignant ou en criant les formules magiques, comme un chien hurlant à la mort. Dans certaines traditions hindoues et bouddhiques, on attribuait une force extraordinaire à certains mots ou expressions appelés « mantras », qui étaient secrets et ne s'apprenaient qu'auprès d'un gourou. Tel mantra, notamment, était censé conférer à celui qui le prononçait un pouvoir total sur les forces de la nature... s'il le répétait deux cent mille fois. S'il poussait jusqu'à un million de fois, il se faisait instantanément transporter où il le désirait.

La formule la plus célèbre de toute l'histoire de la magie est sans conteste *« Abracadabra »,* qui fut considérée pendant des siècles comme extrêmement puissante. Elle apparaît pour la première fois au IIIe siècle, sous la plume du Romain Serenus Sammonicus, dans son ouvrage *Res Reconditae* (« Choses secrètes »). Serenus recommande *« Abracadabra »* comme remède à la fièvre tierce, terrible maladie dont les symptômes ressemblent à ceux de la grippe et frappent sans prévenir. Selon l'auteur, le traitement est bien plus efficace si la formule, au lieu d'être simplement prononcée, est inscrite sur un morceau de parchemin sous la forme d'un triangle inversé et portée en **amulette** autour du cou :

ABRACADABRA
ABRACADABR
ABRACADAB
ABRACADA
ABRACAD
ABRACA
ABRAC
ABRA
ABR
AB
A

En supprimant une lettre à chaque ligne, on réduit le mot et, par là, la maladie elle-même. Au bout de neuf jours, on retire l'amulette et on la lance à contre-courant dans une rivière coulant vers l'est, mettant ainsi fin au traitement.

« *Abracadabra* » a été utilisé pour ses vertus curatives au moins jusqu'au milieu du XVIIe siècle. Dans son *Journal de l'année de la peste,* publié en 1722, le romancier anglais Daniel Defoe rapporte que de nombreux Londoniens, pour se protéger de l'épidémie de peste bubonique qui frappa la capitale anglaise en 1665, utilisaient « certains mots ou signes, comme le terme *Abracadabra,* présentés sous forme de triangle ou de pyramide ».

Parmi les formules les plus puissantes du Moyen Age, beaucoup étaient des palindromes – des mots ou expressions qui pouvaient se lire indifféremment à l'endroit comme à l'envers. Les plus intrigants étaient ceux qui pouvaient s'écrire sous forme de « carré magique », dans lequel les mots se lisaient de haut en bas, de bas en haut, de gauche à droite et de droite à gauche. Le plus connu, qui remonte au moins au VIIIe siècle, est le palindrome constitué par la phrase latine : « *Sator arepo tenet opera rotas* », ainsi disposé :

S A T O R
A R E P O
T E N E T
O P E R A
R O T A S

Bien que le sens en demeure confus[1], selon la plupart des grimoires, ce carré magique posséderait au moins trois propriétés : c'est d'abord un puissant détecteur de **sorcières** (toute **sorcière** se trouvant dans la même pièce serait contrainte à déguerpir) ; il agit aussi comme protection contre la sorcellerie et la maladie ; enfin, écrit sur une plaque de bois et gardé à

1. Littéralement, la phrase signifie : « Le semeur subrepticement tient l'œuvre dans la rotation », ce qui n'est pas limpide, sauf si l'on veut y lire : « Dieu dirige la Création, le travail de l'homme et le produit de la terre », comme sans doute les premiers gnostiques chrétiens de Rome qui, dit-on, inventèrent ce carré magique qui est aussi un anagramme multiple de « Pater Noster » (Notre Père). (N.d.T.)

Quelques tours de passe-passe

S'il reste un homme pour qui les mots magiques ne perdront jamais leur prestige, c'est bien l'illusionniste. Les faiseurs de miracles du XVIIe siècle appréciaient particulièrement *« hocus pocus »*, qui à l'origine faisait partie d'une incantation beaucoup plus longue : *« Hocus pocus, toutous talontus, vade celerita jubes. »* Comme souvent dans le charabia pseudo-latin, les mots eux-mêmes ne voulaient rien dire, mais ils avaient des sonorités mystérieuses qui firent les riches heures d'un nombre incalculable de magiciens.

Dès le début, *« hocus pocus »* fut une expression de pure fantaisie. Contrairement à *« Abracadabra »*, on ne l'a jamais vue ni sur des amulettes, ni dans des livres de magie. Toutefois, son origine reste un mystère. Certains historiens de la magie pensent que l'expression dérive d'Ochus Bochus, nom d'un magicien italien légendaire. Une autre théorie le rapproche du gallois *« hocea pwca »*, qui signifie « farce de gobelin ». Enfin, on relie parfois *« hocus pocus »* au latin *« hoc est corpus meum »* (« ceci est mon corps »), issu de la messe catholique romaine. Cependant, cette dernière suggestion est niée par de nombreux savants, qui rappellent que les magiciens auraient certainement pris garde de ne pas offenser l'Église – dont on n'ignorait pas l'hostilité envers les pratiques magiques de toutes sortes – en empruntant ainsi des « formules » du service sacré.

Tout ce que l'on peut affirmer avec certitude, c'est qu'on employait beaucoup *« hocus pocus »* au début du XVIIe siècle. Le dramaturge anglais Ben Johnson cite l'exemple d'un prestidigitateur qui se faisait appeler Hokus Pokus en 1625, et l'expression apparaît dans un des tout premiers « guides » de magie, le *Hocus Pocus Junior*, paru en 1634.

Aujourd'hui, beaucoup de magiciens ont totalement délaissé l'usage des formules et *« hocus pocus »* est devenu plus rare, synonyme de « supercherie », voire d'« embrouille ». Peut-être est-il la racine du mot anglais *hoax*, qui signifie « canular », « bobard ».

proximité, il sert d'extincteur en cas d'incendie (il suffit alors de le jeter dans l'édifice en flammes) ! D'autres carrés magiques, par exemple ceux recommandés par le grimoire *Le Rituel magique,* ou *Livre d'Abremelin le Mage,* offraient des palindromes tels qu'« *odac dara arad cado* », qui permettait de « voler tel un vautour » (un autre palindrome était proposé à ceux qui préféraient « voler telle une corneille ») et « *milon irago lamal ogari nolim* » qui, inscrit sur un parchemin et maintenu au-dessus de votre tête, vous donnait la connaissance de toutes les choses passées, présentes et à venir, comme si elles vous étaient soufflées à l'oreille par un **démon**.

Écrire quelques mots magiques était une chose, obtenir l'effet désiré en était une autre. Les carrés devaient être inscrits sur des matériaux très précis, sous l'influence astrologique des étoiles et des planètes appropriées, le tout à la bonne heure. Même dans ce cas, le résultat n'était pas garanti. Si un carré ou une formule n'avait aucun effet, on déplorait le plus souvent une erreur humaine : ou bien le mot n'avait pas été prononcé correctement, ou bien l'attitude n'était pas la bonne, ou encore une procédure importante avait été omise. En revanche, lorsqu'un malade recouvrait la santé ou qu'il n'y avait aucun démon à l'horizon, l'efficacité du mot était démontrée.

Avec les siècles, l'importance des formules n'a pas vraiment faibli. Aujourd'hui encore, on enseigne aux enfants que « s'il vous plaît » et « merci » sont des « mots magiques ». Tous les étudiants et les cracks de la publicité le savent pertinemment : les bons mots (les « mots déclics », comme on pourrait les appeler) sont synonymes de bonnes notes et de grosses ventes. Les grosses firmes ne déboursent-elles pas des fortunes pour que des « créatifs » leur révèlent le nom magique qui ouvrira à leur produit la porte de tous les foyers – et leur assurera une retraite confortable ?

ES, 10

Géant

La réputation de ses ancêtres est parfois un fardeau très lourd à porter. C'est sans doute pour cela que la gigantesque Madame Maxime soutient qu'elle n'est pas une géante – elle a seulement « une forte ossature ». Les géants ont toujours été connus pour leur cruauté et, comme le découvre Hagrid, peu d'humains se montrent tolérants à leur égard.

Les géants peuplent les mythes fondateurs de nombreuses cultures. Ils sont souvent décrits comme une race d'êtres démesurés, antérieure aux dieux eux-mêmes. La mythologie grecque a en effet ses Titans, hauts comme des montagnes et d'une force extraordinaire. Nés de l'union du ciel et de la Terre, ils étaient extrêmement laids. Leur visage – quand ils n'en avaient pas plusieurs – était velu, et leurs pieds couverts d'écailles. Dans une lutte sans merci pour la suprématie, les Titans firent la guerre aux dieux de l'Olympe, guerre si violente qu'elle faillit bien détruire l'univers. Avec l'aide d'Hercule, fils mortel de Zeus, les dieux finirent par l'emporter et tuèrent ou emprisonnèrent tous les Titans.

Dans la mythologie nordique, les géants de glace jouent un rôle similaire. Menés par le redoutable Thrym (dont le nom signifie « vacarme »), ils étaient les ennemis ancestraux de Thor et des autres dieux. Selon la légende celtique, des géants maléfiques du nom de *fomorians* auraient été les premiers habitants de l'Irlande ; dans certains récits, on les associe à l'hiver, au brouillard, aux orages, à la maladie ou aux mauvaises récoltes. L'Ancien Testament fait lui aussi mention d'une race de géants, qui serait le fruit d'une union contre-nature entre des anges déchus et des humains. Cependant, les géants bibliques sont loin d'atteindre les dimensions de ceux des mythes païens. Le géant Goliath, qui fut tué d'un jet de fronde par David, mesurait à peine trois mètres.

Le folklore anglo-saxon accorde depuis longtemps une place de choix aux géants, peut-être pour le rôle essentiel qu'ils jouèrent dans les mythes fondateurs de la nation. *L'Histoire des rois de Bretagne* de Geoffroy de Monmouth (qui n'est pas exactement un livre d'histoire, mais plutôt un relevé des origines légendaires de la Grande-Bretagne) évoque une race de géants hauts de près de quatre mètres et capables de déraciner un chêne comme s'il s'agissait d'une touffe d'herbe. Ces géants, prétend Monmouth, gouvernaient la Grande-Bretagne, jusqu'au jour où ils furent battus par les armées de Brutus, fondateur mythique de l'identité britannique et arrière-petit-fils du héros troyen Énée.

Au Moyen Age, les géants rivalisent avec les **dragons** pour le titre envié d'adversaires privilégiés des chevaliers en quête d'aventures et de gloire. Dans la légende du roi Arthur comme dans d'autres récits épiques, les géants incarnent tout le Mal qui ronge le monde : ils sont assoiffés de sang, avares, gloutons et cruels. Ils enlèvent des femmes, volent leurs voisins, tuent des enfants et il leur arrive même de se repaître d'humains. Éliminer un géant est donc un acte généreux et héroïque. Dans *La Mort d'Arthur* de Sir Thomas Malory (1485), sire Lancelot fait la preuve de son courage, dès son plus jeune âge, en terrassant deux géants qui gardent trois jeunes demoi-

selles en esclavage depuis sept longues années. Le chevalier Marhaus gagne une fortune et la considération de ses pairs en tuant le géant Taulard et en secourant pas moins de vingt-quatre jeunes vierges et douze chevaliers. Le roi Arthur lui-même se montre le plus talentueux en venant à bout du géant du Mont-Saint-Michel, un cannibale qui avait eu raison de quinze rois et portait un manteau tissé avec les poils de leur barbe.

Les géants survécurent dans l'imagerie populaire bien après la fin de l'ère chevaleresque. Aux XVIIIe et XIXe siècles, des hommes énormes à l'appétit tout aussi extraordinaire – et souvent en quête d'une femme de format plus ordinaire – devinrent les vedettes des contes de fées en Europe. Le plus souvent, ceux-ci mettaient en scène un jeune homme valeureux, quoique souvent imprudent, du nom de Jack. Dans *Jack le tueur de géants,* le héros est un fils de fermier anglais dont l'activité principale est de rouler des géants malchanceux. Sa première victime, un certain Cormoran, mesure plus de quatre mètres et terrorise les Cornouailles en volant et en dévorant tant de moutons, de porcs et de bœufs que les hommes sont contraints à la pauvreté et à la famine. Jack creuse un trou très profond dans le sol, le recouvre de branchages et appâte le géant, jusqu'à ce que celui-ci s'approche et tombe dans la fosse, où Jack l'achève. Grâce à une série de victoires aussi ingénieuses, Jack reçoit de nombreuses récompenses, notamment un vaste domaine et la main de la fille d'un duc. Dans *Jack et le Haricot magique,* un homonyme affronte un géant vivant dans un château dans les nuages (au sommet de la tige du haricot, bien sûr). Le géant prononce cette phrase devenue célèbre : « Oh, oh, oh ! ça sent la chair fraîche… », alors que le jeune Jack est caché tout près, tremblant comme une feuille.

Tant d'exemples horribles ne peuvent être le fruit du hasard, aussi ne faut-il pas blâmer les parents de Poudlard qui veulent retirer leur progéniture du collège en apprenant qu'elle a un demi-géant pour professeur. Mais comme le sait bien Albus Dumbledore, juger un individu sur la réputation de ses semblables peut conduire à de graves méprises. Dans beaucoup d'histoires modernes, les géants sont des personnages au grand cœur qui aident et protègent les humains de taille standard, notamment les enfants. Du fait de leurs proportions hors norme, les géants souffrent souvent de diverses tracasseries et complexes physiques ou bien se sentent esseulés, maladroits, embarrassés.

Nous connaissons tous un certain nombre de bons géants ; il en existe sûrement d'autres. Si Dumbledore mène à bien son projet, nous pourrions le savoir bientôt…

CF, 23

Gnome

Vous cherchez à mettre la main sur un gnome ? Vous n'aurez peut-être besoin pour cela que de sauter la haie qui vous sépare de la pelouse de votre voisin ! En Europe et aux États-Unis, en effet, la mode des « nains de jardin » – ces statues de petits bonshommes à mine joviale coiffés d'un bonnet rouge – fait fureur. Néanmoins, si vos voisins se révèlent être des **sorciers**, il se peut que leurs gnomes soient beaucoup plus remuants que leurs modernes cousins en plâtre. En effet, comme on le remarque assez vite en allant faire un tour dans le potager des Weasley, les gnomes peuvent se montrer d'odieux casse-pieds toujours en train de ricaner – et qu'il faut chasser de son jardin comme n'importe quel autre parasite.

Personne ne sait vraiment comment on en est venu à associer les gnomes aux jardins. On dit parfois que les premières statues de gnomes furent celles placées à l'entrée des édifices pour souhaiter la bienvenue aux visiteurs, et que ce n'est qu'ensuite que l'on décida d'en faire un usage plus personnel. Selon une autre théorie, cela viendrait du fait que, dans le folklore, les gnomes sont des créatures de la terre. Dans la tradition allemande, les gnomes, tout comme les **nains**, vivent sous le sol, où ils extraient des métaux précieux et surveillent leur trésor. Ils ont l'incroyable pouvoir de se déplacer sous terre dans n'importe quelle direction sans avoir besoin de tunnels, comme un poisson dans l'eau.

De caractère facile et travailleur, les gnomes sont souvent âgés et bossus ou difformes. Leur peau a la couleur de la terre (grise ou marron), afin de se fondre facilement dans le décor. En cas de menace, un gnome peut littéralement disparaître dans le sol ou dans un tronc d'arbre.

Bien qu'on rapporte de nombreux cas de gnomes appréciant le monde extérieur, certains experts prétendent qu'ils se changent en pierre dès lors qu'ils sont exposés à la lumière du jour. Si tel est le cas, peut-être nos nains de jardin ont-ils été victimes d'un simple coup de soleil…

CS, 3

Gobelin

Ouvrez un dictionnaire ; à l'entrée « gobelin », vous trouverez à coup sûr cette définition : « **Démon** laid et malicieux. » Cependant, il suffit de jeter un coup d'œil aux créatures intelligentes et efficaces qui dirigent la banque de Gringotts pour comprendre que les gobelins n'ont pas toujours été aussi dépréciés. Dans le folklore anglais du Moyen Age, on les décrit souvent comme des esprits du foyer espiègles, des lutins certes susceptibles, mais serviables. Comme les *brownies* écossais ou les kobolds allemands, ils s'attachent souvent à une personne ou à une famille spécifique et s'installent chez elle. Ils apprécient tout particulièrement les fermes isolées ou les maisons de campagne.

Bien que la taille des gobelins soit variable, on pense qu'ils mesurent en général la moitié d'un être humain. Ils ont les cheveux gris, portent la barbe, et leur corps comme leur visage sont souvent distordus de façon grotesque. Il arrive qu'ils possèdent des doigts ou des orteils surnuméraires, des paupières retournées, une oreille en moins ou encore des membres dépourvus d'articulations. Certains sont affligés de bizarreries de prononciation : cheveu sur la langue, voix de fausset, etc.

S'ils sont bien nourris et bien traités, la plupart des gobelins domestiques s'appliquent à maintenir le foyer propre et rangé. Ils ont un faible pour les enfants et font des cadeaux aux adolescents qui se tiennent bien. Mais gare aux gobelins en colère ! Si on les offense, ils se mettent en quatre pour se venger. Parmi leurs tours favoris, on note une tendance à dérober de l'or et de l'argent, à faire galoper les chevaux toute la nuit jusqu'à épuisement ou à déplacer les panneaux indicateurs. Dans de nombreux contes de fées européens, le sourire amer du gobelin peut figer le sang humain et son rire sardonique fait tourner le lait et tomber les fruits des arbres.

Le seul moyen de se débarrasser d'un gobelin domestique est de recouvrir le sol de toutes les pièces de graines de lin. Lorsque le gobelin arrivera pour jouer son mauvais tour, il se sentira d'abord forcé de ramasser toutes les graines – tâche qui lui prendra bien toute la nuit. Quelques nuits à ce régime suffiront à le convaincre de chercher quelqu'un d'autre à importuner…

Dans leurs rôles de banquiers et d'usuriers, les gobelins du monde de Harry Potter présentent une ressemblance frappante avec une créature de la mythologie scandinave connue sous le nom de *nis*. Dans le folklore scandinave, ces affreux petits êtres de la famille des **nains** sont particulièrement doués dès qu'il s'agit de manipuler de l'argent. Quand un *nis* est en colère, il s'attaque en priorité aux éléments les plus essentiels à la survie matérielle de son maître (en tuant les vaches d'une ferme laitière, par exemple). Et lorsqu'il veut récompenser sa famille d'adoption, il lui offre un coffre plein d'or.

Ce n'est qu'au XVIIe siècle, lorsque l'hystérie collective de la chasse aux sorcières balaya l'ensemble de l'Angleterre et de l'Écosse, que les gobelins furent systématiquement associés aux forces du Mal et des ténèbres. Plus tard, des contes anglais tentèrent d'établir une distinction entre bons et mauvais esprits domestiques en distinguant les gobelins (de toute évidence méchants) des lutins, beaucoup plus conciliants et joueurs.

Le lutin le plus connu de la littérature est bien sûr Robin Goodfellow, surnommé Puck, qui apparaît dans des dizaines de récits et d'histoires populaires à partir de la fin du XVe siècle. Endossant souvent le rôle de gentil farceur prêt à donner un coup de main à l'occasion, Robin Goodfellow devient dans certains récits le serviteur personnel et le messager du roi des **fées**, Obéron. Il a le pouvoir de se **métamorphoser** et de réaliser les vœux, talents dont il use pour punir les méchants et récompenser les gentils.

L'apparition la plus fameuse de Puck est celle du *Songe d'une nuit d'été* de Shakespeare, où il joue les Cupidon auprès d'un quatuor d'amoureux perdus dans une forêt enchantée. Se riant du manège de ses victimes, Puck ne peut que constater d'un air joyeux : « Dieu, quels bouffons que ces mortels ! »

ES, 5

Goule

De quelqu'un qui adore le répugnant, qui se délecte de l'immonde et qui n'apprécie que ce qui est repoussant, on pourra dire : « C'est une vraie goule ! » A l'origine, en effet, les goules sont des déterreurs de cadavres qui se nourrissent de chair humaine en décomposition. Cela dit, difficile d'imaginer pourquoi une goule choisirait de traîner dans le grenier des Weasley ! C'est à se demander ce qu'ils gardent là-haut…

Bien qu'elles hantent surtout le folklore occidental, les goules (ou *ghuls*) sont apparues dans les anciennes légendes du monde arabo-musulman, où elles s'apparentent à une race d'esprits malins plutôt rebelles. Comme elles aiment vivre dans le désert (mais aussi dans les grottes, les grands espaces, et tous les lieux où elles flairent une mort récente), les goules aux mœurs cannibales sont principalement redoutées en Afrique du Nord, au Moyen-Orient et en Inde. Bien qu'elles se jettent avec plaisir sur le premier cadavre qui leur tombe sous les crocs, les goules ne sont pleinement heureuses que lorsqu'elles peuvent aussi chasser elles-mêmes leurs proies.

Il est impossible de faire la description précise d'une goule. On lit parfois qu'elle ressemble à un chameau, à un bœuf, à un cheval ou même... à une autruche borgne ! Certains conteurs la voient comme une créature dont la chevelure hirsute et emmêlée cache les yeux. Sa *vraie* apparence importe peu, puisque la goule se métamorphose sans arrêt et peut prendre les traits de tout ce qui est susceptible d'attirer l'œil humain. Elle sera parfois ce voyageur solitaire qui peut vous indiquer un raccourci et vous entraînera dans le désert où il pourra vous tuer et vous dévorer tout à son aise. Le jeu préféré de la goule demeure cependant d'apparaître en beauté fatale, piège idéal pour le mâle solitaire.

Le voyageur vigilant peut cependant se protéger en démasquant le seul trait physique qu'une goule ne peut camoufler : ses pieds. Peu importe l'apparence prise par la créature, la goule gardera des sabots de bouc, de chameau ou d'âne. Malheureusement le temps qu'une victime potentielle s'approche suffisamment pour constater cette anomalie, la goule est en général sur le point de la déchiqueter et d'en faire son dîner. La seule chance d'en sortir vivant est alors de tuer l'assaillant d'un coup sur la tête – mais d'un seul, car curieusement, un second coup ramènerait la bête à la vie, et l'on peut supposer qu'elle serait assez contrariée par le contretemps.

CS, 3

Harpie

Les Îles britanniques sont, dit-on, peuplées de toutes sortes de harpies. Certaines sont des esprits bienveillants liés aux moissons et à la filature, d'autres des sorcières qui torturent et vont même jusqu'à dévorer les hommes. Une autre est un esprit très ancien, responsable des changements météorologiques et des modifications du paysage. Mais toutes ces

Black Annis dans son arbre.

créatures ont un point commun : ce sont des femmes, elles sont vieilles et elles sont absolument repoussantes.

Traîner avec des harpies comme celles qui fréquentent le Chaudron baveur peut se révéler dangereux car elles ont presque toujours un mauvais coup en tête. Elles aiment s'asseoir sur le visage des humains lorsqu'ils dorment, provoquant ainsi cauchemars et étouffements. Une personne qui a été ainsi « harponnée » se réveillera totalement épuisée – si elle a la chance de se réveiller. Un tamis à farine, placé sur la tête, est censé empêcher la harpie de s'asseoir sur le dormeur, puisqu'il lui faudra d'abord passer à travers chaque trou de l'ustensile, ce qui lui prendra facilement toute la nuit.

La harpie la plus célèbre d'Angleterre se nomme Black Annis. C'est une cannibale borgne à peau bleue, possédant de longs crocs blancs et des griffes de fer. Elle habiterait dans les collines du Leicestershire, dans une grotte qu'elle aurait creusée dans la roche au moyen de ses seuls ongles. Face à sa caverne pousse un grand et vieux chêne, dans lequel elle se perche pour observer la campagne environnante, en quête d'une proie. Dès qu'un enfant d'apparence dodue entre dans son champ de vision, elle fond sur lui en se pourléchant les babines. Lorsqu'elle n'est pas occupée à faire la vigie dans son arbre, Black Annis reste assise à l'entrée de sa grotte, sur un tas d'os – ceux de ses victimes, bien sûr.

C'est à un Écossais qu'il faut demander d'identifier la harpie de la Tempête, une ancienne divinité celtique aussi connue sous le nom de Cailleach Bheare. Tout comme Black Annis, la harpie de la Tempête a la peau bleue et n'a qu'un œil. Sa chevelure est blanche et semblable à des branchages desséchés et enchevêtrés. Elle est en outre toujours vêtue d'une robe de laine grise. Associée à l'hiver, on dit que c'est elle qui annonce le début de cette saison en allant laver ses vêtements dans le Corrievreckan (littéralement « le **chaudron** moucheté »), un grand tourbillon au large de la côte ouest de l'Écosse, qui peut être très dangereux pour les navires. Elle porte aussi une **baguette magique** ou un bâton, duquel elle frappe l'herbe et les cultures, les couvrant de gel, chaque année après Halloween. La légende raconte que c'est la harpie de la Tempête qui créa les îles Hébrides intérieures en jetant des rochers et de la tourbe dans la mer. De nombreux lacs et monts écossais sont aussi attribués à son sens artistique très développé.

PA, 4

Hibou

Pour autant que l'on sache, les **sorciers** et **sorcières** anglais tels que Harry Potter sont les premiers à bénéficier d'un service postal aussi rapide et performant que celui des hiboux. Mais l'alliance des sorciers et de ces oiseaux nocturnes remonte beaucoup plus loin. Dans l'Europe médiévale, les hiboux ne jouaient peut-être pas les facteurs pour leurs maîtres, mais ils étaient déjà de fidèles compagnons, très précieux pour leurs exceptionnelles qualités d'observation et la facilité avec laquelle ils mémorisaient des formules et des **sorts**. Selon la légende, plus d'un sorcier tête en l'air, du genre de Neville Londubat, demandait de l'aide à son compagnon à plumes lorsqu'il se retrouvait dans une situation délicate.

Les grandes qualités d'Hedwige, qui sait si bien communiquer avec Harry et comprendre ses ordres, sont en accord avec les croyances des anciens Grecs, pour qui les hiboux étaient des animaux d'une intelligence supérieure. Athéna, la déesse grecque de la Sagesse, est souvent représentée portant une chouette sur l'épaule. Certains racontent même qu'il lui arrivait de se changer en chouette, pour survoler son royaume et surprendre les secrets et les soucis de ses sujets. Les riches citoyens

d'Athènes parcouraient souvent les rues de la cité avec une chouette sur l'épaule ou dans une cage. Beaucoup pensaient que cet animal comprenait le langage humain et pouvait communiquer avec les hommes s'il lui en prenait l'envie.

Dans d'autres cultures, néanmoins, les hiboux étaient associés à la mort et aux **forces du Mal**, peut-être parce que ce sont des créatures nocturnes et de redoutables oiseaux de proie. En Chine, on les rapprochait autrefois de Lei Kung, le dieu de la Foudre, tandis qu'au Japon les hiboux étaient censés provoquer peste et famine. Dans l'Égypte ancienne, ils étaient des symboles de mort et de nuit et pour les Romains, voir une chouette en plein jour était un très mauvais augure. Beaucoup d'entre eux pensaient d'ailleurs que le seul moyen d'empêcher un désastre après avoir aperçu un hibou était d'attraper et de tuer l'animal, puis d'en disperser les cendres dans le Tibre. Selon la légende, le hululement des chouettes annonça l'assassinat de Jules César.

Harry et ses amis ne manqueraient pas de hurler au sacrilège en apprenant que, dans de nombreuses cultures, porter sur soi un morceau de chouette (patte, plumes, yeux, cœur, os ou même cadavre entier) était censé conférer des pouvoirs particuliers et protéger des mauvaises influences. On évitait ainsi la rage ou l'épilepsie, tout en décuplant son énergie, sa sagesse et son courage. Les guérisseurs professionnels du Moyen Age faisaient provision de morceaux de chouette pour répondre à la demande de clients très divers, depuis le guerrier désireux de se donner du courage avant la bataille jusqu'à l'amant cherchant à percer les secrets de son aimée. Et il ne fait aucun doute qu'un expert en **potions** tel que Severus Rogue en garde toujours à portée de main.

ES, 8

Hippogriffe

Harry et Hermione n'avaient aucune idée de la noble tradition à laquelle ils prenaient part lorsqu'ils enfourchèrent Buck, l'hippogriffe bien-aimé de Hagrid. Fruit de l'union improbable d'un griffon mâle (lui-même mi-aigle, mi-lion) et d'une jument, l'hippogriffe était, dit-on, la monture favorite des chevaliers de Charlemagne, ces guerriers du VIIIe et du IXe siècle, dont les aventures furent ensuite racontées et beaucoup romancées par de nombreux auteurs.

Bien que l'hippogriffe soit présenté dans les récits comme un animal rare mais réel, on pense que cette merveille ailée fut inventée en 1516 par l'Arioste, l'auteur italien du poème épique *Orlando furioso (Roland furieux),* chronique des exploits des chevaliers de Charlemagne. Comme le griffon, l'hippogriffe de l'Arioste a une tête et un bec d'aigle, des pattes avant de lions armées de serres et des ailes ornées de larges plumes, tandis que le reste du corps est celui d'un cheval.

Apprivoisé et dressé à l'origine par le **magicien** Atlante, l'hippogriffe peut voler plus vite et plus haut que n'importe quel oiseau, piquant vers le sol à la vitesse de l'éclair dès que son cavalier est près à atterrir. Même les chevaliers les plus hardis sont un peu intimidés par cet exercice, mais ils sont conquis par la rapidité avec laquelle ce fier destrier peut faire le tour du globe.

Bien que l'hippogriffe aime beaucoup se jouer de ceux qui

Procès d'animaux

Si l'on peut s'indigner de la décision de la Commission d'examen des créatures dangereuses, qui met en accusation le pauvre Buck, on ne saurait lui reprocher d'avoir institué cette pratique étrange.

En Europe, au Moyen Age et au début de l'ère moderne, il était fréquent de poursuivre en justice des animaux domestiques, mais aussi des insectes, rongeurs et autres parasites pour des crimes divers (la plupart du temps, pour meurtre ou vandalisme). Ils étaient alors arrêtés, emprisonnés, jugés, condamnés et parfois exécutés. Des minutes de procès tout à fait précises, datant du xe au xixe siècle, font état de la mise en accusation de chenilles, de mouches, de sauterelles, de sangsues, d'escargots, de limaces, de vers de terre, de rats, de souris, de taupes, de colombes, de cochons, de vaches, de coqs, de chiens, de mulets, de chevaux et de chèvres.

Dans le cas d'insectes, le chef d'accusation était souvent la destruction de biens, principalement de récoltes. Comme il était impossible de mettre en examen toute une nuée de sauterelles, on en capturait une, la cour lui assignait un avocat et l'on entamait le procès. Si la culpabilité était prouvée, toutes les sauterelles étaient condamnées à quitter la ville – ce qu'elles finissaient par faire, en général.

Les animaux assez grands pour être enfermés étaient confinés dans les mêmes cellules que les hommes et recevaient le même traitement qu'eux. On allait jusqu'à les torturer pour obtenir des aveux ! Bien sûr, on ne s'attendait pas à voir un animal confesser quoi que ce soit, mais ces pratiques faisaient partie du processus judiciaire et les juges se sentaient parfois dans l'obligation de les faire appliquer. Elles pouvaient cependant se révéler bénéfiques aux accusés eux-mêmes, puisque les animaux qui n'avaient pas avoué leurs crimes sous la torture obtenaient en général des réductions de peine. Les réductions ou les annulations de peine étaient le résultat d'un appel auprès d'une plus haute juridiction. On parle d'un âne et d'un cochon qui, condamnés à la pendaison, s'en tirèrent finalement haut la patte après le réexamen de leur dossier par un nouveau juge. En revanche, ceux dont l'appel n'aboutissait pas ne pouvaient compter que sur l'aide d'amis dévoués, comme ce pauvre Buck.

essaient de le monter (en se dérobant d'un coup d'aile au dernier moment, par exemple), on constate une fois en selle qu'il est aussi un compagnon fidèle et serviable. Monté par le chevalier Ruggiero, il survole les Alpes et va jusqu'en Angleterre, où il sidère et enchante un groupe de chevaliers et de gentilshommes en atterrissant sous leur nez. Puis Ruggiero et sa monture repartent pour l'Irlande, où ils trouvent la belle et pure Angelina aux prises avec un affreux monstre marin. En voyant l'ombre des ailes de l'hippogriffe sur l'eau, le monstre lâche sa proie pour un festin plus consistant et plus goûteux. Mais l'hippogriffe évite habilement le piège et Ruggiero en profite pour terrasser le monstre en l'aveuglant de son bouclier magique. Ruggiero et Angelina sautent en selle et – un peu comme Harry et Hermione – s'envolent vers de nouvelles aventures…

PA, 6

Horoscope

Les devoirs, parfois, quelle plaie ! Et c'est encore pire lorsqu'on a le sentiment que le travail exigé ne vaut pas la peine de gâcher une feuille de papier. C'est exactement ce que Ron et Harry pensent des horoscopes qu'on leur demande de tracer pour leur cours de **divination**. Contrairement à ces millions de gens qui, chaque jour, se jettent directement sur la dernière page du journal, ces **sorciers** sceptiques ne croient pas une seconde que le mouvement des planètes puisse affecter le cours de leur destinée. Sans compter que le type d'horoscope que le professeur Trelawney leur enjoint de réaliser requiert énormément de travail. En effet, bien plus qu'une simple suite de prédictions, un horoscope est une carte très détaillée, presque une photographie du ciel

au moment précis de la naissance d'un individu donné. Il nécessite une bonne connaissance de la science occulte appelée **astrologie**.

Pour réaliser son propre horoscope, l'astrologue en herbe doit connaître l'heure, le jour, le mois et l'année de sa naissance, ainsi que le lieu exact. Ces données en main, il consultera ensuite un « éphéméride » – livre qui décrit la position quotidienne du Soleil, de la Lune et des planètes – pour déterminer où se trouvait chaque astre lorsqu'il vit le jour. Mais un éphéméride ne recense les positions qu'à une heure et en un lieu précis : en général, midi ou minuit, à Greenwich en Angleterre (lieu officiel de mesure de l'heure et de la longitude depuis 1884). L'astrologue devra donc se livrer à toute une série de calculs mathématiques pour déterminer à quoi ressemblait le ciel au lieu et à l'heure précise de sa naissance. Puis il placera ces données sur une carte montrant la localisation de chaque planète dans les signes du zodiaque, la distance entre les astres et les angles formés par les lignes tirées pour les relier. En s'appuyant ensuite sur l'interprétation traditionnelle du sens de chaque planète et de chaque signe, notre astrologue peut en conclure les traits principaux de sa personnalité, ses talents, ses points forts et ses points faibles.

Pour procéder ensuite à des prédictions, comme il est demandé aux étudiants de Poudlard, il est nécessaire de consulter de nouveau un éphéméride pour déterminer la position *future* des planètes. En la comparant à celle des planètes au moment de la naissance, l'astrologue averti en tirera un certain nombre de conclusions quant à l'avenir. Mais un élève inventif jugera peut-être préférable de suivre l'exemple de Ron et de tout inventer de toutes pièces !

CF, 14

Kappa

Bien que les cours du collège Poudlard s'adressent essentiellement à des sorciers et des sorcières occidentaux, le professeur Lupin a la sagesse de leur faire étudier aussi les démons et les monstres des terres lointaines – sait-on jamais… C'est dans cet esprit que, dans le cadre de son cours de défense contre les forces du Mal, il donne à ses étudiants de troisième année une leçon sur le *kappa,* monstre marin amphibie issu du folklore japonais et qui a pour fâcheuse habitude d'entraîner ses victimes, humaines ou animales, au fond de l'eau, où il les noie, puis les mutile.

Le *kappa* vit dans les rivières, les lacs et les mares, mais ne répugne pas à faire un tour sur la terre ferme quand son estomac l'exige. Dans les histoires, il apparaît souvent comme un être affreusement méchant, qui se plaît à vider ses victimes de leur sang jusqu'à la dernière goutte. On raconte qu'il apprécie par-dessus tout la saveur du foie humain. Néanmoins, on le dit aussi intelligent et respectable. L'humanité aurait appris l'art de réparer les os brisés d'un *kappa* qui, pour récupérer son bras arraché au cours d'une aventure, aurait dévoilé son secret ; en effet, les membres de *kappa*, une fois rattachés, redeviennent en quelques jours aussi forts qu'auparavant.

A l'âge adulte, un *kappa* atteint la taille d'un enfant de dix ans. Il a une tête de singe et un dos de tortue, et sa peau est recouverte d'écailles d'un jaune verdâtre. Ses mains et ses pieds sont palmés, pour faciliter la nage. Mais son trait physique le plus surprenant est sans doute le creux en forme de soucoupe au sommet de son crâne, qui doit toujours être plein d'eau pour que le *kappa* conserve sa force et ses pouvoirs magiques lorsqu'il s'aventure sur la terre. Ainsi, la meilleure méthode pour neutraliser un *kappa* est de le saluer très bas, plusieurs fois de suite ; créature naturellement très courtoise, le *kappa* se sentira dans l'obligation de vous rendre ce salut. Au bout de quelques révérences, son liquide crânien se renversera et il devra réintégrer son repaire subaquatique.

L'autre moyen de mettre en déroute un *kappa* de méchante humeur est de lui donner à manger des concombres, son péché mignon. En sculptant le nom des membres de sa famille dans un concombre avant de le lancer dans l'eau, on était censé protéger les siens des attaques de *kappas* : en effet, ceux-ci acceptent les concombres comme des offrandes et s'engagent à ne pas s'en prendre à ceux dont le nom est inscrit dessus. Cette légende est tellement bien ancrée dans la culture japonaise que les sushis au concombre s'appellent aujourd'hui des *kappa maki*.

PA, 9 (édition anglaise)

Licorne

Peu d'animaux, réels ou chimériques, peuvent prétendre avoir excité l'imagination comme la licorne. Depuis sa première apparition, il y a plus de deux mille ans, dans les écrits du Grec Ctésias, nombreux sont ceux qui ont décrit, peint, sculpté ou encore chassé la licorne – alimentant ainsi le fameux débat : les licornes existent-elles vraiment ?

La licorne de l'Antiquité ressemble assez peu à la noble créature, innocente et pure, qui parcourt la **Forêt interdite**, à Poudlard. A en croire Ctésias, la licorne est née en Inde. Elle était à peu près de la taille d'un âne, avait une tête d'un rouge sombre, un corps blanc, des yeux bleus et une corne unique, d'environ cinquante centimètres, saillant de son front – d'où son nom primitif d'« unicorne ». Blanche à la base, noire au milieu et d'un rouge flamboyant au sommet, cette corne possédait une qualité remarquable : lorsqu'on l'extirpait du front de l'animal pour en faire une coupe, elle protégeait tous ceux qui y buvaient des poisons, des convulsions et de l'épilepsie. Il n'était cependant pas facile de s'approprier

Aux XVe et XVIe siècles, les navigateurs et explorateurs occidentaux rapportèrent d'Asie, d'Afrique et des Amériques de nouveaux croquis de licornes, certains contradictoires.

ce récipient, connaissant la rapidité, la force et le tempérament vicieux de la licorne, qui la rendaient presque impossible à capturer.

Dans les siècles qui suivirent, on se mit à croire de plus en plus à cette créature insaisissable, bien que ne possédant toujours aucune preuve de son existence. Aristote comme Jules César décrivirent des bêtes à une corne et devinrent tous deux des autorités en la matière. Le naturaliste romain Pline ajouta des détails à cette description, attribuant à la licorne une tête de biche, des pieds d'éléphant, une queue de sanglier et une corne noire de presque un mètre de long (d'autres auteurs ont suggéré plus tard que les premières descriptions de licornes s'inspiraient en fait du rhinocéros indien ou reposaient sur des observations d'animaux à deux cornes, chèvres ou bouquetins, vus de profil ou bien ayant perdu une corne). Pline confirma en outre la nature violente de l'animal, lui prêtant aussi une voix profonde et mugissante.

On les a prises pour des cornes

S'il était sans doute impossible, même au XVIe siècle, d'avoir vraiment vu une licorne, du moins pouvait-on sans trop de difficultés se procurer son rostre caractéristique. La corne de licorne, en effet, était en vente dans toutes les échoppes d'apothicaire (l'équivalent du pharmacien actuel) comme remède à de nombreuses maladies et comme protection contre les poisons. La demande était forte et les prix s'emballaient.

Une fois réduite en poudre, la corne – aussi appelée « alicorne » – pouvait se consommer pure ou mélangée à d'autres ingrédients médicinaux. Ceux qui n'avaient pas les moyens de s'offrir ce précieux médicament pouvaient cependant acheter une fiole d'eau dans laquelle, disait-on, avait trempé une corne.

Bien évidemment le produit vendu par les apothicaires n'était pas une authentique corne de licorne. Elle provenait en fait du narval, une espèce de baleine arctique qui possède bel et bien une unique corne spiralée à l'avant du crâne, qui peut atteindre presque trois mètres de long. Aux XVIe et XVIIe siècles, les expéditions baleinières se multiplièrent et avec elles les arrivages de ces prétendus trophées. Pour en vérifier l'authenticité, on procédait à de nombreuses expériences – par exemple, en approchant l'alicorne d'araignées et en observant leur réaction –, mais cela ne suffisait visiblement pas à détecter la supercherie, puisque les défenses de narval se répandirent bien vite dans toute l'Europe.

Toutes les cornes, cependant, n'étaient pas destinées à la médecine. La légende rapportée par Ctésias plus de mille ans auparavant et selon laquelle une coupe taillée dans la corne protégeait celui qui y buvait de tous les poisons, en fit un bien fort recherché, notamment par les souverains, qui vivaient dans la peur constante de périr empoisonnés. Les coupes en alicorne étaient si précieuses qu'en 1565, le roi Frédéric II du Danemark put mettre la sienne en gage pour obtenir un prêt qui finança sa guerre contre la Suède.

Une représentation d'un narval au XVIIe siècle.
On estime la population actuelle de narvals entre 25 000 et 45 000 individus.

A l'époque médiévale, l'image populaire de la licorne avait évolué : du collage de morceaux d'animaux aperçus par les Anciens, on était passé à la gracieuse créature que nous connaissons aujourd'hui. Les tableaux et les tapisseries de cette période représentent un bel animal blanc, proche du cheval, doté d'une corne spiralée, d'un blanc pur, et de sabots de biche fendus. Dans la littérature, la licorne devint symbole de force, de puissance et de pureté. Elle fut incorporée à l'imagerie chrétienne et entra dans les armoiries royales d'Angleterre et d'Écosse. Les licornes sont présentes dans la légende arthurienne, dans les contes de fées et dans les récits romancés des exploits de Gengis Khan et d'Alexandre le Grand.

Dans une légende typique du Moyen Age qui met en scène la pureté de la licorne, il est question d'un groupe d'animaux de la forêt qui se rendaient à un point d'eau pour se désaltérer, mais qui découvrirent que l'eau était empoisonnée. Les animaux assoiffés furent sauvés par l'apparition d'une licorne : elle trempa sa corne dans l'eau qui, à son contact, retrouva toute sa fraîcheur.

Selon un autre conte, la licorne aimait tellement tout ce qui est pur et innocent que, lorsqu'elle rencontrait une jeune vierge assise sous un arbre, elle venait poser sa tête sur ses genoux et s'endormait. Ce « détail », on s'en doute, ne resta pas ignoré de ceux qui souhaitaient capturer l'animal pour lui voler sa précieuse corne. La chasse à la licorne était une entreprise périlleuse. On racontait que les licornes pouvaient utiliser leur défense naturelle comme épée ou, dans leur fuite, sauter dans des ravins et se réceptionner sur la corne, sans se blesser. Se servir d'une jeune fille comme appât semblait donc une méthode beaucoup moins risquée. Une fois la licorne endormie, le chasseur embusqué n'avait plus qu'à venir capturer sa proie.

L'intérêt pour les licornes retomba finalement au XVIIIe siècle, quand les sceptiques soulignèrent qu'il était impossible de trouver quiconque ayant vu de ses yeux l'animal. Quelques auteurs persistèrent à l'inclure dans leurs ouvrages d'histoire naturelle, reprenant les descriptions médiévales, mais la plupart comprirent qu'il était temps de reléguer cette créature au domaine de la fable. Ces résolutions ne découragèrent toutefois pas l'enthousiasme populaire, et la licorne a conservé jusqu'à ce jour sa place dans l'art, la littérature et l'imagination.

CF, 24

Loup-garou

Dans le folklore des quatre coins du monde, le loup-garou est un être humain capable de se transformer en loup féroce. Il n'est actif que la nuit et souvent (mais pas toujours) à la pleine lune, où il dévore hommes, femmes et enfants, ainsi que le bétail, en leur arrachant la gorge avec ses griffes et ses crocs.

Dans certaines histoires, l'homme loup-garou est la victime involontaire d'un mal héréditaire, d'une **malédiction** ou d'une morsure de loup-garou (c'est d'ailleurs le cas d'un certain professeur du collège Poudlard...). Cette créature a beau haïr le mal qu'elle fait sans le vouloir autour d'elle, elle ne peut se maîtriser. Parfois, un **sorcier** peut décider sciemment de devenir un loup-garou – en se servant, par exemple, d'une ceinture enchantée ou de quelque onguent – pour pouvoir accomplir ses horribles méfaits, souvent de mèche avec le diable. Enfin, bien que les loups-garous soient presque toujours des hommes, on trouve des récits de femmes ou d'enfants-garous.

Les histoires d'hommes-loups sont monnaie courante depuis l'Antiquité. La mythologie grecque parle d'un tyran assoiffé de sang du nom de Lycaon, qui mit Zeus en fureur en lui servant de la chair d'enfant. Pour le punir, Zeus changea Lycaon en loup, tout en lui laissant certains de ses traits humains. C'est de cette histoire qu'est dérivé le terme « lycanthrope », synonyme de loup-garou. Les auteurs grecs du IVe siècle av. J.-C. mentionnent les croyances populaires attachées à ces créatures et, au Ier siècle de notre ère, Pline, le naturaliste romain, évoque l'existence des loups-garous comme un fait établi.

Au début du Moyen Age, les croyances et les légendes à leur sujet étaient bien implantées en Europe. Curieusement, l'image du loup-garou n'était pas entièrement négative. Si, dans certains contes, de vilaines belles-mères ou des méchants se révèlent être des loups-garous, dans d'autres, le loup-garou est parfois un héros, un saint ou un personnage comique. Dans une célèbre histoire française, un noble ayant avoué à sa femme qu'il était un loup-garou, celle-ci en profita avec son amant pour lui voler ses vêtements pendant sa transformation. Incapable de revenir à sa forme humaine, nu comme une bête sauvage, le mari ne put jamais retrouver forme humaine. Il devint animal de compagnie du roi, jusqu'au jour où la vérité finit par éclater. On lui rendit alors ses vêtements, la femme et son amant furent bannis du royaume et le noble loup-garou triompha. Dans une autre légende, les habitants d'un petit village voient avec effarement un loup dévaler la grand-rue et se jeter sur un morceau de viande, pendu à sécher ; ratant sa cible, le loup tombe dans un puits. Qu'elle n'est pas la surprise des villageois, lorsqu'ils se penchent dans le puits, d'y découvrir une femme nue, fort embarrassée !

Au XVIe siècle, cependant, les loups-garous ne faisaient plus l'objet de récits héroïques ou burlesques. On les considérait au contraire comme une menace bien réelle. Au moment où la chasse aux **sorcières** prenait toute son ampleur en Europe, en France, en Allemagne, en Suisse et en Italie, des dizaines de personnes furent arrêtées, jugées et exécutées comme étant des loups-garous. Les chasseurs de sorcières déclaraient que les loups-garous étaient en réalité des **sorciers** ou des **sorcières** qui avaient conclu un pacte avec le diable pour se changer en loup à volonté. Accusées d'actes de barbarie allant du massacre au cannibalisme, bon nombre de ces prétendues créatures avouèrent sous la torture.

Plus d'une douzaine de livres sur les

Les « vrais » loups-garous

Pourquoi tant de gens ont-ils cru si volontiers qu'un homme pouvait se changer en loup ? Une explication médicale veut que certains des accusés jugés pour être des loups-garous ressemblaient *réellement* à des loups-garous – ressemblance due à un rare dysfonctionnement génétique appelé « hypertrichose ». Les personnes atteintes de cette maladie développent sur le visage un épais duvet qui peut s'étendre aux joues, au front, au nez et aux paupières. Dans certains cas, tout le corps, hormis la paume des mains et la plante des pieds, semble recouvert de fourrure, comme si le malheureux sortait tout juste d'une séance de maquillage dans un studio hollywoodien. Les médecins ont d'ailleurs nommé le gène responsable de cet état « gène du loup-garou ».

Quant aux autres signes extérieurs du loup-garou, ils seraient peut-être liés à une autre affection génétique tout aussi rare, appelée « porphyrie ». Elle entraîne une sensibilité extrême à la lumière, ce qui explique pourquoi ceux qui en sont frappés ne sortent que la nuit, comme les loups-garous. Lorsqu'elle évolue, la maladie entraîne l'apparition de bleus ou de marques cutanées, qui pourraient passer pour les blessures reçues par l'animal lors de ses chasses nocturnes en forêt. Enfin, la porphyrie peut rendre les dents et les ongles rouges, comme si l'on venait de terminer un dîner bien arrosé… de sang.

loups-garous furent publiés à cette période. Beaucoup décrivaient les préparatifs du sorcier avant sa métamorphose, ôtant ses vêtements et se frottant le corps d'onguent magique à base de racine de belladone, de cerise du diable, de sang de chauve-souris, de potentille, de jusquiame, de suie et de tout un assortiment d'ingrédients tout aussi repoussants. Le sorcier revêtait ensuite une peau de loup et une ceinture enchantée, puis prononçait des incantations au diable, qui lui accordait la force surnaturelle et la vélocité nécessaires pour satisfaire son appétit de chair et de sang humains.

Il n'est pas anodin que les procès de loups-garous se soient tenus dans les secteurs où les loups eux-mêmes faisaient peser une menace réelle. Après la grande peste du XIVe siècle, qui avait conduit à l'abandon de beaucoup de terres arables, le nombre de loups avait sensiblement augmenté en Europe continentale. Si les loups étaient bien plus susceptibles de s'en prendre au bétail qu'aux hommes, il leur arrivait cependant de s'attaquer à l'occasion à une victime humaine, auquel cas l'incident était attribué à un loup-garou. Dans l'Angleterre du XVIe siècle, où les loups avaient disparu, les histoires de loups-garous étaient devenues très rares.

PA, 17

Lutin

Lorsque Gilderoy Lockhart décide de lâcher en plein cours toute une cage de lutins de Cornouailles, il en résulte une apocalypse sans nom : livres, encriers et bris de verre traversent la pièce en tous sens. Le fait que les lutins sèment une telle zizanie sous la surveillance du professeur Lockhart nous en dit long sur le caractère du personnage, puisque ces minuscules créatures à cheveux rouges, originaires de l'ouest de l'Angleterre, ont pour réputation de s'en prendre à ceux qu'elles jugent fainéants. Dans le folklore du Somerset, du Devon et de Cornouailles, on dit des lutins qu'ils viennent en aide aux personnes dans le besoin. Mais on précise que ceux qui n'en font pas leur part ou qui oublient de récompenser leur bienfaiteur d'un pot de crème à boire et d'un âtre propre pour danser ont intérêt à ne pas laisser traîner leurs objets de valeur.

Bien que leur comportement se rapproche de celui de la plupart des fées, l'apparence physique des lutins est très particulière. En plus de leur chevelure d'un rouge électrique, on les reconnaît à leurs oreilles en pointe, à leur nez retroussé et à leurs yeux qui louchent. Ils ne dépassent en général guère le double décimètre, bien qu'on raconte aussi qu'ils puissent atteindre la taille qu'ils souhaitent. Les lutins sont presque toujours vêtus de vert et portent souvent un bonnet pointu. Ils vivent sous la terre ou dans des grottes, des prairies ou de petits bosquets, mais on peut aussi les attirer à l'intérieur.

Une maîtresse de maison souhaitant s'attacher l'aide de ces petites fées du logis – pour donner un coup de main au tissage ou secouer une servante paresseuse – peut laisser sous l'arbre la dernière récolte de pommes : c'est ce qui s'appelle « appâter le lutin ». Sachez cependant que récompenser vos lutins en leur offrant des vêtements neufs serait une grossière erreur ; comme les **elfes** et les autres fées ménagères, les lutins sont forcés de partir lorsqu'on leur fait un tel cadeau.

Les lutins ont plus d'un tour dans leur petit sac, dont certains carrément pendables. Leur grand classique consiste à égarer les voyageurs. Qui ne s'est pas retrouvé, une fois dans sa vie, totalement perdu au milieu d'un lieu qu'il connaît pourtant bien ? Dans l'ouest de l'Angleterre, on donne à ce genre d'expérience déconcertante le nom de « lutinerie ». Les lutins sont aussi de fieffés voleurs de chevaux : ils les détachent en pleine nuit, les font galoper en rond et leur emmêlent inextricablement la queue et la crinière. Leur autre activité nocturne consiste à danser, au chant des criquets et des grenouilles, dans un cercle enchanté laissé dans une clairière par des **fées**. Si un humain s'aventure à l'intérieur d'un de ces cercles, il sera condamné à danser toute la nuit. Le meilleur moyen de contrer cet effet (ou toute autre farce de lutin) est de porter son manteau ou ses vêtements à l'envers. On raconte aussi beaucoup d'histoires d'enlèvements de bébés par des lutins, qui les remplacent par des bébés fées. C'est ainsi que, jusqu'au XIXe siècle, dans le Somerset et dans le

Devon, les femmes attachaient leur bébé dans le berceau pour éviter qu'il se fasse enlever par un lutin pendant la nuit.

ES, 7

Magicien

Sorcier. Enchanteur. Prestidigitateur. Charmeur. Devin. Ce sont là quelques-unes des multiples identités du magicien.

Un magicien est tout simplement une personne qui pratique la magie, qu'elle soit « réelle », comme celle d'Albus Dumbledore, ou qu'elle en ait seulement l'apparence, comme celle du jeteur de sorts de village ou de l'illusionniste Harry Houdini.

Presque toutes les cultures du monde ont leurs histoires de magiciens légendaires qui savent voler dans les airs, disparaître en un claquement de doigts ou faire surgir un banquet du néant. Chaque culture a aussi ses magiciens, réels et historiques, qui prétendaient avoir des pouvoirs particuliers et utilisaient tout un jeu de techniques pour réaliser des prouesses en apparence inexplicables. Bien que nous ne puissions ici rendre justice à tous les magiciens du monde, en voici les types principaux.

LE MAGICIEN LÉGENDAIRE

La magie sous sa forme la plus pure est celle des **sorciers** et **sorcières** des mythes, légendes et contes de fées, qui peuvent accomplir tout ce que bon leur semble, ou à peu près. Ils savent voler, se trouver en deux lieux à la fois (don d'ubiquité), disparaître et réapparaître, faire surgir n'importe quel objet, changer d'apparence ou prendre celle de quelqu'un d'autre, converser avec les animaux, prédire l'avenir, soigner les maladies et voyager dans le temps. Certains magiciens légendaires ont une connaissance très sûre des **potions** et des **sorts**, même s'ils s'en servent rarement. La plupart du temps, une bonne **formule magique** accompagnée d'un petit coup de baguette suffit amplement.

Les histoires de ces magiciens remontent à plusieurs millénaires. Dans l'ancienne Égypte, où les rituels magiques faisaient partie de la vie de tous les jours, le récit des aventures fabuleuses d'un magicien ravissait à coup sûr l'auditoire. Dans une charmante fable de l'époque du roi Khéops (2600 av. J.-C.), le magicien Jajamanekh vient en aide à une jeune fille qui a laissé tomber son diadème de turquoise dans l'eau, alors qu'elle se promenait en barque sur le lac proche du palais royal. Prononçant quelques mots, Jajamanekh découpa proprement le lac en deux, souleva l'un des deux pans, qu'il replia sur le second pour récupérer dessous le diadème intact, sous les yeux de la jeune fille ravie.

Dans la tradition littéraire grecque, où les magiciens légendaires étaient en général des femmes, la sorcière Circé et sa nièce Médée savaient changer les hommes en bêtes sauvages, rendre leur jeunesse aux plus âgés et voir dans l'avenir. Le poète latin Virgile raconte la vie du magicien Moeris, qui faisait passer les récoltes d'un champ à l'autre, se métamorphosait en **loup-garou** et ramenait les morts à la vie.

Au Moyen Age, les magiciens légendaires les plus renommés accompagnaient les valeureux chevaliers dans leurs exploits fabuleux, entourés de damoiselles vertueuses et de nobles souverains. **Merlin**, conseiller du roi Arthur, fut le plus célèbre ; il était réputé pour son pouvoir de transformer la nuit en jour, de produire des armées fantômes, d'énoncer des prophéties et de revêtir quantités d'apparences, humaines ou animales.

Les lecteurs d'*Orlando furioso*, épopée italienne composée en 1532, y ont rencontré un autre genre de magiciens, de **sorciers** et d'enchanteresses, qui semblaient se livrer une bataille sans fin pour déterminer qui d'entre eux était le plus puissant. Dans un chapitre de ce livre, le magicien Atlante jette un sort au chevalier Astolfo (qui monte un des fameux **hippogriffes**), le transformant à la fois en bête sauvage, en géant et en oiseau, selon la personne qui le regarde. Plus loin, l'enchanteresse Melissa prend l'apparence d'Atlante pour sauver un autre héros, Ruggiero, qui a été lui aussi envoûté par un autre magicien !

Les lecteurs d'aujourd'hui, bien sûr, se passionnent pour d'autres magiciens légendaires, dont les pouvoirs ne sont pas moins surprenants que ceux des magiciens du bon vieux temps. Comme tous les grands magiciens, ceux d'aujourd'hui possèdent le pouvoir de métamorphoser et d'envoûter non seulement leurs congénères, mais aussi nous autres Moldus. Pendant l'année scolaire, on les trouve tous à la même adresse – à l'École de sorcellerie de Poudlard !

LE CHAMAN

La catégorie la plus ancienne est celle du magicien tribal, également connu sous le nom de sorcier ou de chaman. Les chamans furent les premiers médecins, les premiers prêtres et les premiers experts en surnaturel. Dans certaines cultures, leurs pratiques, vieilles d'au moins trente mille ans, ont survécu jusqu'à nos jours.

Dans beaucoup de sociétés tribales, le chaman occupait une position de pouvoir et de prestige, juste derrière le chef dans la hiérarchie. Parmi les lourdes responsabilités qui lui incombaient, on comptait l'art de guérir et la **divination**, la communication avec le monde des esprits, la conservation de la communauté par la chasse, la pêche et la fertilité de la terre, l'art de retrouver les personnes ou les biens disparus, celui de démasquer les voleurs, la protection du village et la neutralisation de ses ennemis. Les chamans confectionnaient **amulettes** et **talismans**, accomplissaient des rituels, jetaient des **sorts** et maîtrisaient les vertus médicinales des herbes, des plantes et des minéraux. Ils étaient aussi les gardiens du savoir, de l'histoire et des traditions de leur tribu.

Dans certaines cultures, la position de chaman était héréditaire ; dans d'autres, il fallait avoir été désigné par son prédécesseur. Le chaman était parfois un homme ordinaire, qui avait reçu la révélation de sa « vocation » en **rêve**, au cours d'une vision ou de toute autre expérience extraordinaire. Il lui fallait alors se retirer en un lieu sauvage et y vivre seul comme un animal, pendant des semaines ou même des mois, le temps d'apprendre à maîtriser ses dons. Il lui arrivait de jeûner pendant de longues périodes. Si tout se passait comme le prévoyait la tradition, il avait ensuite un rêve ou une vision qui, par le biais de son animal fétiche, lui livrait des instructions quant à son avenir, ses pouvoirs et son rôle au sein de la communauté. Il retournait alors auprès de ses semblables et entamait sa nouvelle vie.

On raconte que la plupart des pouvoirs du chaman venaient du royaume invisible des ancêtres et des animaux, avec lequel il entrait en contact lors d'une transe. Les cérémonies chamaniques faisaient partie intégrante de la vie de la tribu ; les incantations, danses et percussions accompagnaient le chaman qui, par la danse, entrait dans un état second, au cours duquel il quittait son corps pour communiquer avec ses guides spirituels. Il revenait de cet échange avec des informations importantes. Selon la culture, le chaman portait des peaux de bêtes réservées aux rituels, un masque ou une paire de bois. Parfois aussi, il se peignait le visage et le corps ou se drapait dans une cape recouverte de plumes, qui symbolisait son « envol » vers l'autre monde.

Dans de nombreuses cultures, ces rituels s'accompagnaient de démonstrations de pouvoirs surnaturels – reposant sur la supercherie. Par des tours de passe-passe et autres astuces techniques, les sorciers pouvaient en apparence se poignarder sans dommages, marcher sur des braises, se libérer de leurs liens, avaler des lames, manger du verre ou faire danser de petites poupées. Grâce à leur talent de ventriloques, ils tenaient parfois des conversations avec des esprits invisibles. Ces démonstrations avaient probablement un impact très fort sur l'assistance et nul doute qu'elles contribuèrent à l'efficacité psychologique de la médecine des chamans.

Aussi surprenant que cela puisse paraître, le recours à des tours ne signifiait pas forcément que le chaman fût un charlatan, dès lors qu'il fallait soigner des malades. La plupart des chamans avaient foi en leurs propres pouvoirs, tout comme la communauté au sens large. C'est en partie ce qui assurait leur position. Après tout, un peu de spectacle lors de cérémonies importantes ne pouvait pas faire de mal !

LE « BONHOMME » ET LA « BONNE FEMME »

Du Moyen Age jusqu'au milieu du XIXe siècle au moins, presque toutes les villes et les villages d'Europe avaient leur sorcier local, dont le rôle se rapprochait de celui du chaman. Également connu sous le nom de sorcier, de bonhomme ou de bonne femme, ce personnage recevait pour la prescription de remèdes, la divination et toutes les autres requêtes autrefois adressées au chaman.

Cependant, contrairement aux chamans, les bonshommes et les bonnes femmes menaient leurs affaires en toute discrétion et non au cours de cérémonies publiques, plus caractéristiques de la magie tribale ; et s'il leur arrivait de s'habiller de façon plus excentrique que leurs concitoyens, ils ne s'affublaient pas de peaux de bêtes, ne dansaient pas de façon bizarre et n'entraient pas en transe. Pourtant, leurs pratiques se ressemblaient beaucoup : ils connaissaient les vertus médicinales des plantes, utilisaient des **charmes** pour soigner et réalisaient talismans, amulettes et philtres d'amour. Certains maîtrisaient les grands principes de l'**astrologie** et de la **chiromancie** (disciplines inconnues des civilisations antérieures), de même que l'interprétation des rêves, qu'ils apprenaient dans de petits livrets populaires. Mais beaucoup de bonshommes et de bonnes femmes étaient illettrés et leur connaissance des remèdes et des potions leur venait de « collègues », d'amis ou de parents. Selon certaines légendes, les magiciens de village apprenaient leurs secrets des **fées**.

Bien que la loi punît alors l'exercice de la magie, la plupart des bonshommes et des bonnes femmes agissaient sans crainte. Les services qu'ils offraient étaient très demandés et, tant qu'ils ne commettaient rien de répréhensible, les autorités les laissaient en paix. Beaucoup étaient considérés comme des excentriques vivant dans leur coin, aux limites des bourgs, où ils cultivaient leur jardin potager pour la préparation de remèdes. On disait que leurs logis étaient remplis d'objets curieux, tels que des **miroirs magiques**, des **boules de cristal** et autres ustensiles associés à la divination. On respectait ces personnages, parfois même on les craignait et on les évitait. Mais tout le monde savait où aller en cas de besoin.

Les bonshommes étaient aussi présents dans les grandes villes d'Europe. Œuvrant dans des sphères plus sophistiquées que leurs cousins des champs, les bonshommes des villes se faisaient payer plus cher et comptaient parmi leurs clients de riches aristocrates. L'un des bonshommes les plus célèbres de son temps fut le Londonien Simon Forman, qui vécut entre 1552 et 1611. A la différence de la plupart de ses congénères, qui craignaient de laisser des traces écrites de leurs activités, parfois illégales, Forman tenait un journal détaillé, qui rendait compte de chaque visite et de son motif. Les marchands voulaient des conseils astrologiques pour conduire leurs affaires, les femmes de marins souhaitaient s'enquérir de la situation de leur mari, des particuliers en détresse cherchaient à retrouver un animal perdu ou un bien volé, d'autres voulaient jeter ou lever des sorts, beaucoup enfin venaient acheter des philtres d'amour, des talismans, des amulettes ou des herbes médicinales. Forman était astrologue et devin et se considérait en outre comme un médecin qualifié. Bien qu'il n'eût reçu aucune formation médicale, il sut apparemment concevoir une série de cures très efficaces, en un temps où la médecine officielle en était encore aux saignées et autres pratiques dont on sait maintenant qu'elles faisaient souvent plus de mal que de bien. En dépit de l'opposition du Collège royal des médecins, Forman reçut une licence de l'université de Cambridge en 1603 et devint même le

Les « bonshommes » de villages surprenaient par leur accoutrement et leur comportement. Mais ils savaient bien des choses que le commun des mortels ignorait…

médecin de choix de tout le gratin londonien pendant la période élisabéthaine.

Selon la légende populaire, Forman aurait réalisé un **horoscope** prédisant l'heure exacte de sa mort, qui survint le 8 septembre 1611, alors qu'il se promenait en barque sur la Tamise. Il laissait derrière lui une propriété d'une valeur de 1 200 livres sterling, une fortune considérable pour un homme de son époque.

LE MAGICIEN SAVANT

« De nos jours, écrivait en 1600 un Anglais, un homme n'est plus considéré comme savant que s'il sait réaliser des horoscopes, repousser les démons et dire la bonne aventure. »

A peine un siècle plus tôt, l'idée qu'un homme de bien pût s'occuper à faire le magicien aurait été impensable. Mais à la fin du XVe et dans le courant du XVIe siècle, la magie avait gagné une nouvelle crédibilité intellectuelle. Dans l'Italie de la Renaissance, les érudits avaient redonné vie à cette idée que la magie pouvait s'employer à des fins spirituelles, ou pour dominer les éléments naturels. Par un sens rigoureux de l'étude, par une bonne connaissance de soi et avec le renfort de l'imagination, un homme pouvait apprendre à se servir des formules, des incantations et des symboles pour maîtriser les forces cachées de la nature et accomplir jusqu'à l'impossible.

Cette conviction se répandit vers le nord, où un jeune et brillant savant allemand du nom de Cornelius Agrippa s'en fit l'écho. Si Agrippa est bien sûr le nom de l'une des cartes de Chocogrenouilles qui manquent à la collection de Ron Weasley, il fut surtout connu en son temps pour sa *Philosophie occulte*, ouvrage en trois tomes publié en 1533. Il y soutenait que tout dans la nature – hommes, animaux, végétaux et minéraux – était riche de pouvoirs cachés qui pouvaient être découverts et mis en œuvre. La tâche qui incombait au magicien savant, selon Agrippa, consistait à appliquer les techniques magiques – **divination**, **arithmancie**, **astrologie**, étude des anges et des **démons** – pour révéler ces forces et les utiliser pour résoudre les problèmes et soigner les maux.

Agrippa, savant et magicien parmi les plus renommés de la Renaissance, connaissait huit langues. Juriste, médecin, il enseignait en outre la philosophie, l'astrologie et la religion.

C'est au cours de ce processus, poursuivait-il, que l'homme pouvait découvrir la partie de lui reliée au grand tout et que, par la force de son imagination et de sa volonté, il s'approprierait des pouvoirs surnaturels.

Le seul « hic », qui fit le désespoir de ses lecteurs, c'est qu'Agrippa n'expliquait pas *comment* le magicien savant était supposé procéder pour révéler son potentiel ; ce qui n'empêcha tout de même pas les gens d'essayer.

Parmi les disciples d'Agrippa, on comptait des étudiants qui s'efforçaient de convoquer les esprits dans leur dortoir, des médecins qui tentaient de maîtriser les forces de la nature pour soulager leurs patients, et des hommes de science dont le vœu le plus cher était de percer les mystères de l'univers. Parmi eux, le plus célèbre fut le mathématicien, astronome et astrologue anglais John Dee, qui se tailla très tôt une réputation de magicien et fut même emprisonné en 1553 pour avoir tenté d'assassiner la reine Mary par envoûtement. Dee pensait avoir beaucoup à apprendre des anges et des esprits, avec lesquels il essayait d'entrer en contact en scrutant sa boule de cristal et son miroir magique. Bien qu'obtenant rarement lui-même une réponse de l'autre monde, Dee avait un certain nombre d'associés qui, eux, prétendaient voir et entendre les anges. Mais après des décennies d'efforts acharnés, personne ne réussit à convaincre les charmantes créatures de révéler aucun des secrets de Dieu et de l'univers, que Dee espérait si sincèrement découvrir. Néanmoins, à sa mort, en 1608, la magie jouissait d'un rayonnement certain auprès des intellectuels anglais. Tout au long du XVIIe siècle, on organisa à l'université d'Oxford des débats publics sur des sujets tels que le pouvoir des incantations, l'usage curatif de la magie et l'efficacité des philtres d'amour. Et les jeunes érudits furent sans doute plus d'un à se laisser tenter par la voie de la magie.

LE MAGICIEN DE SCÈNE

Aussi roublards puissent-ils être, les artistes magiciens sont peut-être, en fin de compte, les plus doués d'entre leurs pairs. Si les conteurs communiquent à notre imagination la magie que la leur produit (ce qui est déjà un sacré exploit), les prestidigitateurs, eux, nous *montrent* cette magie et la réalisent pour ainsi dire sous nos yeux. Comme leurs homologues du passé, les magiciens d'aujourd'hui savent apparaître et disparaître, entrer en lévitation ou voler. Ils prédisent l'avenir. Ils traversent les murs. Font surgir des choses de nulle part. Transforment les hommes en animaux ou les dames en léopards. Les magiciens de scène jettent aussi des sorts à leur public, lui faisant voir des choses qui n'existent pas et lui cachant celles qui existent. Comment s'étonner si, voici quelques siècles, les spectateurs de telles entourloupes avaient le sentiment d'avoir été envoûtés !

Bien que l'« art magique » – le don de créer des illusions qui mystifient un public – soit répandu dans le monde entier, les premiers à pratiquer ce type de spectacle furent les prestidigitateurs de rue grecs et romains des Ier et IIe siècles. Les auteurs latins Sénèque, Alciphron et Sextus Empiricus ont tous laissé des descriptions de magiciens qu'ils avaient vus à l'œuvre ; ils furent particulièrement marqués par le tour dit « des coupes et des balles », que l'on réalise encore aujourd'hui. Requérant en général trois petites coupes et trois petites balles (rien de bien surprenant jusqu'ici), ce tour met en scène certains des effets les plus impressionnants. Sous la surveillance étroite du public (qui ne se tient qu'à quelques centimètres de l'artiste), les balles disparaissent, réapparaissent, passent de coupe en coupe, en traversent les parois pourtant solides et finissent souvent dans l'oreille ou dans la narine d'un spectateur éberlué. Et pour le grand finale, les balles se métamorphosent en fruits, en souris ou même en poussins !

Giovanni Pinetti fut l'un des premiers grands prestidigitateurs. L'un de ses tours les plus fameux consistait à tirer une carte, à la remettre dans le jeu, à jeter le jeu en l'air et à épingler au mur la carte choisie avec une pointe tirée d'un pistolet !

Les premiers prestidigitateurs étaient des artistes polyvalents, et pour cause : disposant de peu de tours, ils devaient donc, en plus de leurs représentations, savoir jongler, faire des cabrioles, animer des marionnettes ou encore montrer des animaux savants – chiens, singes ou ours. Les artistes de rue avaient même leur école, à Athènes, et beaucoup d'entre eux étaient réputés pour divertir et épater les publics les plus exigeants. Les citoyens grecs, qui appréciaient la virtuosité sous toutes ses formes – artistique, athlétique, théâtrale, musicale ou rhétorique –, ne faisaient pas exception pour la prestidigitation.

Sous l'Empire romain, les magiciens commencèrent à faire leur apparition dans les villes et les cités de l'Europe entière. Certains n'étaient que magiciens, d'autres étaient aussi acrobates, jongleurs, diseurs de bonne aventure, poètes et musiciens. Ils voyageaient de ville en ville, divertissant les seigneurs dans leurs châteaux et le peuple dans les tavernes, les granges et les arrière-cours. Curieusement, on sait peu de chose de ces artistes ambulants, hormis le fait qu'ils avaient beaucoup de détracteurs, notamment au sein du clergé. Ces amuseurs inoffensifs avaient beau porter en Angleterre le nom innocent de « jongleurs » (et leur art, celui de « jonglerie »), l'Église considérait la prestidigitation comme une pratique immorale, puisqu'elle reposait sur la tromperie. Les tours de passe-passe pouvaient aussi servir à tricher au jeu, à escroquer ou à faire miroiter au public des remèdes « miracles ». D'autres redoutaient les prestidigitateurs, craignant que leurs talents ne reposent sur quelque pouvoir surnaturel. Comme le magicien de rue s'employait généralement à garder sa méthode secrète, ceux qui croyaient à la sorcellerie et aux démons – chose courante jusqu'à la fin du XVIIe siècle – étaient prompts à craindre le pire. En outre, de nombreux artistes jouaient de la crédulité populaire en prononçant des formules, en agitant une **baguette magique**, en faisant semblant de jeter des sorts ou en invoquant des puissances surnaturelles.

Au XVIIIe siècle, les spectacles de magie devinrent un divertissement à part entière, distinct du jonglage, du spectacle de marionnettes et des arts du cirque en général. Grâce aux nouveaux modes de pensée induits par la révolution scientifique, les prestidigitateurs ne furent plus soupçonnés de posséder des dons surnaturels, et leur statut d'artistes illusionnistes – ou de « magiciens », comme ils se firent progressivement appeler à partir des années 1780 – fut mieux reconnu. Les magiciens firent payer l'entrée de leurs spectacles (auparavant, ils vivaient de pourboires ou vendaient de petits articles à l'issue de la représentation : talismans porte-bonheur, boisson tonifiante aux herbes médicinales...). On les vit également plus souvent dans les cours royales. A partir des années 1750, les spectacles de magie avaient réussi à gagner les scènes de théâtre. Giovanni Giuseppe Pinetti, qui fut considéré comme l'un des premiers grands illusionnistes, donna des spectacles dans les meilleures salles d'Europe au cours des dernières années du XVIIIe siècle. Parmi ses spécialités, le numéro où il retirait sa chemise à un homme sans lui ôter sa veste et celui où il lisait dans les pensées d'un spectateur étaient les plus applaudis.

A la fin du XIXe et au début du XXe siècle, il était fréquent qu'un spectacle de magie se présente sous la forme d'une grand-messe de deux heures, avec débauche d'effets plus époustouflants les uns que les autres. Les illusionnistes sillonnaient le globe avec pour bagages des tonnes de matériel, de décors et de costumes de scène. Harry Houdini inventa une figure obligée des estrades : celle de l'homme qui échappe à toutes les situations, se défait des chaînes et des menottes et s'évade de toutes les prisons. Cette habileté fit de lui le magicien le plus célèbre et le mieux payé de son époque.

Aujourd'hui encore, les passants s'arrêtent toujours un instant en chemin lorsqu'ils aperçoivent un artiste de rue, et l'on n'hésite pas à débourser le prix d'un billet pour un spectacle d'illusion. Pourquoi, puisque chacun sait qu'« il y a un truc » ? Est-ce pour percer le secret ? En fait, ce serait plutôt le contraire. Ce n'est pas le secret que les gens viennent chercher dans ce genre de spectacles, mais le mystère. La magie stimule l'esprit, elle met notre monde à l'envers et nous remplit d'émerveillement. Elle nous rappelle aussi un principe que la plupart des sorciers et des sorcières connaissent déjà : l'impossible peut se révéler possible.

ES, 7

Magie

À l'âge de onze ans, Harry a la plus grande surprise de sa vie. Contrairement à la tante Pétunia et à l'oncle Vernon, contrairement à son monstrueux cousin Dudley, contrairement à tous les gens qu'il a connus jusqu'ici, Harry est doué de pouvoirs magiques. Il peut faire repousser ses cheveux en une nuit pour « rattraper » une coupe ratée, faire disparaître la vitre du vivarium et laisser s'échapper les serpents du zoo, ou encore faire rétrécir un affreux pull sans recourir à un sèche-linge. Et, comme le lui apprend Hagrid avec un plaisir non dissimulé, il pourra faire mieux, beaucoup mieux, pourvu qu'il reçoive une bonne formation à l'École de magie et de sorcellerie de Poudlard.

Dans le monde des sorciers, la magie permet d'accomplir des choses qui seraient impossibles dans notre monde, compte tenu des lois qui le régissent. Les **magiciens** peuvent utiliser de la poudre de Cheminette pour se déplacer d'un lieu dans un autre, alors que nous autres Moldus devons nous y rendre à pied ou prendre le bus. Il suffit qu'Albus Dumbledore pointe sa baguette magique et murmure quelques mots pour que le sol du Grand Hall se jonche de sacs de couchage, là où un individu ordinaire devrait aller dans un magasin, acheter les sacs à viande, les charger dans une camionnette, revenir et les installer – à condition qu'on ne soit pas dimanche ! Sirius Black utilise la magie pour se changer en chien, là où nous n'avons la possibilité que de passer chez le costumier…

Bien que nous savourions avec délices les aventures de ces sorciers de fiction, dans la réalité, peu de gens croient à la magie. On apprécie à l'occasion un spectacle de prestidigitation, mais on ne s'attend pas à ce que l'artiste fasse de *vrais* miracles. Par ailleurs, beaucoup de croyances n'ont plus cours – notamment celle selon laquelle le monde serait dirigé par des êtres surnaturels, dont les pouvoirs peuvent être domptés et utilisés par les humains pour parvenir à leurs fins.

Cependant, tout au long de l'histoire occidentale, les hommes ont cru à la magie et se sont tournés vers de prétendues forces invisibles et surnaturelles pour dominer leurs semblables ou déjouer les lois de la nature. On pratiquait la magie pour obtenir la connaissance, l'amour ou la richesse, soigner les maladies ou éloigner un danger, pour blesser ou tromper un ennemi, assurer sa réussite dans les affaires ou en savoir plus sur son avenir. Au nombre des pratiques magiques figuraient certaines des techniques enseignées à Poudlard, parmi lesquelles les **sorts**, les **potions**, les **charmes** et la **divination** – ainsi que les rituels et les cérémonies plus complexes destinés à invoquer dieux, démons ou fantômes. La pratique de la magie aidait à se débarrasser de ses angoisses et donnait l'impression d'agir pour prendre en main le cours de sa vie.

LES ORIGINES DE LA MAGIE

Le terme « magie » dérive du nom donné jadis aux grands prêtres de la Perse (aujourd'hui l'Iran), les *magi*. Au VIe siècle av. J.-C., ces *magi* étaient réputés pour leur grande connaissance et leurs dons de prophétie. Disciples de Zoroastre, ils interprétaient les **rêves**, pratiquaient l'**astrologie** et conseillaient les dirigeants pour toutes les affaires importantes. Quand les *magi* firent leur entrée dans le monde gréco-romain, on les considéra comme des personnages très mystérieux, dépositaires de secrets non moins impénétrables et de pouvoirs surnaturels. Pendant longtemps, tout ce qui de près ou de loin avait l'air surnaturel était supposé être une création des *magi* et subséquemment qualifié de « magique ». Zoroastre fut souvent désigné comme le créateur de la magie.

Bien entendu, la magie n'a été inventée ni par un individu, ni par une culture en particulier. Les pratiques transmises de génération en génération sont nées dans des civilisations très variées, des Perses aux Babyloniens, en passant par les Égyptiens, les Hébreux, les Grecs et les Romains. La tradition magique occidentale telle que nous la connaissons aujourd'hui doit beaucoup aux échanges d'idées entre ces différentes cultures. Des contacts de ce type se sont intensifiés après le IVe siècle de notre ère, lorsque le général macédonien Alexandre le Grand conquit la Syrie, Babylone, l'Égypte et la Perse, et établit la cité égyptienne d'Alexandrie comme carrefour intellectuel du monde antique.

MAGIE ET RELIGION

Dans toutes les sociétés primitives, magie et religion étaient intimement liées. Une multitude de dieux et d'esprits inférieurs, bons ou mauvais, étaient censés présider à la plupart des événements de la vie : la pluie et le beau temps, la richesse et la pauvreté, la maladie et la bonne santé. La magie était le moyen d'amadouer ou de maîtriser ces esprits. Comme les pratiques religieuses, l'exercice de la magie comprenait des rituels et des cérémonies pour invoquer les dieux et, comme les prêtres, les **magiciens** étaient des intermédiaires entre les dieux et les hommes. Mais, au lieu de vénérer les divinités, ces derniers leur demandaient, voire exigeaient d'elles un certain nombre de faveurs.

Il arrivait que les magiciens demandent juste un peu d'aide pour la réalisation de sorts ou de maléfices. Mais ils essayaient souvent de faire apparaître les divinités « en chair et en os ». Après l'avoir invoqué par une cérémonie très codifiée, le magicien égyptien ou babylonien pouvait demander à l'esprit d'écarter la maladie, d'éliminer un ennemi ou d'assurer une victoire politique. Dans le cas d'une divinité mineure, il n'était pas rare, si elle refusait de réaliser la requête du magicien, que celui-ci brandît la menace d'une punition infligée par un dieu plus puissant. Des centaines de documents datant de l'Antiquité témoignent du caractère courant (et parfois décevant) de ce genre de pratiques chez les premiers Grecs et Romains.

Dans presque toutes les formes de magie, la clé de la réussite passait par la connaissance du nom secret des dieux. Pour beaucoup, ils possédaient deux séries de noms bien distincts : ceux que tout le monde connaissait et ceux connus des seuls initiés aux arts magiques. En un sens, ces noms secrets furent les premières **formules magiques**. Prononcés ou écrits, on prêtait à ces noms des vertus extraordinaires, puisque le simple fait de connaître son nom permettait à un magicien d'avoir accès à tous les pouvoirs du dieu. Aussi les prêtres égyptiens donnaient-ils à leurs dieux des noms très longs et très complexes, afin d'en rendre la maîtrise plus difficile aux non-initiés. On dit que Moïse sépara les eaux de la mer Rouge en prononçant les vingt-sept syllabes du nom secret de Dieu, connu de lui seul. Selon l'auteur grec Plutarque, le nom de la divinité gardienne de Rome fut tenu secret après sa fondation et il était interdit de poser la moindre question à ce sujet – même pour savoir s'il s'agissait d'un dieu ou d'une déesse –, de peur que des ennemis de la cité ne s'emparent de ce nom pour faire du dieu leur allié.

A mesure que ces civilisations premières entraient en contact les unes avec les autres, il était courant de voir un magicien « tester » un nom de divinité issue d'une autre culture. Parmi les premiers rouleaux manuscrits servant à la pratique de la magie et datant des IIIe et IVe siècles, certains contiennent de longues listes de noms de dieux venus d'autres religions, que l'on pouvait inscrire sur des **amulettes** ou des **talismans**, ou bien encore incorporer à des sortilèges ou des incantations. L'une des plus célèbres, utilisée par les magiciens grecs et égyptiens du IIIe siècle, si puissante que « la terre et le ciel se pétrifiaient en l'entendant ; les fleuves, les mers, les marais et les sources se figeaient en l'entendant ; et les rochers explosaient en l'entendant », n'était qu'une longue série de plusieurs centaines de noms de divinités récités à la suite.

MAGIE HAUTE ET MAGIE BASSE

La magie antique se divise en général en deux catégories : la « magie haute » et la « magie basse ». Elles se distinguent essentiellement par le but recherché par ceux qui les pratiquent.

La magie haute, qui sur de nombreux plans rappelait la religion, était motivée par le désir d'atteindre une sagesse à laquelle l'expérience ordinaire ne donnait pas accès. Quand les hauts magiciens (qui comptaient dans leurs rangs des figures telles que Pythagore, fameux mathématicien et philosophe grec) faisaient appel aux dieux ou aux esprits, c'était pour de très nobles causes. Ils espéraient recevoir des visions prophétiques, le don de guérir, la clairvoyance et la connaissance de soi. Certains espéraient même devenir d'essence divine.

De nombreux systèmes de magie haute enseignaient le précepte suivant : l'homme est une version miniature de l'univers et contient en lui-même tous les éléments du monde extérieur. En développant ses facultés d'imagination et d'intuition, le magicien devait pouvoir provoquer dans ce monde extérieur des changements réels (et en apparence surnaturels), simplement en se concentrant sur ses émotions, sa volonté et son désir. Bien sûr, la quête de tels pouvoirs était souvent l'œuvre de toute une vie.

Mais la plupart de ceux qui se tournaient vers la magie le faisaient dans un but beaucoup plus pratique et immédiat : ils espéraient s'attirer la chance, la richesse, la renommée, la réussite politique, la santé ou la beauté. Ou bien ils voulaient vaincre leurs ennemis, forcer l'amour, gagner une compétition, connaître l'avenir et résoudre tous leurs petits problèmes quotidiens. Ce genre de magie est en général qualifiée de « magie basse » – appellation qui regroupe aussi la bonne aventure, la préparation de potions, l'usage de sortilèges, de **charmes** et d'**amulettes**.

A partir du IVe siècle av. J.-C., des centaines d'hommes et de femmes se lancèrent dans le métier en tant que **sorciers** ou devins professionnels, monnayant leurs services magiques. Beaucoup avaient une réputation de charlatans, mais les archives montrent que des individus de toutes classes sociales venaient consulter régulièrement ces magiciens professionnels, certains sans se cacher, d'autres dans le plus grand secret.

LA RÉPUTATION DE LA MAGIE

En règle générale, dans le monde antique, on éprouvait à l'égard de la magie plus de peur que d'admiration. Même ceux qui n'en connaissaient pas les règles craignaient d'être victimes des pouvoirs d'un autre. Si un homme politique perdait le fil de sa phrase au beau milieu d'un discours ou si quelqu'un était soudainement frappé de maladie, la première explication qui venait à l'esprit était un maléfice. La mauvaise réputation de la magie était encore accrue dans l'esprit populaire par une association fréquente à la sorcellerie. La littérature grecque et romaine est truffée de descriptions aussi foisonnantes que terrifiantes de **sorcières** aux coutumes effroyables. Erictho, la sorcière imaginée par le poète latin Lucain au Ier siècle, fait entrer dans la composition de ses potions des morceaux de corps humains, enterre ses ennemis vivants et ramène des cadavres pourrissants à la vie. Bien qu'elle soit une création fictive (d'ailleurs très réussie), Erictho, comme ses semblables, avait un impact très fort sur la conception populaire de la sorcellerie et de la magie.

Même si la magie remportait un succès certain auprès d'un public friand de prédictions, d'amulettes et de sortilèges de protection, les personnages plus influents commençaient à se fatiguer de ces astrologues qui passaient leur temps à prédire leur mort et de ces **sorciers** susceptibles de vendre leurs talents à l'adversaire le plus offrant. En 81 av. J.-C., le dictateur romain Cornelius Sylla rendit passibles de la peine de mort les « devins, enchanteurs et ceux qui font usage de la sorcellerie pour de vils motifs, qui invoquent les démons, qui perturbent les éléments ou qui emploient des figurines de cire en vue de nuire ». Une série de lois similaires fut prononcée dans les siècles suivants, tant et si bien qu'au IVe siècle de notre ère, la magie et la divination sous toutes leurs formes furent bannies de l'Empire romain. A la même époque, l'Église chrétienne, qui gagnait rapidement en influence, concentra ses efforts sur l'éradication de toutes les pratiques magiques, qu'elle considérait comme une forme de concurrence. Toutes les formes de magie furent associées au commerce avec les **démons** (et donc avec le diable) et interdites par l'Église.

A l'époque médiévale, l'Église et le pouvoir politique continuèrent de travailler main dans la main à l'éradication de la magie. Cependant, les croyances et les pratiques magiques, notamment celles liées à la médecine de village, se transmettaient toujours secrètement et firent bientôt partie du répertoire des sorciers et rebouteux des siècles qui suivirent (voir **botanique**, **magicien**).

LA MAGIE DANS LA LITTÉRATURE MÉDIÉVALE

A partir du milieu du XIIe siècle, on commença à représenter la magie en littérature de façon beaucoup plus flatteuse, en tout cas dans la fiction. En France tout d'abord, puis en Allemagne et en Angleterre, les poètes se mirent à composer des récits d'aventures merveilleux se situant dans un passé mystérieux et mettant en scène de preux chevaliers aux exploits teintés de magie, de belles damoiselles et des rois héroïques. Ces contes, connus aujourd'hui sous le nom de « romans médiévaux », contrèrent l'image négative de la magie et la débarrassèrent des démons et de la sorcellerie. Néanmoins, on évitait toujours le terme de « magie » et les auteurs préféraient parler de « merveilles », de « surprises » ou d'« enchantements ». Les héros étaient fourbis d'épées leur conférant des pouvoirs surhumains, de vaisselle qui se remplissait toute seule, de vaisseaux et de voitures qui connaissaient d'instinct l'itinéraire et d'anneaux protégeant leur propriétaire du feu, de la noyade et d'autres catastrophes.

Les **fées** et les monstres de la mythologie réapparurent également avec une belle régularité, et c'était souvent une fée qui fournissait au héros ce qui lui manquait justement pour accomplir son haut fait. Les potions, la divination par l'astrologie, les sortilèges et les herbes médicinales étaient aussi des composantes essentielles de ces épopées.

Bien que la notion de « magie noire » fût toujours dans les esprits, incarnée notamment par de vilains sorciers ou de viles enchanteresses, la plupart de ces récits présentaient la magie sous un jour positif. Les lecteurs de ce temps les savouraient comme nous les savourons encore.

LA MAGIE NATURELLE

La magie se refit une respectabilité aux XVe et XVIe siècles, avec l'émergence de la « magie naturelle », qui n'impliquait

L'un des principes de la magie naturelle enseigne que les plantes et les animaux qui présentent des traits morphologiques communs ont des propriétés curatives similaires.

pas l'intervention d'êtres surnaturels. Sorte de science de son époque, la magie naturelle était fondée sur cette idée que, dans chaque composante de la nature – l'homme, les animaux, les végétaux et les minéraux – bouillonnaient des forces cachées appelées « vertus occultes ». Ainsi les gemmes, par exemple, étaient censées détenir le pouvoir de soigner les maux, d'affecter l'humeur et même de porter bonheur. Les herbes avaient des vertus occultes curatives et il suffisait parfois de suspendre une plante au-dessus du lit d'un patient pour qu'il en profite. Même les couleurs et les nombres possédaient des pouvoirs insoupçonnés. En outre, tous les éléments de la nature étaient liés entre eux ; mais ces liens demeuraient complexes. Les magiciens de la nature, qui comptaient un certain nombre de médecins, se jurèrent de relever ce défi de taille : percer le mystère de ces forces et des connexions qui existaient entre elles, afin de les appliquer pour faire le bien.

Mais pour être un magicien de la nature digne de ce nom, il ne suffisait pas de le vouloir. Cela exigeait des recherches, beaucoup d'étude et une observation rigoureuse. Parfois, la « vertu occulte » d'une substance se révélait à travers sa simple apparence. Par exemple, le qualificatif *scorpius* désigne une herbe rappelant un scorpion par sa forme et réputée comme remède contre les morsures d'araignée. On pensait que les plantes et les animaux de même forme partageaient des caractéristiques analogues.

Mais l'élément essentiel à la maîtrise de la magie naturelle était une connaissance solide de l'**astrologie**, puisque l'on attribuait aux astres les liens unissant les différentes composantes de la nature, ainsi que bon nombre de leurs propriétés cachées. L'émeraude, le cuivre et la couleur verte, par exemple, partageaient des qualités héritées de la planète Vénus. Sachant cela, le magicien de la nature était en mesure de combiner ces éléments pour agir sur les domaines de la vie régis par Vénus, tels que la santé, la beauté et l'amour. En utilisant le métal plomb, la pierre d'onyx et la couleur noire, on obtenait des effets contraires, puisque ces éléments dépendaient de Saturne et étaient associés à la mort et à l'abattement.

L'adepte de la magie naturelle se devait encore d'être incollable en anatomie et en **botanique**, puisque, pour soigner les maladies (une des tâches essentielles de la magie naturelle), il fallait connaître l'influence planétaire qui les avait causées. Une maladie provoquée par une planète ne pouvait se soigner que par une plante régie par cette même planète ou, au contraire, par sa planète opposée. Le magicien naturel était une sorte de sorcier de la nature et un maître dans l'art de la combinaison – mélangeant, assortissant et exploitant les propriétés cachées de la nature pour en tirer des résultats bénéfiques, voire miraculeux.

Si aux IXe et Xe siècles, une personne respectable se devait d'éviter tout contact avec la magie, à la Renaissance, la magie naturelle était devenue un vrai sujet d'étude pour les intellectuels, les médecins, les hommes d'Église et tous ceux animés d'une curiosité scientifique. Les savants de cette époque se seraient sentis tout à fait à l'aise à Poudlard, où figurent au programme beaucoup des disciplines de la magie naturelle : botanique, **chiromancie**, **arithmancie, astrologie** et réalisation d'**horoscopes**.

LA MAGIE RITUELLE

Cependant, la possibilité d'avoir recours aux esprits ne fut jamais tout à fait oubliée. Entre le XVe et le XVIIIe siècle apparut en Europe toute une série de livres appelés « grimoires » (ou « livres noirs »), dans un grand nombre de langues différentes. Beaucoup étaient anonymes, mais on leur prêta des sources diverses (plus un livre paraissait ancien, plus on supposait

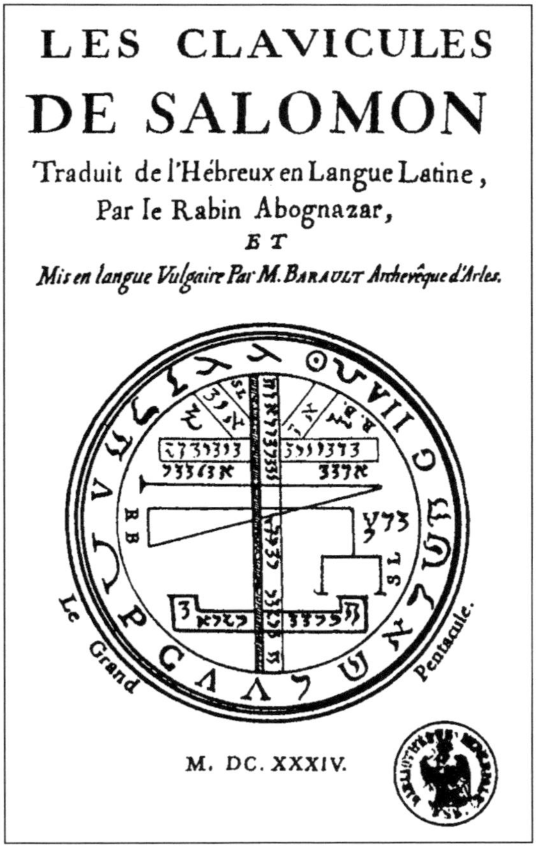

LES CLAVICULES
DE SALOMON
Traduit de l'Hébreux en Langue Latine,
Par le Rabin Abognazar,
ET
Mis en langue Vulgaire Par M. BARAULT Archevêque d'Arles.

M. DC. XXXIV.

Cette édition française du plus réputé des grimoires date du XVIIe siècle.

Un magicien du XVIe siècle commande à un démon de lui obéir. Le cercle magique où il se tient est censé le protéger de tout maléfice.

qu'il recelait de sagesse secrète), parmi lesquelles Moïse, Aristote, Noé, Alexandre le Grand ou, plus impressionnant encore, le roi biblique Salomon.

D'abord vendus et lus sous le manteau (puisque la possession ou la lecture d'un de ces livres était considérée comme un crime des plus sérieux), les grimoires enseignaient la marche à suivre pour convoquer les esprits et les démons de l'Antiquité. Ils promettaient en outre monts et merveilles à celui qui saurait utiliser la magie : amour, richesse, beauté, santé, bonheur et renommée, ainsi que le pouvoir de vaincre, d'envoûter ou de tuer ses ennemis, celui de déclencher une guerre, de soigner les souffrants et de faire tomber malades les bien portants, de devenir invisible, de trouver un trésor, de voler, de prédire l'avenir ou d'ouvrir les portes sans en avoir la clé. Comme il fallait s'y attendre, de telles promesses rendirent ces ouvrages très populaires, notamment au XVIIe siècle, lorsque commencèrent à circuler des éditions bon marché. Des étudiants aux membres du clergé en passant par de simples curieux, des disciples fervents se mirent à suivre leurs instructions dans l'espoir d'un résultat.

Les pratiques enseignées par les grimoires, impliquant des cérémonies et des rituels sophistiqués, furent qualifiées de « magie rituelle » ou « magie formelle ». Dans les grandes lignes, cette magie reproduisait les méthodes employées pour convoquer les dieux et les esprits des milliers d'années auparavant. Le magicien dessinait tout d'abord sur le sol un grand cercle, dans lequel il inscrivait des formules magiques, des mots sacrés et des symboles. Puis il pénétrait dans ce cercle (qui le protégeait des esprits qu'il convoquait), récitait les incantations censées faire apparaître le démon, énonçait ses exigences et renvoyait le démon. Du moins, en théorie.

Avant d'en arriver à cette phase de la cérémonie, des semaines, voire des mois de préparatifs étaient nécessaires. Selon la majorité des grimoires, tous les instruments utilisés lors d'une cérémonie – bougies, parfums, encens, sabre pour dessiner le cercle et baguette magique – devaient être flambant neufs. Et il ne suffisait pas d'aller faire ses emplettes dans le Chemin de Traverse ! Les bougies devaient être fondues par le magicien lui-même, en utilisant de la cire produite par des abeilles qui n'en avaient jamais fabriqué auparavant ! La **baguette magique** devait avoir été fraîchement taillée dans une branche de noisetier coupée d'un seul coup d'épée (épée de toute première main, bien entendu). Les encres colorées utilisées dans la réalisation de **talismans** magiques devaient avoir été préparées récemment et conservées dans un encrier neuf. Enfin, si l'on se fie à l'un des grimoires les plus fameux, *Les Clavicules de Salomon*, la plume servant à dessiner les talismans devait être la troisième de l'aile droite d'un jars. De surcroît, il fallait mener chaque étape en accord avec les principes de l'astrologie, sous l'influence des planètes idoines, au moment opportun de l'année. Il était également nécessaire que le magicien se préparât spirituellement à cette cérémonie grâce à un régime spécial, au jeûne, à des bains rituels et autres pratiques de purification.

Rien de tout cela, bien évidemment, ne garantissait qu'il se passerait quoi que ce soit pendant la cérémonie. En fait, les instructions étaient tellement spécifiques et complexes, voire tellement bizarres, qu'il était presque impossible de les suivre à la lettre. Il était dès lors peu surprenant que, malgré un grand renfort de supplications, d'incantations et de sincérité, les esprits ne daignassent pas se montrer, sauf dans l'imagination fertile de certains disciples et auteurs de grimoires. Les échecs s'expliquaient cependant aisément : avec tant de détails minutieux à respecter, on avait forcément oublié quelque chose !

LA MAGIE AUJOURD'HUI

La cote de la magie commença à décliner au milieu du XVIIe siècle, lorsque les gens découvrirent des moyens plus pragmatiques et plus efficaces de résoudre leurs problèmes. La chimie moderne entraîna la création de nouveaux médicaments, qui remplacèrent les remèdes établis selon les règles de la botanique, de l'astrologie et de la magie naturelle. Avec l'essor de la pensée scientifique, les idées sur les lois de la nature furent peu à peu vérifiées par l'expérience et les pouvoirs des formules magiques, des sorts, des amulettes et des talismans furent sérieusement remis en question.

Aujourd'hui, dans la plupart des régions du monde, faire appel à des esprits pour obtenir des pouvoirs extraordinaires n'est plus vraiment un réflexe. Pourtant, dans le même temps, notre monde est en un sens plus magique qu'il l'a jamais été, puisqu'il a rendu possibles des choses impensables : voler ou parler à quelqu'un se trouvant à l'autre bout de la planète sont devenus pour nous des gestes quotidiens. Les aspirations de la magie naturelle – découvrir et dompter les forces cachées de la nature – ont été assouvies par la science moderne. Et bien que les principes de l'astrologie aient été démentis, il est bien ironique de constater que toutes les vertus occultes des éléments venaient *bel et bien* des astres, puisque nous savons aujourd'hui que toutes les composantes de la nature, y compris nous autres humains, furent issues des débris de l'explosion de soleils. Comme il l'était pour nos lointains ancêtres, l'univers demeure un lieu époustouflant, rempli de merveilles, de ressources infinies et de magie.

Les aventures de Harry Potter et de ses amis connaissent aujourd'hui le même engouement qu'en leur temps les romans médiévaux – à ceci près que leurs lecteurs se comptent par millions. La magie en tant que spectacle n'a jamais eu autant de succès que de nos jours. Que ce soit dans la prose ou dans le théâtre, elle confirme cette intuition qu'il existe « une réalité parallèle ». Et si la magie peut paraître loufoque à notre esprit cartésien, elle sait cependant parler à notre imagination et à notre créativité, qui fonctionnent selon leurs propres règles. La magie est née de l'imagination et c'est l'imagination qu'elle nourrit. Et il en sera certainement toujours ainsi.

PA, 12

Malédiction

On entend parfois dire : « C'est une vraie malédiction ! » Mais sait-on que l'expression a perdu beaucoup de son sens original ? Aujourd'hui, elle fait allusion à un événement désagréable qui se répète ou à une personne ayant tendance à s'attirer les pires ennuis. Tout cela est certes contrariant, mais pas mortel. Au cours des siècles passés, en revanche, la malédiction n'était pas un vain mot. Elle était au contraire l'une des formes les plus dangereuses de la magie, synonyme de souffrance, de maladie ou même de mort. C'est sans aucun doute pour cette raison que le ministère de la Magie recommande de ne pas enseigner les malédictions aux élèves de Poudlard avant leur sixième année d'études. Il serait effectivement fâcheux pour un enseignant de voir un de ses élèves un peu irritable jeter une malédiction sur son voisin parce qu'il a de meilleures notes que lui…

Le principe de la malédiction que l'on jette sur un ennemi est vieux comme l'humanité et partagé par toutes les cultures du monde. Une malédiction peut être orale ou écrite. En règle générale, elle invoque l'aide d'un être surnaturel, par exemple un **démon** ou une divinité. Le jeteur de **sort** décrit ensuite par le menu le destin atroce qu'il souhaite réserver à son ennemi, comme c'est le cas dans cette horrible malédiction du IVe siècle : « J'en appelle à toi, esprit malin, qui te tiens dans les cimetières et empêches la guérison. Va placer un nœud dans sa tête, dans ses yeux, dans sa bouche, dans sa langue et dans sa gorge ; mets de l'eau empoisonnée dans son estomac. Si tu ne lui mets pas de l'eau empoisonnée dans l'estomac, je t'enverrai une armée d'anges maléfiques. Amen. »

Permis de maudire

Depuis l'Antiquité, ceux qui désirent s'en prendre à un ennemi ont souvent recours aux services d'un professionnel – une sorcière ou un sorcier de village ayant la réputation de s'y connaître en sortilèges de toutes sortes. Lorsqu'on se savait frappé d'une malédiction, il n'était pas rare d'en ressentir les symptômes, probablement parce que la frayeur causée par la simple idée d'être envoûté suffisait à provoquer nausées, vomissements, insomnie et autres troubles provoqués par la force de l'autosuggestion. Si la victime n'était pas trop handicapée par sa situation, elle allait trouver un autre magicien pour contrer la malédiction. Dans les villages où il n'y avait qu'un seul sorcier, ce dernier répondait sans broncher à la demande des deux parties opposées, doublant ainsi ses émoluments.

Qu'elles soient hurlées dans l'oreille de la victime ou récitées à mi-voix à des centaines de kilomètres, de telles malédictions étaient censées produire leur effet. Les malédictions écrites étaient cependant considérées comme plus performantes, car plus durables, selon le vieil adage : « Les paroles s'envolent, les écrits restent. » C'est ainsi que certaines malédictions demeurent actives depuis le Ve siècle av. J.-C., bien qu'il soit raisonnable de penser que leurs victimes sont mortes depuis plusieurs siècles. Elles étaient inscrites sur des « tablettes de malédiction » – des feuilles de plomb, d'argile ou de cire portant le nom de la victime, l'effet souhaité de la malédiction, une **formule magique**, ainsi que le nom du ou des démons sollicités pour l'accomplir. Certaines tablettes étaient d'une extrême et glaçante sobriété : « Tout comme ce morceau de plomb refroidit, que Jean Martin fasse de même. » On les enterrait ensuite dans le sol pour que la température du plomb baisse et que Jean Martin soit saisi de frissons, jusqu'à ce que mort s'ensuive. Les lieux les plus propices pour enterrer les tablettes étaient les lieux de mort : tombes fraîches, champs de bataille, places de grève (où l'on exécutait les condamnés). On ne dédaignait pas de les jeter dans des puits, passages avérés vers le monde des morts. Pour optimiser les chances de réussite, on plantait souvent un clou dans le nom de la victime, ou bien on entourait la tablette de fil de fer très serré.

Ces tablettes étaient très en vogue dans la Rome et la Grèce antiques. Les archéologues en ont exhumé de toutes sortes, certaines demandant la mort d'un ennemi dans la douleur, d'autres visant à embrouiller les esprits ou la langue d'adversaires politiques. On en a même retrouvé une pour assurer la victoire d'un char dans une course, en jetant une malédiction sur les chevaux du concurrent ! Les malédictions étaient officiellement réprouvées pour tout usage privé, cependant on les acceptait manifestement lorsqu'elles émanaient des autorités, pour punir les criminels, les ennemis de l'État ou les adversaires militaires.

Au Moyen Age, l'usage « officiel » des malédictions déclina, mais celles proférées par les pauvres et les opprimés gardèrent tout leur pouvoir, d'autant plus lorsque la colère qui les avait inspirées semblait légitime. La « malédiction du mendiant »,

La malédiction de la momie

Une des plus célèbres malédictions de tous les temps est celle dite « de la momie », gravée sur le tombeau du roi égyptien Toutankhamon. La légende, mais il semble bien que ce ne soit pas qu'un mythe, raconte qu'en ouvrant le tombeau du roi en 1922, l'archéologue britannique Howard Carter ignora l'inscription qui disait : « La mort frappera de ses ailes agiles celui qui osera troubler le repos du roi. » Quelques mois plus tard à peine, Lord Carnarvon, le mécène de Carter, mourut mystérieusement d'une piqûre d'insecte (les « ailes agiles » de la mort, assurément !). Au cours des douze années qui suivirent, cinq des personnes présentes à l'ouverture du tombeau moururent dans des circonstances énigmatiques.

Cependant, aucun indice n'indique réellement que ce tombeau ait été maudit. Bien que de nombreux contes populaires décrivent toutes sortes de malédictions sophistiquées, promettant une mort rapide et affreuse à quiconque dérangera le sommeil d'une **momie**, les archéologues n'ont découvert de malédictions de protection que sur deux tombeaux égyptiens ; en outre, ces deux sorts ne menaçaient les pilleurs que du jugement sans merci des dieux, ce qui ne mange pas de pain. Quant à la phrase gravée sur le tombeau de Toutankhamon – à supposer qu'elle fût réelle –, elle a mystérieusement disparu. Howard Carter lui-même vécut encore dix-sept longues années après avoir profané la tombe et devint l'un des égyptologues les plus éminents.

dirigée contre ceux qui refusaient de faire l'aumône aux pauvres, fut redoutée pendant des siècles.

Dans l'Angleterre des XVIe et XVIIe siècles, la malédiction publique était monnaie courante. Il n'était pas rare, par exemple, de voir un homme tomber à genoux en pleine place du village pour demander à Dieu d'incendier la maison de son ennemi, de détruire sa récolte, d'exterminer sa famille et de faire tomber sur lui « les sept plaies d'Égypte ». Si de telles manifestations paraissent anecdotiques, il fallait cependant rester prudent lorsqu'on proférait ce genre d'horreurs : si par hasard la victime tombait malade ou était frappée de malheur, on pouvait se retrouver en prison pour sorcellerie.

CF, 14

Mandragore

Voici une plante rare, qu'il vaut mieux cultiver avec des boules Quies dans les oreilles ! Si madame le professeur Chourave peut paraître quelque peu gâteuse lorsqu'elle insiste pour que ses étudiants de botanique enfilent des cache-oreilles avant de travailler sur la mandragore, des siècles de croyance populaire lui donnent pourtant raison. A travers l'Europe, en effet, la tradition enseignait que le cri poussé par la mandragore au moment où on la déracine était rien moins que mortel. Mais alors, direz-vous, pourquoi la cueillir ? C'est que l'on prêtait également à cette plante des propriétés médicinales remarquables et des pouvoirs magiques non moins étonnants.

La partie de la mandragore que l'on considère habituellement comme la plus précieuse est l'épaisse racine brune, qui s'enfonce jusqu'à plus d'un mètre de profondeur. Cette racine est souvent fourchue. Avec un peu d'imagination, elle rappellerait presque une silhouette humaine. Les herbiers décrivent souvent la mandragore (qui appartient à la famille des morelles) en termes d'anatomie humaine, la comparant à un homme à longue barbe ou à une femme hirsute. On ne s'interdisait d'ailleurs pas d'accentuer cette ressemblance en sculptant la racine au couteau. Et si la mandragore crie lorsqu'on l'arrache

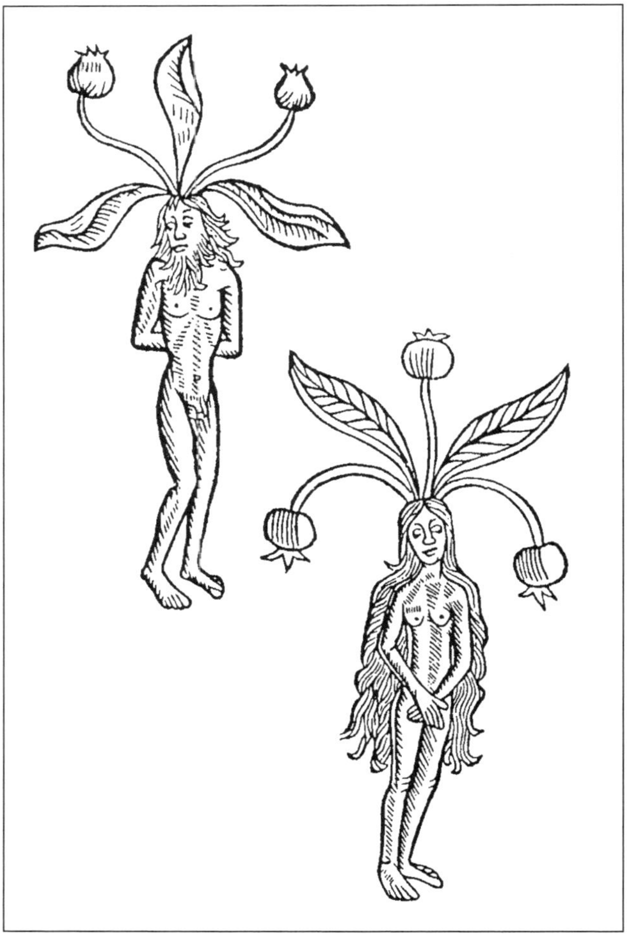

Représentation de mandragores mâle et femelle (XVe siècle).

du sol, c'est que, pas plus que vous, elle n'apprécie d'être arrachée à son lit douillet.

Malgré la sympathie naturelle que peut inspirer à l'homme cette plante qui lui ressemble, cela ne l'a pas empêché de la déraciner vaillamment et de s'en servir pour des usages très variés. Dans l'Antiquité, on la considérait comme un analgésique et un somnifère qui, à haute dose, entraînait délires et folie. On l'utilisait pour calmer les malades souffrant de douleurs chroniques, de mélancolie, de convulsions ou de rhumatismes. Les Romains s'en servaient comme anesthésiant ; le patient était invité à mâcher une racine avant d'être opéré.

Jusqu'au Moyen Age, on exploitait également les vertus magiques de la mandragore. C'était un ingrédient très couru de certaines **potions** telles que les philtres d'amour, et on raconte que **Circé**, la sorcière la plus fameuse de la mythologie grecque, n'oubliait jamais d'ajouter un doigt de mandragore à ses puissants élixirs. Dans la tradition anglo-saxonne, on disait la mandragore capable d'extirper les **démons** du corps des possédés. Séchée et portée autour du cou sous forme d'**amulette**, elle pouvait, paraît-il, repousser les forces du Mal. D'autres assuraient que les démons vivaient carrément *dans* les racines de mandragore ; en posséder une pouvait entraîner un procès en sorcellerie. Les plus suspicieux, enfin, avançaient que la mandragore poussait sous les potences.

Opération anti-mandragore

Les histoires courant sur la mandragore et son cri fatal firent très tôt le tour de l'Europe, où elles durent faire hésiter plus d'un amateur tenté d'en utiliser la racine à des fins médicales ou magiques. Il leur aurait pourtant suffi de consulter un herbier – mine d'informations sur les caractéristiques et le bon usage des plantes. Notre curieux y aurait trouvé la solution à son dilemme. Car la plupart des auteurs offraient le même conseil : attacher la plante au bout d'une corde et un chien à l'autre bout, puis, après s'être retiré à une distance raisonnable et s'être bouché les oreilles, appeler le chien, qui s'élancera vers vous en courant, déracinant ainsi la mandragore sans dommage !

La mandragore était également un instrument de **divination**. Les devins affirmaient que ses racines en forme de petites poupées acquiesçaient de la tête lorsqu'on leur posait des questions sur l'avenir. En Allemagne, les paysans prenaient grand soin de leurs mandragores sculptées au couteau ; ils leur confectionnaient de minuscules yeux avec des graines, de petits vêtements et des lits miniatures dans lesquels ils les couchaient le soir – tout cela pour les maintenir de bonne humeur, en prévision du jour où ils auraient des questions importantes à leur poser.

CS, 6

Manticore

S'il existe une bête capable de donner des cauchemars, c'est bien la manticore. Non seulement elle est cousine germaine des charmants Scroutts de Hagrid, mais son nom signifie en outre « mangeuse d'hommes » en persan. Car son activité favorite, vous l'aurez deviné, est de dévorer de la chair humaine.

C'est l'historien et médecin grec Ctésias, non content d'avoir révélé l'existence de la **licorne**, qui le premier évoqua celle de la manticore, au ve siècle av. J.-C. L'animal était censé habiter les jungles d'Inde, où sa rapidité, sa force et son insatiable cruauté en faisaient le pire prédateur des lieux. Bien que son corps rouge et velu rappelât celui d'un lion, comme le rapporte Ctésias, elle avait une tête humaine, une voix mélodieuse et une extraordinaire queue de scorpion, hérissée de piques empoisonnées, qu'elle pouvait lancer comme des flèches, frappant ainsi ses proies jusqu'à plus de trente mètres de distance. Lorsque sa victime avait succombé au poison foudroyant, la manticore se mettait en besogne de la dépecer à l'aide de ses mâchoires gigantesques s'étendant d'une oreille à l'autre et garnies de trois rangées de crocs acérés comme des lames de rasoir. Goinfre consciencieux, la manticore dévorait ses proies sans laisser de restes : crâne, os, vêtements et jusqu'au contenu des poches, tout y passait ! Lorsqu'il arrivait

qu'un homme disparût corps et biens dans la forêt, il ne fallait pas longtemps pour deviner ce qui lui était arrivé.

Comme beaucoup de créatures fantastiques de l'Antiquité, on croyait la manticore tout à fait réelle. Les récits de Ctésias furent donc repris par des penseurs aussi éminents qu'Aristote ou que le naturaliste romain Pline. Néanmoins, au IIe siècle de notre ère, quand il apparut impossible de se procurer un spécimen de manticore pour l'étudier, il fallut avancer d'autres explications à ses prétendues apparitions. L'écrivain voyageur Pausanias proposa une nouvelle théorie, très plausible, selon laquelle la créature en question était un tigre mangeur d'hommes – aujourd'hui connu sous le nom de tigre du Bengale. C'en fut fait de la manticore, mais non de sa légende qui continua d'inspirer nombre d'artistes et d'illustrateurs, pour lesquels elle devint un symbole de malveillance.

CF, 24

Merlin

Merlin l'Enchanteur – **sorcier**, prophète et conseiller du roi Arthur – fut probablement le **magicien** le plus célèbre de tous les temps. Certaines légendes, chères aux Anglais, racontent qu'il utilisait ses pouvoirs magiques pour gagner la guerre, se transformer à volonté en lévrier ou en cerf, voir dans l'avenir ou maîtriser le destin des hommes.

Bien que Merlin et sa vie soient maintenant entrés dans la légende, on peut cependant le rapprocher d'un personnage historique, le poète gallois du VIe siècle Myrddin, qui devint fou au cours d'une bataille et s'enfuit dans les forêts d'Écosse, où il fit de nombreuses prédictions. C'est l'historien Geoffroy de Monmouth qui changea son nom en Merlin et le fit entrer dans le folklore anglais dans son *Histoire des rois de Bretagne,* ouvrage de 1136 retraçant les origines légendaires de la Grande-Bretagne. Au cours des siècles suivants, l'histoire de Merlin fut largement amplifiée, notamment par Sir Thomas Malory, qui décrivit au XVe siècle la vie des chevaliers de la Table ronde dans *La Mort d'Arthur.*

Comme beaucoup de personnages mythologiques, Merlin avait des parents extraordinaires, qui lui transmirent des dons particuliers. Geoffroy de Monmouth rapporte que la mère du grand magicien était la fille vertueuse d'un roi, et son père un **démon** ou esprit maléfique portant le nom d'*incubus.* Merlin hérita à la fois la bonté de sa mère et les pouvoirs magiques de son père. Tout jeune encore, il fit la démonstration de ses qualités surnaturelles, ce qui lui sauva la vie.

L'histoire commence au Ve siècle. Un roi britannique du nom de Vortigern, malgré ses efforts, échouait à bâtir une tour. Le travail fourni par ses ouvriers le jour était chaque nuit réduit à néant. Au désespoir, Vortigern consulta ses magiciens qui, pleins de bon sens, lui conseillèrent de mêler au mortier

Merlin succombant aux charmes de Viviane.

du sang d'enfant de père non humain, pour consolider l'édifice. Chargés de trouver un tel enfant, les émissaires du roi eurent tôt fait de débusquer Merlin, qu'ils lui amenèrent. Bien qu'âgé de sept ans seulement, Merlin expliqua au roi que la tour était instable parce que bâtie sur une nappe souterraine. Il prédit également que, s'il faisait assécher cette nappe, il trouverait au fond deux dragons endormis dans des pierres creuses. Les paroles de Merlin furent avérées, et le roi lui laissa la vie sauve.

Après la mort de Vortigern, Merlin devint le conseiller de trois autres rois – Aurelius, Uther Pendragon et enfin le fils de ce dernier, Arthur. La légende raconte que, pendant le règne d'Aurelius, Merlin procura à l'Angleterre un de ses trésors nationaux, le cromlech de Stonehenge, en utilisant ses pouvoirs pour transporter les énormes blocs de pierre depuis l'Irlande. Aurelius souhaitait faire bâtir un monument imposant. Merlin porta son choix sur un cercle de pierres (connu sous le nom de « Danse des géants »), réputé pour ses grands pouvoirs de guérison. Quinze mille soldats armés de câbles et d'échelles furent incapables de les déplacer d'un millimètre, mais il fallut à Merlin moins d'une seconde pour les faire bouger. Les pierres, devenues aussi légères que de simples galets, purent être transportées jusqu'aux navires et de là jusqu'à la plaine de Salisbury, en Angleterre, où elles sont toujours. (En réalité, l'ensemble mégalithique de Stonehenge, dans le Wiltshire, fut sans doute érigé à l'âge du bronze, vers 2100 av. J.-C., soit des milliers d'années avant la première apparition de Merlin. Cependant, on trouve à Stonehenge quelques pierres bleutées du pays de Galles ; la légende contiendrait-elle une part de vérité ?)

Sous le règne d'Uther Pendragon, Merlin accomplit un exploit encore plus remarquable. Uther était tombé amoureux d'une duchesse nommée Igraine. Or, cette noble dame était mariée. Apprenant la nouvelle, son mari Gorlois, duc des Cornouailles, l'enferma dans un château fort placé sous étroite surveillance. Mais Merlin mit au point un sortilège qui permit à Uther de prendre les traits de Gorlois et de pénétrer dans le château. Les gardes s'y laissèrent prendre, ainsi qu'Igraine elle-même. C'est cette nuit-là que fut conçu Arthur, héritier du trône d'Uther et futur roi d'Angleterre. Bien des années plus tard, après que le vrai Gorlois fut tué sur le champ de bataille, Igraine et Uther se marièrent.

Merlin fut le protecteur d'Arthur dans son enfance, jusqu'à ce que ce dernier fût en âge d'accéder au trône. Plus tard, il joua pour lui le rôle de prophète, de sorcier et de stratège militaire, assurant au jeune roi tous les succès. Lorsque Arthur eut quinze ans, Merlin l'aida à s'emparer d'Excalibur, l'épée magique. Plus tard, au beau milieu d'une bataille, il recommanda à Arthur de garder son épée dans son fourreau jusqu'à son signal. Arthur obéit, à contrecœur car ses ennemis l'emportaient. Mais lorsque Merlin lui ordonna de brandir son épée, sa lame captura la lumière du soleil et aveugla tous ses adversaires. La chance tourna et Arthur emporta la victoire. Au cours d'un autre affrontement, Merlin assura le triomphe de son protégé en jetant sur l'autre camp un **sort** qui fit s'endormir les soldats sur le champ de bataille.

Merlin possédait en outre le don de **métamorphose**, qui lui permettait de se changer en enfant, en vieillard, en femme, en nain ou en animal, selon son humeur. Il pouvait maîtriser la mer démontée et commander aux murailles de Camelot, le château d'Arthur, de faire tomber tous les ennemis qui tentaient de les escalader.

En dépit de ses aptitudes hors du commun, le fabuleux magicien dut sa perte à une erreur idiote. Il s'amouracha de la sorcière Viviane (la Dame du Lac) et lui révéla tous ses secrets magiques. Retournant ce savoir contre lui, Viviane lui jeta un sort qui l'emmura à jamais dans le tronc d'un chêne.

Néanmoins, le rayonnement de Merlin dans la littérature et la légende reste tel qu'aucun autre magicien ne peut prétendre rivaliser avec lui. Sa sagesse, alliée à l'étendue de ses pouvoirs magiques, a fasciné d'innombrables artistes, qui ont fait de lui le personnage principal d'un nombre incalculable de fictions, de pièces de théâtre et de films. Pas étonnant qu'Albus Dumbledore cite, en en-tête de ses lettres officielles, son titre de commandeur du grand ordre de Merlin : c'est là une distinction que tout magicien serait fier de recevoir !

ES, 4

Métamorphose

Le professeur McGonagall a vite fait de montrer à ses étudiants de première année ce qu'est la métamorphose. En un clin d'œil, elle transforme son bureau en cochon. Elle aurait pu tout aussi facilement se changer elle-même en **chat**, ou un de ses élèves en tortue ou en bûche ! La métamorphose – transformation magique d'une personne, d'un animal ou d'un objet en un autre – est une discipline complexe et risquée, qui exige des années d'études. Mais les novices peuvent naturellement commencer par des exercices plus faciles, comme de changer des boutons en scarabées.

Les récits de métamorphose (du grec *méta*, « après, à la suite » et *morphê*, « forme ») abondent dans les mythes, les contes de fées et le folklore du monde entier. La marraine de Cendrillon métamorphose une citrouille en carrosse et des souris en chevaux. Dans les contes fameux, *La Princesse et le Crapaud* ou *La Belle et la Bête*, ce sont de beaux jeunes hommes qui sont changés ici en reptiles coassants, là en monstres repoussants. La sorcière **Circé** fit mieux encore en transformant son jardin en un authentique zoo privé et tous ses visiteurs en lions, ours ou loups apprivoisés (les hôtes les moins chanceux finissant à la porcherie).

Les exemples les plus célèbres sont probablement tirés des *Métamorphoses* du poète latin Ovide, qui vécut au Ier siècle. Cet ouvrage raconte l'histoire du monde, qui commence par la transformation du chaos en univers ordonné et se termine, à l'époque d'Ovide lui-même, par la métamorphose de Jules César en étoile. Entre ces deux dates se déroulent deux cent cinquante histoires de dieux, de héros et de mortels confrontés à des métamorphoses étonnantes, voire atroces. Le chasseur Actéon est changé en cerf par Diane pour le punir de l'avoir espionnée pendant qu'elle se baignait, puis se fait déchiqueter par ses propres chiens. Arachné, tisseuse d'une habileté prodigieuse, devient araignée pour avoir eu l'audace de défier la déesse Minerve lors d'un concours de tissage. Et la nymphe Daphné, alors qu'elle tente d'échapper au dieu Apollon, est transformée en pleine course en laurier : « Ses membres s'engourdissent, écrit Ovide ; une écorce légère presse son corps délicat ; ses cheveux verdissent en feuillages ; ses bras s'étendent en rameaux ; ses pieds, naguère si rapides, se changent en racines, et s'attachent à la terre : enfin la cime d'un arbre couronne sa tête et en conserve tout l'éclat[1]. »

Si la plupart des métamorphoses décrites par Ovide sont déclenchées par la colère ou la bonté d'un dieu, de nombreuses créatures de la mythologie et du folklore savent changer de forme à volonté. Les dieux nordiques Odin et Loki se concentrent sur les animaux, tout comme Zeus, que l'on croise souvent sous l'apparence d'un taureau, d'un bélier, d'un aigle, d'une colombe ou d'un cygne. De nombreuses **fées** et de nombreux **démons** sont des spécialistes de ce genre d'exercice, notamment les **Vélanes**, les **goules** et les **trolls**, qui peuvent prendre l'apparence de leur choix et devenir une femme magnifique, une volute de fumée, un bol d'eau, un rocher, une tempête de sable ou même votre meilleur ami. Partout dans le monde, des contes populaires rappellent les transformations éclairs de ces créatures lorsqu'elles fuient un ennemi ou se battent entre elles. Dans une fable galloise du Moyen Age, un personnage du nom de Gwion Bach, ayant dérobé le don de prophétie dans le chaudron de la sorcière Ceridwen, s'enfuit sous la forme d'un lièvre, tandis que la sorcière échaudée se change en lévrier et le prend en chasse. Gwion Bach plonge alors dans l'eau après s'être changé en poisson ; la sorcière se métamorphose *illico* en loutre et se lance à ses trousses. Mais le poisson devient petit oiseau ; la sorcière prend sa suite sous forme d'un faucon. Apercevant une gerbe de blé fraîchement coupée sur le sol d'une grange, et croyant avoir enfin trouvé le déguisement parfait, Gwion Bach se change une dernière fois en grain de blé, caché parmi

1. Traduction de G. T. Villenave, Paris, 1806.

des milliers de grains semblables. Mais Ceridwen a le dernier mot : elle se transforme quant à elle en poule noire et gratte le sol pour trouver le bon grain – qu'elle finit par gober.

Les plus douées pour la métamorphose, du moins de réputation, sont les sorcières. Dès le IIe siècle, l'auteur latin Apulée décrit des sorcières capables de se changer en oiseau, en chien, en fouine, en souris et – comme certaine journaliste de *La Gazette du sorcier* – en insecte, pour pouvoir pénétrer dans les maisons et vaquer *incognito* à leurs basses besognes. Si l'œuvre d'Apulée est pure fiction (elle reflète les croyances de son époque), plusieurs siècles après, au plus fort de la chasse aux **sorcières** (1450-1700), il était courant de croire *mordicus* que celles-ci pouvaient se changer en animaux, notamment en chats. Les procès de cette période sont truffés de « preuves » de telles métamorphoses : il s'agit souvent de blessures infligées à des animaux qui apparaissent ensuite sur le corps des accusées. Ainsi, lors d'un procès à Ferrare, en Italie, au XVIe siècle, un homme déclara avoir frappé à coups de bâton un chat qui avait attaqué son jeune fils. Le lendemain, une voisine fut aperçue couverte de bleus – preuve irréfutable que c'était bien elle, sous la forme d'un chat, qui s'en était pris au nourrisson. En réalité, la pauvre femme était plus sûrement le souffre-douleur d'un mari bourru… En 1718, lors d'un procès de sorcières en Écosse, un homme raconta qu'il avait été tellement importuné par des chats, conversant ensemble à intelligible voix près de chez lui, qu'il avait fini par en tuer deux et par en blesser plusieurs autres. Peu après, deux femmes des environs furent retrouvées mortes dans leur lit et une autre avait une mystérieuse entaille dans la jambe : une fois de plus, la preuve était apportée que certains chats ne sont en fait que des sorcières déguisées.

Le folklore mondial grouille en outre d'histoires d'hommes ou de femmes qui, comme Sirius Black, James Potter ou Peter Pettigrow, peuvent prendre la forme d'un seul animal. En Europe, les légendes les plus connues concernent les **loups-garous** – hommes qui, pendant un court laps de temps, de préférence la nuit, se transforment en bêtes assoiffées de sang. Dans les régions où les loups étaient inconnus, on savait leur trouver des équivalents. En Amazonie, on parlait d'hommes-jaguars, en Inde d'hommes-tigres, en Afrique d'hommes-hyènes. Dans d'autres parties du monde, les hommes se changeaient en coyotes, en ours, en chacals, en crocodiles ou en serpents. La plupart de ces légendes naquirent probablement des rituels des **magiciens** tribaux et des chamans qui, lors de cérémonies importantes, portaient des peaux de bêtes et imitaient les comportements animaux en reniflant, en hurlant ou en grattant le sol. Peut-être, aux yeux de leur public, devenaient-ils *vraiment*, pour un temps, cerf, ours ou jaguar ?

Qui n'a pas imaginé un jour entrer dans la peau d'une créature *différente* ? De ressentir vraiment la grâce du léopard, ou de voir le monde avec des yeux d'un aigle ? En revanche, les candidats ne se bousculeraient pas pour expérimenter la vie de rongeur que Maugrey Fol'Œil offre à Drago Malefoy lorsqu'il le métamorphose en fouine bondissante ! Dans des cas comme celui-là, on est finalement bien content d'être tel que l'on est.

Miroir magique

La plupart d'entre nous font confiance aux miroirs. On n'attend pas d'eux qu'ils nous montrent nos souhaits les plus chers, comme le fait le miroir du Riséd, ou qu'ils nous parlent, comme celui de la méchante reine de *Blanche-Neige*. Plus prosaïquement, nous demandons aux miroirs de nous aider dans certaines tâches quotidiennes, telles que se brosser les dents ou se peigner les cheveux, gestes que nous faisons d'ailleurs sans réfléchir. Pourtant, la présence des miroirs dans nos demeures n'est pas toujours allée de soi.

Dans les tout premiers temps de l'histoire humaine, les seuls endroits où les hommes et les femmes pouvaient se voir eux-mêmes étaient les étendues d'eau ; encore avaient-ils rarement conscience de regarder leur propre reflet, que beaucoup de cultures primitives tenaient pour l'âme elle-même (dont on croyait qu'elle pouvait vivre indépendamment du corps). Dans certaines sociétés, notamment la Grèce antique, il était même considéré comme dangereux de regarder son propre reflet, puisque cela signifiait que votre âme avait quitté votre corps et courait le risque d'être capturée par des esprits maléfiques ou des nymphes marines.

C'est pourquoi, il y a quelque quatre mille cinq cents ans, lorsque les premiers miroirs confectionnés par l'homme firent leur apparition, on les regarda comme des objets extraordinaires (le terme « miroir » vient d'ailleurs du latin *mirari* ou *mirus*, qui signifie « formidable », « merveilleux »). Les Grecs, les Romains, les Chinois, les Égyptiens et les habitants d'Amérique centrale croyaient tous que les miroirs étaient de puissants **talismans**, capables d'envoûter des hommes, d'embrouiller les mauvais esprits et d'enlever les âmes des vivants aussi bien que des morts. Tzatlipoca, le dieu aztèque de la Nuit, ne se serait jamais séparé de son miroir magique, qui enveloppait ses ennemis d'un nuage de fumée.

Jusqu'au XVIIe siècle, où ils furent finalement supplantés par les **boules de cristal**, les miroirs servaient également à prédire l'avenir. Le premier témoignage de divination à l'aide d'un miroir (ou « catoptromancie ») remonte à la Rome antique. On y utilisait de petits miroirs de métal poli pour définir l'espérance de vie des malades et des vieillards. Le voyageur grec Pausanias raconte qu'au IIe siècle, les voyants romains trempaient leur miroir dans l'eau, puis le tendait au malade. Si le visage de ce dernier s'y reflétait normalement, c'est qu'il se rétablirait ; si en revanche l'image était distordue, c'est qu'il était promis à la mort.

Les superstitions liées aux miroirs

De nos jours, l'optique a levé presque tous les mystères liés aux miroirs. Pourtant, nos vieilles superstitions ont la vie dure, qui conservent aux miroirs leur dimension magique. Voici dix des superstitions les plus répandues.

1. Briser un miroir attire sept ans de malheur. Cette croyance date du Ier siècle de notre ère, lorsque les Romains ajoutèrent ces sept années à une vieille superstition venue des Grecs. On peut cependant éviter le malheur en enterrant un fragment du miroir.
2. Lorsqu'un miroir tombe du mur, quelqu'un mourra bientôt.
3. Il faut couvrir les miroirs pendant un orage, de peur qu'ils n'attirent la foudre.
4. Les **vampires** et les **sorcières** ne se reflètent pas dans les miroirs, car ils n'ont pas d'âme.
5. Les miroirs peuvent piéger l'âme ; ils doivent être recouverts lorsque quelqu'un est mort.
6. Un miroir dont le cadre n'a que trois côtés a été utilisé par une **sorcière** pour voir au loin.
7. Il ne faut pas laisser un bébé se regarder dans un miroir pendant sa première année, pour éviter que sa jeune âme ne soit aspirée.
8. Une fois parée pour la noce, une jeune mariée ne doit pas voir son reflet avant la fin de la cérémonie, de peur d'attirer sur elle la malchance.
9. Regarder dans un miroir à la lueur des chandelles porte malheur, notamment la nuit de Halloween.
10. Pour rêver de votre futur grand amour, dormez avec un miroir sous l'oreiller.

La catoptromancie atteignit l'apogée de sa popularité vers l'an 1200, lorsque les verriers vénitiens perfectionnèrent leur art au point de fabriquer de grands miroirs bien lisses. En Europe, les voyants avaient pour habitude de tourner leur miroir vers le soleil (ou vers une autre source lumineuse) et de « lire l'avenir » dans les motifs complexes de lumière et d'ombre qui se reflétaient sur sa surface lisse. Selon Johannes Hartlieb, savant allemand du XVe siècle, certains voyants du Moyen Age prétendaient créer des miroirs enchantés qui pouvaient montrer aux hommes ce qu'ils désiraient le plus.

A la fin du XIIIe siècle, les miroirs étaient devenus tellement indissociables de la voyance et de la magie en général que la première question posée lors de procès en sorcellerie était la suivante : « Avez-vous mené des expériences avec des miroirs ? » A la même époque, cependant, le grand philosophe chrétien Thomas d'Aquin considérait les miroirs comme des instruments d'éveil de l'âme et expliquait que regarder son reflet pouvait aider un homme à mieux se comprendre et à définir sa place dans le monde. (Thomas d'Aquin fut même l'inventeur du terme « spéculer », dans le sens nouveau de « réfléchir, émettre des hypothèses », et dont l'étymologie latine signifie littéralement « interroger un *speculum* », c'est-à-dire un miroir.)

Beaucoup de récits populaires et d'œuvres de la littérature européenne décrivent également les miroirs comme des outils de connaissance, des fenêtres ouvrant sur de grandes vérités, des contrées lointaines et des merveilles inimaginables. Dans le conte médiéval *Parsifal*, le gardien du Saint-Graal peut voir ses ennemis approcher grâce à un miroir spécial, qui rappelle celui de Maugrey Fol'Œil. Dans *La Belle et la Bête*, la Belle trompe sa solitude en contemplant sa famille dans un miroir enchanté. Même le miroir de *Blanche-Neige* est un instrument de vérité et de connaissance de soi, puisqu'il informe la méchante reine, sans la ménager, qu'elle n'est plus la plus belle du royaume. Bien sûr, il existe des miroirs plus diplomates que d'autres ; certains, tel celui qu'entrevoit Harry dans la chambre au Chaudron baveur, ne prennent pas de pincettes : il lui suffit de regarder les cheveux de Harry pour lui annoncer que sa cause est désespérée !

L'histoire de miroir magique la plus populaire est sans doute celle d'*Alice au pays des merveilles*, de Lewis Carroll, dans laquelle la jeune Alice passe « de l'autre côté du miroir » et se retrouve dans un monde magique où tout et tous sont à l'envers – comme dans un miroir ! Les gens marchent à l'envers, lisent à l'envers, on en voit même qui se piquent le doigt et crient à l'envers ! Car les miroirs inversent tout, ce qui explique pourquoi, selon ce principe tout simple, le miroir du R-I-S-É-D reflète le D-É-S-I-R.

ES, 12

Momie

Ce que Parvati Patil craint par-dessus tout, c'est de rencontrer une momie – et franchement, qui l'en blâmerait ? Car la momie qu'elle a en tête n'est pas du genre à rester tranquillement allongée dans un sarcophage, à dormir dans un musée jusqu'à la fin des temps. Parvati Patil pense plutôt à ces momies que l'on rencontre dans les films d'horreur – des monstres à la démarche pesante et saccadée, qui poursuivent leurs victimes les bras tendus et dont les bandages se déroulent à chaque pas.

Bien que le terme « momie » désigne tout cadavre préservé pendant une durée inhabituelle, notre conception de la momie enroulée dans ses bandelettes nous vient de l'Égypte antique et de sa méthode de momification. Les Égyptiens vidaient le corps de tous ses fluides et l'embaumaient ensuite à l'aide d'un mélange chimique très particulier appelé natron, puis ils l'enveloppaient de linge propre. Depuis le IIIe millénaire et jusqu'en 200 apr. J.-C., les Égyptiens conservèrent ainsi des millions de cadavres humains et animaux, dont ils enfermaient ensuite les restes dans des pyramides, des tombeaux souterrains ou de vastes et complexes nécropoles – les cités des morts. Si les Égyptiens se donnaient tant de mal, c'est qu'ils croyaient que les âmes des défunts exigeaient un corps intact pour accomplir leur voyage dans l'au-delà. Ils pensaient aussi que, durant certaines cérémonies religieuses importantes, il arrivait qu'une âme (ou *ka*) réintègre son corps momifié pour entrer en communication avec les vivants.

Cette pratique cessa autour du Ier siècle. Néanmoins, les momies ne quittèrent jamais l'imaginaire collectif. Pendant l'époque médiévale, la poudre de momie broyée était une composante de choix de beaucoup de remèdes et **potions**. Après la campagne d'Égypte de Napoléon, en 1798, les momies devinrent des curiosités historiques fort recherchées des collectionneurs. L'aventurier italien Giovanni Belzoni fit fortune en pillant des tombeaux égyptiens ; il accaparait les momies et les exhibait à travers l'Europe. Dans les années 1830, un ami de Belzoni, Thomas Pettigrew, se spécialisa dans l'effeuillage de momies, spectacle qui attirait un public si nombreux qu'il fallut un jour, dit-on, refouler l'archevêque de Canterbury en personne ! A la fin du XIXe siècle, il était possible d'acheter une momie authentique dans n'importe quel hôtel des ventes britannique, et tout *gentleman* digne de ce nom se devait d'en héberger une ou deux au grenier (simplement pour se donner un peu le frisson, suppose-t-on).

Il ne fallut pas longtemps pour que ces macabres activités excitent l'imagination fertile d'auteurs divers, qui se mirent à publier de gros succès de librairie, mettant en scène des momies ramenées à la vie. Dans le récit humoristique d'Edgar Allan Poe, *Conversation avec une momie*, publié en 1845, un groupe de messieurs fanatiques d'antiquités égyptiennes se glisse de nuit dans un musée et ressuscite par électrocution un cadavre momifié. Quelle n'est pas leur surprise lorsqu'ils découvrent que leur cobaye n'est pas le monstre primaire et brutal auquel ils s'attendaient, mais un noble doucereux âgé de trois mille ans, qui en sait plus sur l'astronomie, la physique et la science en général que tous ces éminents victoriens réunis ! La seule invention moderne qui étonne vraiment la momie de Poe est une petite pastille à la menthe pour rafraîchir l'haleine !

L'histoire de momie la plus édifiante jamais écrite en langue anglaise[1] est sans doute *Lot numéro 249*, de Sir Arthur Conan Doyle, parue en 1892. Dans ce récit, qui met en scène une momie revenue à la vie pour commettre crimes et ravages, le père de Sherlock Holmes décrit « une chose horrifiante et desséchée », qui marche sur ses ennemis « avec ses yeux jetant des éclairs et ses bras décharnés tendus devant elle ». Cette description frappa tant les esprits qu'elle inspira un millier d'imitateurs et établit définitivement la réputation monstrueuse de la momie.

De nos jours, il y a presque autant de films, de romans et de nouvelles sur les momies qu'il y eut jadis de momies en Égypte. Mais n'en dites rien à Parvati Patil. Elle est déjà bien assez occupée à combattre un seul monstre à la fois !

PA, 7

Morgane

C'est à sa capacité d'envoûter, de voler dans les airs, de se métamorphoser en animal et d'utiliser les plantes

1. Impossible, ici, de ne pas signaler au lecteur français qu'il n'est pas trop tard pour dévorer *Le Roman de la momie* (1858) de Théophile Gautier ! (N.d.T.)

magiques comme remèdes que la **sorcière** Morgane doit d'avoir gagné son statut de carte de Chocogrenouille.

Sœur ou demi-sœur du roi Arthur, Morgane est un personnage complexe que l'on retrouve dans la littérature et les légendes de Grande-Bretagne, d'Italie et de France. Qu'elle choisisse d'apparaître sous les traits d'une déesse, d'une **sorcière**, d'une **harpie**, d'une guérisseuse ou d'une **fée**, sa forte personnalité et ses talents surnaturels en font une figure « incontournable » de l'univers magique.

Morgane fait ses débuts dans le cycle arthurien au XIIIe siècle, lorsque Geoffroy de Monmouth évoque une certaine « Morgan le Fay » (la Fée), femme belle et instruite, dotée de pouvoirs de guérison, sachant en outre voler et changer d'apparence. Elle vit avec ses huit sœurs sur l'île d'Avalon. Lorsque Arthur est blessé au cours de son ultime bataille, Morgane le transporte dans son île, le couche sur un lit d'or et lui rend la santé. Dans des récits ultérieurs, on raconte que c'est **Merlin** qui lui aurait enseigné tout ce qu'elle sait.

Fata Morgana

Morgane a donné son nom à l'un des phénomènes de mirage les plus connus, le *Fata Morgana.* Cette illusion d'optique, qui se produit au-dessus du détroit de Messine, entre l'Italie et la Sicile, paraît tout d'abord un ensemble de châteaux à tourelles surgissant de la mer à travers le brouillard. Si l'on regarde plus attentivement, l'une des tours se transforme en une silhouette – dont on dit qu'il s'agit de Morgane – flottant au-dessus des vagues. Ce spectacle étonnant proviendrait de l'action conjuguée de couches d'air humide, qui déforment et amplifient l'image des falaises et des maisons situées sur les rives du détroit.

A la fin du Moyen Age, lorsque la **sorcellerie** devint hautement suspecte en Europe, une femme puissante aux nombreux pouvoirs de magicienne ne pouvait qu'attirer sur elle le soupçon, même si elle n'opérait que dans la fiction. Il en résulta de nouvelles variantes de la légende arthurienne, qui présentaient de la fée Morgane un portrait beaucoup moins flatteur. Dans *La Mort d'Arthur* de Sir Thomas Malory, Morgane est devenue un personnage profondément malfaisant, qui utilise ses pouvoirs pour détruire son frère, la reine et sa cour. Sachant Arthur vulnérable sans son épée magique Excalibur, elle la lui vole et la remet à l'ennemi juré du roi, dans l'espoir qu'il s'en servira pour le tuer. Une autre fois, Morgane donne à son frère, qui ne se doute de rien, une cape enchantée en gage de paix. Au moment de s'en couvrir, il évite de justesse d'être réduit en cendres. Prise en chasse par les hommes d'Arthur, Morgane leur échappe en se transformant en pierre.

Au-delà de l'imagerie arthurienne, Morgane apparaît dans le folklore irlandais comme une fée malveillante aimant faire peur aux humains et, dans le folklore écossais, comme la maîtresse d'un château habité par une bande de créatures maléfiques. Dans le poème épique italien *Orlando furioso*, Morgane est une enchanteresse vivant au fond d'un lac et distribuant des trésors à ceux qu'elle apprécie. Elle est également apparentée aux Morganes – des **sirènes** dont on dit qu'elles vivent au large des côtes françaises. Conformes à la double image de Morgane, il n'est pas étonnant que, au fil de certains récits, les sirènes entraînent les marins vers une mort effroyable, alors que dans d'autres, elles les conduisent à un sublime paradis sous-marin.

ES, 6

Nain

Aller livrer des cartes de Saint-Valentin chantantes à des **sorciers** de treize ans n'est pas exactement l'ordinaire d'un nain. Selon la légende, ces petits gars barbus et costauds passent le plus clair de leur temps à travailler sous terre, dans des mines de fer ou de minerais précieux. Ce dur labeur étant leur plus grande fierté, on comprend bien qu'ils n'aillent pas faire ces pitreries à Poudlard de bon cœur…

Dans le folklore allemand et scandinave, les nains sont une catégorie de petits êtres surnaturels chargés de surveiller de fabuleux trésors profondément enfouis dans le sol. Ayant le pouvoir de disparaître ou de prendre la forme qu'ils désirent, ils choisissent souvent de se montrer sous les dehors d'homoncules macrocéphales affublés d'une longue barbe grise et de jambes et de pieds difformes. Néanmoins, les nains sont des créatures fort sociables, qui vivent en communauté à l'intérieur des montagnes, dans des grottes ou de magnifiques palais souterrains. Ils s'habillent généralement de couleurs ternes, ce qui leur permet de se fondre facilement dans un paysage de roches et d'arbustes et d'aller et venir entre le sous-sol et la surface sans attirer les regards indiscrets des humains. Dans certaines régions, la tradition veut que les nains, comme les **trolls**, soient changés en pierre au contact de la lumière du soleil.

Les nains sont des métallurgistes hors pair. Leurs pouvoirs magiques les guident vers les plus gros gisements de métaux précieux. Les plus habiles travaillent l'or et l'argent, conçoivent des bijoux et des bibelots plus beaux qu'aucun objet jamais fabriqué de main humaine. D'autres forgent le fer et en font des armes redoutables, dotées de pouvoirs magiques. Thor, le dieu nordique de la Foudre, s'en remettait toujours à des nains pour façonner son attribut le plus important – un puissant marteau qui, lorsqu'il le lançait, faisait éclater des éclairs avant de revenir docilement dans sa main. Les nains travaillaient aussi pour Odin, le dieu suprême du monde scandinave, pour qui ils avaient créé une lance magique qui ne manquait jamais sa cible.

Dans certaines contrées d'Allemagne, on dit qu'il arrive aux mineurs de tomber nez à nez avec des nains, notamment lorsqu'ils transpercent un mur souterrain et se retrouvent dans l'atelier ou le palais de ces petites créatures. Si les humains ne se montrent pas grossiers, les nains ne s'offusquent pas de leur involontaire intrusion et peuvent même, à l'occasion, leur indiquer l'emplacement des plus riches filons de minerai. En outre, en cas de risque d'éboulement ou de coup de grisou, ils donnent l'alerte dans la mine. Mais, si on ne les traite pas avec le respect qui leur est dû, il arrive que ces petits êtres provoquent eux-mêmes ces catastrophes. Et qu'un mineur s'avise follement de leur voler de l'or ou des joyaux, non seulement il se verrait frappé de malchance, mais, en rentrant chez lui, il constaterait que son beau trésor s'est transformé en un tas de feuilles.

Dotés d'une espérance de vie de plusieurs centaines d'années et forts de leur capacité à discerner l'avenir, les nains ont acquis une réputation de grande sagesse. La légende dit que, dans certains villes allemandes, les nains daignaient parfois en faire profiter les humains, les conseillant, leur racontant des histoires et donnant un coup de main pour les tâches ménagères, en échange d'un coin chaud où dormir pendant les longs mois d'hiver. Mais lorsque les humains commencèrent à poser trop de questions sur les pieds de leurs petits hôtes (que ceux-ci dissimulaient sous de longs manteaux), les nains décidèrent de prendre de la distance. Les hommes, trop curieux, répandirent des cendres sur le sol de leurs maisons, dans l'espoir que les nains y laisseraient des empreintes révélatrices. Mais les nains, très susceptibles dès que l'on touchait à leur apparence physique, se fâchèrent et quittèrent la ville, retournant pour toujours dans l'ombre de leurs logis souterrains. On a bien tenté de dire que les nains avaient des pieds d'oie, de corbeau ou de bouc, ou encore des pieds humains, mais montés à l'envers : ce ne sont que des rumeurs…

CS, 13

Pétrification

En un sens, nous savons tous ce que veut dire « être pétrifié » : nous l'éprouvons lorsque la peur nous saisit et nous rend incapables du moindre mouvement. Heureusement, aucun de nous, comme Hermione, n'a été pétrifié au sens littéral du terme, c'est-à-dire transformé en pierre.

Dans la mythologie grecque, nombre d'âmes infortunées se sont retrouvées ainsi totalement paralysées, condamnées à l'immobilité éternelle. Certaines avaient été victimes de la gorgone Méduse, que son effroyable visage et sa chevelure de **serpents** rendaient si monstrueuse que tous ceux qui levaient les yeux sur elle étaient instantanément changés en pierre. La caverne dans laquelle elle vivait était remplie des statues de tous ceux qui avaient osé l'approcher. Méduse fut finalement vaincue par le jeune héros Persée, qui lui trancha la tête en regardant son reflet dans son bouclier, évitant ainsi d'affronter directement le regard fatal du monstre. La tête de Méduse ayant néanmoins conservé son pouvoir pétrificateur, Persée emporta son trophée dans la plupart de ses aventures, le tendant à bout de bras pour arrêter ses ennemis.

Changer les gens en pierre n'était pas un plaisir réservé à des monstres tels que Méduse. La pétrification était l'une des punitions favorites des dieux de l'Olympe, notamment contre les humains qu'ils jugeaient arrogants ou désobéissants. Parmi eux, on retiendra le cas de Niobé, reine de Thèbes, qui fâcha les dieux en se vantant d'avoir eu douze enfants, alors que la déesse Léto n'en avait que deux. Devant l'insulte faite à leur mère, les fils de Léto, Apollon et Artémis, descendirent des cieux et frappèrent tous les enfants de Niobé de flèches mortelles. Leur mère se mit à pleurer sans pouvoir s'arrêter. Dans son chagrin, elle se laissa tomber sur le sol et fut changée en une pierre, condamnée à rester toujours humide de ses larmes.

La pétrification est aussi un motif privilégié du folklore. Il suffit qu'une formation rocheuse inhabituelle excite l'imagination pour que l'on soit tenté d'y reconnaître une silhouette humaine ou animale. Dans une ville d'Allemagne où les falaises ressemblent à des formes humaines (du moins pour qui est prêt à le croire), les gens du cru racontent depuis fort longtemps l'histoire de ces **nains** de montagne qui célébraient un mariage en plein air, lorsqu'ils furent changés en pierre par un **fantôme** maléfique. En Scandinavie, on dit souvent de rochers aux formes bizarres qu'ils sont les corps pétrifiés de **trolls** qui n'auraient pas réussi à regagner leur tanière souterraine avant le lever du jour.

Dans le folklore britannique, on attribue à la pétrification les centaines de cercles de pierres disséminés à travers le pays, mystérieux monuments qui furent en réalité conçus par les peuples préhistoriques d'Europe occidentale, entre 3000 et 1200 av. J.-C. Une légende locale intitulée *Meg la longue et ses filles* prétend ainsi qu'un cercle de pierres du comté de Cumbria était à l'origine une réunion de sorcières qui furent surprises et changées en pierre par un magicien. L'un des cercles de Stanton Drew, dans l'Avon, serait en fait un groupe de jeunes mariés, de danseurs et de musiciens tous pétrifiés par le diable, qui se serait joint à la noce *incognito.*

Les États-Unis ne sont peut-être pas semés de rochers à l'allure fantaisiste[1], mais cela n'a pas empêché les Américains

1. Encore qu'il faille mentionner le « Old Man of the Mountain » (Vieil Homme de la Montagne), dans le New Hampshire, sur lequel courent nombre de légendes indiennes. (N.d.T.)

de s'intéresser aux histoires de pétrification. Au XIXe siècle, les journaux américains publièrent des dizaines de comptes rendus de découvertes de corps pétrifiés enterrés dans le sol, assis sur des rochers ou momifiés dans des troncs d'arbres. On y lisait même les témoignages d'hommes qui avaient vu de leurs propres yeux des gens se faire pétrifier ! Tous étaient des traquenards manigancés par des journalistes peu scrupuleux qui avaient des pages à remplir et un public très crédule à divertir. Tentant de dénoncer ces supercheries, Mark Twain, l'auteur de *Huckleberry Finn*, écrivit une histoire totalement invraisemblable. A son grand désespoir, la seule réaction de ses lecteurs fut d'attendre la suite avec impatience – ce qui prouve au moins son talent d'écrivain !

CS, 9

Phénix

Le fait le plus marquant concernant le Phénix (comme l'apprend Harry tandis qu'il patiente dans le bureau de Dumbledore), c'est que, à intervalle régulier – tous les cinq cents ans environ –, cet oiseau de légende prend soudain feu, est réduit en cendres et renaît de ces restes.

Dans la mythologie grecque et égyptienne, ce cycle de mort et de renaissance par combustion était calqué sur celui du soleil, qui « meurt » chaque soir, plonge dans les ténèbres et renaît le jour suivant. Au Moyen Age, le Phénix entra dans le symbolisme chrétien, pour y représenter la mort, la résurrection et la vie éternelle. Aujourd'hui, il serait plutôt la métaphore d'une victoire contre l'adversité. De celui qui a dépassé une défaite ou qui s'est remis d'une calamité, on dit qu'il

« renaît de ses cendres ». Bien que sous une forme différente, le Phénix se retrouve également dans la mythologie chinoise, où il incarne depuis des siècles la puissance, l'intégrité, la loyauté, l'honnêteté et la justice.

Les classiques grecs et romains nous rapportent qu'il n'existait qu'un seul Phénix au monde et qu'il vivait en Arabie, près d'un puits d'eau fraîche dans lequel, tous les matins, il se baignait en chantant une douce mélodie. « Une partie de son plumage a la couleur de l'or, l'autre est écarlate ; par la forme et le volume, il ressemble beaucoup à un aigle », décrit l'historien grec Hérodote. Mais il prévient aussi ses lecteurs : « Je ne l'ai pas vu moi-même, si ce n'est en image. »

Le repas typique du Phénix se compose d'encens, de cannelle et de myrrhe. Lorsqu'il sent sa fin proche, il ramasse des morceaux de bois et d'écorces de ces plantes aromatiques et se bâtit un nid – d'aucuns diront un bûcher funéraire – au sommet d'un palmier ou d'un chêne. Là, il bat très vivement des ailes jusqu'à prendre flamme ; et, lorsqu'il est réduit à un tas de braises rougeoyantes, on voit renaître de ces cendres un oisillon frais et dispos. Après avoir repris des forces et essayé ses ailes, le nouveau Phénix récolte ses cendres, les scelle dans un œuf fait de myrrhe et les porte au temple du Soleil à Héliopolis, en Égypte, où il place l'œuf sur un autel dédié à Rê, dieu du Soleil. Le Phénix est alors libre de retourner en Arabie et de vivre cinq siècles d'une nouvelle vie.

Bien que Fumseck, le phénix de Dumbledore, ressemble par bien des aspects à l'oiseau mythologique, il tient aussi du Phénix chinois. Traditionnellement, c'est ce dernier que l'on voit, serres dressées et ailes déployées, attaquer des **serpents** tels que le **basilic**. Si l'on veut bien considérer que les larmes de Fumseck ont le pouvoir de soigner les blessures et que les plumes de sa queue décuplent le pouvoir d'une baguette magique, force est de constater qu'il nous reste beaucoup de secrets à apprendre de cet oiseau hors du commun.

CS, 12

Pierre philosophale

Depuis des siècles, la substance magique légendaire connue sous le nom de Pierre philosophale incarne les deux rêves les plus chers à l'humanité : la vie éternelle et la richesse infinie. Lord Voldemort espérait dérober la pierre conservée à Poudlard pour recouvrer ses forces, revenir au pouvoir et promouvoir la **magie** noire à travers le monde. Bien d'autres, hommes réels ou héros de fiction, sont partis en quête de la pierre, pour fabriquer de l'or ou créer l'élixir de vie, cette **potion** censée procurer l'immortalité à quiconque la boirait.

La légende de la Pierre philosophale est née de l'alchimie, un art ancien fondé vers le Ier siècle à Alexandrie, en Égypte, et qui consistait à transformer les métaux non précieux en argent ou en or. Ses fondateurs concevaient l'alchimie (du grec *kemeia*, « transmutation ») comme un processus scientifique, nécessitant l'utilisation de fourneaux, de produits chimiques et de tout un équipement de laboratoire. On y faisait entrer du fer, du plomb, de l'aluminium, du mercure et d'autres métaux. Après une suite d'opérations secrètes, on obtenait… de l'or. L'impossibilité de cette transformation (les lois de la physique n'étaient pas différentes alors de ce qu'elles sont aujourd'hui) n'empêcha pas les premiers alchimistes de croire qu'ils avaient réussi. Ils étaient en réalité très

L'alchimie, loin d'être une science exacte, tournait plus souvent mal que bien. Ces alchimistes du XVIe siècle paraissent plus perplexes qu'enthousiastes !

La fabrication de la Pierre : une théorie fondatrice

Bien que le but de l'alchimie puisse paraître quelque peu fumeux à nos esprits modernes, il était parfaitement sensé pour ses adeptes de l'Antiquité et du Moyen Age. Selon les théories des premiers philosophes grecs, qui firent autorité jusqu'à l'aube de la science moderne, tout dans le monde physique était constitué d'une substance fondamentale appelée « matière première », laquelle pouvait présenter des caractéristiques diverses, mais qui demeurait la composante de départ. On pensait en outre que toute matière était vivante. Métaux, minéraux, plantes et animaux contenaient tous un « esprit universel », ou force de vie, que les philosophes grecs nommaient *pneuma* (c'est-à-dire « souffle » ou « vent »).

Forts de cette vision du monde physique, les alchimistes trouvaient tout à fait naturel de commencer par des métaux vils tels que le fer ou l'aluminium, de les rendre à leur état de « matière première » (en les chauffant dans des fours et en les exposant aux acides et aux réactifs), pour ensuite la remodeler en or. Les alchimistes de la Grèce et de l'Égypte antiques croyaient pouvoir catalyser cette transformation en ajoutant au métal une petite quantité d'or pur ; celui-ci, doué de vie, était censé agir comme une graine que l'on plante et faire pousser une plus grande quantité d'or, en utilisant la matière première comme engrais.

Les alchimistes médiévaux, quant à eux, pensaient qu'en chauffant leurs mélanges, ils en feraient sortir la *pneuma* sous forme d'un gaz qui, associé à d'autres vapeurs, pourrait être récupéré dans des alambics et conservée sous forme liquide. En distillant encore et en raffinant ce liquide plusieurs centaines de fois – voire pendant des années –, les alchimistes pensaient qu'ils finiraient par obtenir une essence concentrée, purifiée et extrêmement puissante de *pneuma* : la fameuse Pierre philosophale. Ajoutée à la matière première, elle devait en théorie métamorphoser cette matière en sa forme la plus parfaite : l'or pur. Prise sous forme d'élixir, puisqu'elle était l'essence de la force de vie, elle devait guérir tous les maux et conduire à la vie éternelle.

doués pour colorer les métaux et pour produire des alliages qui ressemblaient à de l'or ou en contenaient parfois suffisamment pour passer pour de l'or pur.

Au cours des siècles suivants, la connaissance alchimique se concentra dans le monde arabe. Elle revint finalement en Europe autour de l'an 1200, lorsque les travaux des alchimistes arabes furent traduits en latin. Ces manuscrits – remplis de formules complexes et décrivant des installations fort sophistiquées et totalement révolutionnaires – furent une révélation pour les érudits et les hommes d'Église qui les découvrirent. Ainsi, il existait depuis plus de mille ans un moyen de produire des richesses fabuleuses, et les plus grands esprits d'Europe n'en avaient jamais rien su ! Désormais, croyaient-ils, cette méthode était à portée de main.

Le leurre de l'alchimie était irrésistible. A la fin du XIVe siècle, elle fleurissait à travers toute l'Europe occidentale. La plupart des gens en avaient entendu parler et elle avait des centaines, sinon des milliers d'adeptes. En outre, une nouvelle idée s'était fait jour : au lieu de transformer directement des métaux courants en or, comme l'avaient voulu les premiers alchimistes, ceux du Moyen Age (tel Nicolas **Flamel**) ambitionnaient de mettre au point une nouvelle substance – un catalyseur d'une puissance extraordinaire qui, ajouté à ces métaux, déclencherait leur métamorphose en or, comme si Midas les avait touchés. Cette substance prit le nom de « Pierre philosophale ». A mesure que se brodait autour d'elle tout un folklore, on se mit à lui prêter le pouvoir de soigner certaines maladies et de prolonger la vie à l'infini.

La saga des fausses pierres ou les supercheries alchimiques

Pour prouver qu'il détenait un morceau de l'authentique Pierre philosophale, l'alchimiste malhonnête avait-il meilleur moyen que d'en faire la démonstration ? Beaucoup d'habiles mises en scène furent conçues à cette fin, mais la méthode la plus convaincante restait celle qui permettait au client potentiel de *voir* de ses yeux la métamorphose. Opération moins difficile qu'on pourrait le croire…

Le faux alchimiste versait une petite quantité de mercure dans un creuset (sorte de bol en porcelaine utilisé pour fondre les métaux) et le faisait chauffer dans un four. A grand renfort d'effets théâtraux, il exhibait ensuite un petit tube de poudre rouge, censée contenir un extrait de la fameuse pierre. Après avoir ajouté au mercure une pincée de poudre – une pincée ! –, il continuait de mélanger le tout, toujours sur le feu. Alors que beaucoup de réactions alchimiques prenaient des semaines, voire des mois, il ne fallait ici que quelques minutes pour que le mercure change mystérieusement de couleur, passant de l'argenté à l'or. Une fois ôté du feu, il se solidifiait en une pépite brillante. Bizarrement, quiconque avait quelques connaissances en matière de métaux pouvait vérifier que cette pépite n'avait pas seulement l'apparence de l'or : c'en était bel et bien !

Le secret de cette apparente métamorphose était un mélange savant de chimie et de canular. Le point d'ébullition du mercure, en effet, est plus bas que celui de l'or : telles sont les lois de la chimie. Quant au canular, il consistait en une innocente baguette avec laquelle l'alchimiste touillait ses ingrédients. Ce qui paraissait n'être qu'une tige de métal noir et solide était en fait un tube creux, bouché à la cire noircie, dans lequel le charlatan avait préalablement enfermé une petite quantité de poudre d'or. Plongée dans le mercure chaud, la cire fondait, laissant s'échapper la poudre, qui se mélangeait dans le creuset. On augmentait alors la chaleur et le mercure s'évaporait à l'intérieur du fourneau, ne laissant que l'or et, avec un peu de chance, un résidu de la Pierre (en fait, un morceau de craie colorée) que le faux alchimiste vendait à prix d'or… avant de prendre la poudre d'escampette !

Bien que la pierre fût, par ses applications, une substance magique, on la disait d'origine réellement naturelle. Tout un chacun pouvait donc la fabriquer. Ce qui ne veut pas dire que c'était là chose facile... Les manuels d'alchimie étaient difficiles à dénicher et plus difficiles encore à déchiffrer. Non seulement ils étaient écrits en latin (que seuls pouvaient lire les lettrés et les ecclésiastiques), mais les auteurs les avaient en outre volontairement cryptés, pour éviter que ces secrets ne tombent entre de mauvaises mains. Ainsi, au lieu d'utiliser l'expression courante *« aqua regia »*, qui désigne un mélange d'acides nitrique et chlorhydrique, les alchimistes préféraient parler de « Dragon vert » et de « Corbeau noir » au lieu de plomb. Pour peu que l'on parvînt à percer le sens de ces documents, encore fallait-il disposer de fourneaux, de métaux, de produits chimiques et de tout le matériel pour établir un laboratoire d'alchimiste – et d'une bonne dose de patience, car la pierre insaisissable ne se livrait parfois qu'après des mois, voire des années de recherches. Néanmoins, nombreux étaient ceux qui souhaitaient consacrer leur vie à cette tâche. L'alchimie était perçue comme une quête spirituelle autant que matérielle, et les hommes qui la pratiquaient croyaient que, en restant dévoués à leur cause, ils trouveraient de l'or en eux-mêmes et deviendraient meilleurs.

La pierre était trop populaire pour que des escrocs imaginatifs ne soient pas tentés de soulager les apprentis alchimistes de leurs économies en leur faisant miroiter « la richesse à portée de main ». Ils utilisaient en général des tours de passe-passe ou des montages mécaniques pour donner l'illusion qu'ils changeaient le plomb en or. Puis ils vendaient au client abusé la pierre censée avoir causé ladite transformation, et parfois aussi tout le laboratoire et les ingrédients. Escrocs et alchimistes se mettaient quelquefois en danger en prétendant posséder la pierre, car ils pouvaient devenir la proie des voleurs. Pour cette raison, la plupart des alchimistes opéraient en secret.

L'alchimie resta d'actualité jusqu'à la fin du XVIIe siècle, lorsque les théories sur lesquelles elle reposait firent place à celles, plus fiables, de la chimie moderne. Les alchimistes ne réalisèrent jamais leur rêve impossible. Néanmoins, ils découvrirent bel et bien d'importants produits chimiques, utiles à la science et à la médecine. Ils inventèrent aussi les techniques élémentaires de la recherche en laboratoire et conçurent la quasi-totalité du matériel utilisé jusque vers 1650.

ES, 13

Pitiponk

Ron Weasley n'est pas le seul voyageur à s'être retrouvé enfoncé dans la boue jusqu'à la taille, après sa rencontre avec cette petite bestiole à une jambe qui porte le doux nom de Pitiponk.

Dans le folklore de l'ouest de l'Angleterre, on raconte que le Pitiponk rampe la nuit dans les lieux isolés en attendant le voyageur égaré ; il allume alors une lanterne et s'approche. Le pauvre routard, soulagé d'entrevoir une lumière au loin, se

Cet infortuné promeneur gallois échappe de peu au piège tendu par un pwca, *proche cousin du Pitiponk, qui l'a attiré jusqu'au bord d'une falaise.*

dirige vers elle en pensant qu'il s'agit d'un de ses compagnons. Soudain, il se retrouve au fond d'une fosse, englué dans un marécage ou dégringolant d'une falaise – pour le plus grand plaisir du Pitiponk.

D'autres esprits du même acabit – que l'on reconnaît à leur lumignon tremblotant et à leur appétence à piéger de pauvres globe-trotters sans défense – parcouraient la campagne anglaise. On ne compte plus les récits de voyageurs tournant en rond, tombant dans un trou, perdant leur chargement ou bien se retrouvant à l'extrême nord alors qu'ils marchaient plein sud.

Faut-il en rendre responsable le paysage anglais, si riche en marécages et en tourbières, recouvert de landes aux détours trompeurs, surtout la nuit ? Pendant des siècles, plutôt que d'incriminer ces pièges naturels, on a préféré croire aux mauvais tours d'êtres surnaturels. On disait de certains qu'ils étaient des **démons**, d'autres des **fantômes** dont l'âme ne pouvait trouver la paix, d'autres encore des gardiens de trésor, faisant miroiter aux hommes des richesses qu'ils ne pourront jamais attraper.

PA, 16

Poltergeist

Vous entendez des grands « boum » pendant la nuit ? Réjouissez-vous : vous hébergez peut-être un Poltergeist. Ces « **fantômes** bruyants » (leur nom signifie littéralement « esprit frappeur » en langue allemande) sont d'authentiques pestes. A la différence des fantômes, des apparitions et de la majorité des esprits, les Poltergeists ne hantent pas une maison ou un édifice précis. Ils s'attachent au contraire aux personnes, qu'ils suivent partout où elles vont. Leurs victimes sont souvent jeunes, notamment des adolescents, dont on dit qu'ils attirent tout particulièrement les forces surnaturelles.

Si Peeves, l'esprit frappeur attitré de Poudlard, est visible de ceux qu'il persécute, la plupart des Poltergeists demeurent invisibles. Ils s'annoncent en général par des craquements sinistres ou des coups frappés sur les murs – d'où leur réputation de voisins dérangeants. Certains, de caractère particulièrement violent ou exécrable, retourneraient aussi les meubles, mettraient le feu ou feraient voler les gens à travers la pièce. Cependant, la passion de Peeves pour les bombes à eau semble être une exception.

Des témoignages évoquant des bruits inexpliqués, des vols de tables et de chaises et autres phénomènes similaires circulaient déjà voici plus de deux mille quatre cents ans. Andocide, orateur et homme d'État athénien du Vᵉ siècle av. J.-C., parle d'une de ses connaissances qui « avait chez elle un esprit malin qui dérangeait sa table ». Quelque cinq cents ans plus tard, l'historien latin Suétone rapporte la triste expérience vécue par un aristocrate, « jeté hors de son lit par une force inconnue », et que l'on retrouva le lendemain matin « à demi conscient, couché devant la porte au milieu de ses draps épars ». Cependant, le terme spécifique de Poltergeist dut attendre le XIXᵉ siècle pour entrer dans le vocabulaire courant.

Les avis sont partagés quant à la vraie nature des Poltergeists. Certains spécialistes affirment que ce sont en fait des « perturbations psychiques » générées par des jeunes gens aux facultés hors du commun. Pour les sceptiques, ces « perturbations » sont des canulars montés par des adolescents à l'imagination débridée. Mais, si l'on en croit ceux qui les subissent, ces manifestations demeurent le fait d'un esprit extrêmement mesquin et puéril. Cette dernière caractéristique est le sujet même d'un fameux conte anglais du XIXᵉ siècle, *Le Cas du fantôme de Stockwell*, dans lequel l'esprit en question se plaît à renverser les tonnelets de bière et à jeter des œufs pourris aux chats. En règle générale, il vaut mieux ne pas sous-estimer les trésors de méchanceté d'un Poltergeist : plus d'un ont incendié des maisons, occupants compris.

A l'époque contemporaine, les Poltergeists ont fait l'objet d'un regain d'attention, notamment à la télévision ou au cinéma. On en apercevrait encore régulièrement en Europe et en Amérique. Heureusement, au bout de quelques jours, ces fléaux domestiques disparaissent souvent d'eux-mêmes.

ES, 7

Potion

Les potions, breuvages extraordinaires composés d'ingrédients tout aussi extraordinaires, font depuis toujours partie de la panoplie de l'apprenti **magicien**. Les **sorcières** de la mythologie antique concoctaient des potions de jouvence, d'invisibilité ou capables de changer les hommes en animaux. Les légendes médiévales et les contes de fées sont remplis de cocktails qui font dormir, de philtres d'amour, de potions d'oubli ou de mixtures éveillant la jalousie. Alice, lors de son voyage au pays des merveilles, boit successivement une potion qui la fait rétrécir, puis une autre qui la fait grandir. Et c'est aussi une potion qui métamorphose Harry et Ron – du moins en apparence – en deux personnages qu'ils ne portent pas vraiment dans leur cœur : Crabbe et Goyle.

Les légendes vantant les pouvoirs magiques des potions (du latin *potio*, « boisson ») trouvèrent sans doute leur origine dans les effets réellement provoqués par certaines substances sur le corps et l'esprit. Des mélanges soporifiques, des toniques suscitant des hallucinations, qui paralysent, accélérant ou ralentissant le rythme cardiaque, éclaircissant ou embrumant les idées, toute cette pharmacopée « magique » est employée depuis une éternité, pour nuire ou pour guérir. Dès

Même les plus nobles dames ne dédaignaient pas de recourir aux philtres et aux potions magiques, pour leurs propres besoins ou pour donner à leur fille le conjoint idéal.

lors, il n'est pas difficile d'imaginer que, pourvu qu'elle renferme les ingrédients adéquats, une potion puisse faire changer le corps d'apparence ou les sentiments de nature.

Ce qui frappe dans la plupart des potions (et celles du livre de recettes de Poudlard n'échappent pas à la règle), c'est le nombre d'ingrédients insoutenables entrant dans leur composition. Cette honorable tradition remonte à la Grèce et à la Rome antiques, où les potions, utilisées comme remèdes autant que comme breuvages magiques, contenaient sans vergogne du sang de chauve-souris, des scarabées écrasés, des **crapauds**, des plumes, des lézards en poudre, des griffes d'oiseaux ou d'animaux divers, des squelettes de **serpents**, des entrailles animales et au moins autant d'herbes fraîches ou séchées. Mais la liste ne s'arrête pas là et, comme les trois sorcières du *Macbeth* de Shakespeare, on peut tout à fait ajouter à sa mixture un œil de triton, un orteil de grenouille, de la fourrure de chauve-souris ou une lichette de langue de chien.

Pourquoi des scarabées ? Pourquoi des crapauds ? Il semble ne pas y avoir d'explication rationnelle à la plupart de ces choix. Reconnaissons qu'un esprit moderne s'y perd volontiers… Cependant, l'usage de certaines parties d'animaux rappelle cette vieille croyance selon laquelle en mangeant un animal, on s'en appropriait les qualités. Par exemple, puisque les chauves-souris voient dans le noir, boire une potion contenant un œil de chauve-souris (ou se frotter les yeux avec du sang de chauve-souris) était supposé améliorer la vue. De même, les pattes de lièvre rendaient plus rapide et la chair ou les écailles de tortue (animal qui vit très vieux) augmentaient la longévité. Ron et Harry obéissent à ce même principe lorsqu'ils ajoutent à leur Polynectar des cheveux de Crabbe et de Goyle, dans le but de s'approprier les qualités physiques de leurs ennemis. (Une vieille superstition recommandait d'ailleurs de ne pas laisser traîner de cheveux ou de rognures d'ongles à portée d'un **sorcier** ou d'une sorcière, de peur qu'il ne les ramasse et ne les utilise contre leur propriétaire.)

Quant à l'utilisation presque systématique de **crapauds** ou d'extraits de crapaud, elle s'explique sans doute par la propriété qu'ont certains de ces animaux de sécréter une substance venimeuse en cas de danger – par exemple lorsqu'ils voient s'approcher un chaudron ! Cette substance toxique, appelée parfois « lait de crapaud », peut provoquer des hallucinations et produit sur le cœur un effet comparable à celui de la digitaline (qui renforce les contractions du muscle cardiaque tout en ralentissant les pulsations).

C'est aussi au cœur que s'adressent les philtres d'amour. Ces breuvages (interdits à Poudlard) font partie du folklore magique depuis l'Antiquité, où on les consommait comme aujourd'hui le chewing-gum. Concocté et vendu par des « bonnes femmes » locales et des diseuses de bonne aventure, le philtre d'amour avait pour principale vertu de rendre le buveur instantanément amoureux de la personne qui le lui avait donné à boire. C'était plutôt un artifice de femmes (les hommes préférant avoir recours aux **sorts**), que l'on glissait *incognito* dans la boisson favorite de l'être aimé. Comme d'habitude, on y retrouve des ingrédients farfelus : dans une recette authentique, on préconise d'ajouter, une fois réduits en poudre, les os du flanc gauche d'un crapaud qui se serait fait dévorer par les fourmis. Dans l'Antiquité, les philtres rendirent malades tant d'hommes et de femmes que les premiers empereurs en déclarèrent la vente illégale, mesure qui ne découragea pas les amateurs avant quelques siècles.

A l'époque médiévale, les philtres d'amour se firent plus comestibles. Aux ingrédients animaux, on préféra désormais les plantes, avec une prédilection pour l'orange, la racine de **mandragore**, la verveine, les graines de fougère, le tout mélangé à de l'eau, du thé ou du vin. Ces philtres perdirent de leur popularité au cours des XVIIe et XVIIIe siècles, époque à laquelle ils furent détrônés par les **sortilèges** et les **charmes**, devenus plus à la mode pour faire sa cour.

Aujourd'hui, le philtre d'amour le plus répandu ne se boit pas et porte le nom de… « parfum ».

ES, 8

Red Cap

Il est arrivé au moins une fois, à tous ceux qui prennent le train aux États-Unis, de faire appel aux services d'un *Red Cap* – littéralement, un de ces porteurs à « casquette rouge » qui se proposent de vous décharger de vos bagages. Cependant, les passagers du Poudlard Express savent, eux, garder leurs distances avec ces *Red Caps* – du moins avec ceux étudiés en cours de défense contre les forces du Mal. Pourquoi cette prévention ? Tout simplement parce que le

Red Cap, également surnommé « bonnet sanglant » ou « crête rouge », n'est autre qu'un **gobelin** maléfique du folklore anglais, qui hante les châteaux en ruine où se sont livrées des batailles meurtrières...

Avec ses longs cheveux gris, ses yeux rouges étincelants et ses dents saillantes, le *Red Cap* est parfois pris pour un vieillard très laid. Son trait distinctif reste son bonnet rouge, qui tient sa couleur du sang dans lequel il a trempé. Il porte une canne à bout métallique, qu'il utilise volontiers contre les inconscients qui osent se promener seuls dans les châteaux abandonnés. Après tout, quel meilleur colorant que le sang encore chaud d'une victime pour redonner un peu de lustre à un vieux bonnet écarlate ?

A ceux que les vieilles pierres attirent irrésistiblement, la tradition enseigne toutefois un moyen sûr de se protéger de cet odieux personnage : lisez la Bible à voix haute en sa présence et il poussera un cri perçant avant de disparaître – non sans laisser derrière lui une de ses horribles dents en souvenir.

PA, 8 (édition anglaise)

Rêves

Il arrive que l'on peine à se rappeler ses rêves. Tel n'est certes pas le cas pour Harry. Qu'il dorme profondément à Privet Drive ou qu'il somnole durant un cours de Madame Trelawney, Harry fait toutes sortes de rêves qui lui donnent matière à réflexion pour ses heures de veille. Certains, réalistes et effrayants, semblent présager des dangers futurs. D'autres lui offrent malgré lui un aperçu d'événements horribles en temps réel. On n'oublie pas facilement ce genre de cauchemars.

De la Bible aux poèmes épiques de l'Inde, il apparaît que les rêves ont exercé une fascination sur les hommes depuis qu'ils savent écrire. Dans l'Antiquité, il était admis que les rêves recelaient des informations importantes, parfois sous forme de prédictions pour le sujet, sa famille ou son village ou – notamment si le sujet était un roi – concernant l'avenir de toute une nation. Parfois, le message transmis est très clair, comme dans les rêves les plus intenses et les plus effrayants de Harry. Mais souvent, le sens en est caché ou déformé et nécessite l'intervention d'un interprète.

L'interprétation des rêves, ou oniromancie (du grec *oneiros*, « rêve » et *manteia*, « prophétie ») est l'un des systèmes de **divination** les plus anciens. On ne la confiait autrefois qu'à des professionnels – prêtres, prêtresses ou tout simplement interprètes qui écoutaient les gens raconter leurs rêves, leur en révélaient le sens et leur donnaient à l'occasion de bons conseils quant à la conduite à tenir. On trouve des références à l'oniromancie dans les textes écrits les plus anciens, de l'épopée de Gilgamesh, héros et roi d'Assyrie, aux mythes gravés sur des tablettes d'argile autour du VIIe siècle avant notre ère. Dans l'Égypte antique, ces interprètes étaient connus sous le nom d'« hommes savants de la bibliothèque magique » et résidaient dans des temples où l'on vénérait Sérapis, le dieu des Rêves.

Des lieux particuliers étaient désignés non seulement pour interpréter les rêves, mais aussi pour rêver. Nombreux étaient ceux qui espéraient trouver dans un rêve envoyé par les dieux les solutions aux problèmes qui les tourmentaient dans leur vie éveillée (à condition bien sûr de respecter les rituels nécessaires). Pour favoriser la naissance de rêves signifiants, les anciens Égyptiens dormaient à l'ombre du **Sphinx** ou passaient parfois la nuit dans un temple dédié à Sérapis. Si le sujet ne pouvait faire le voyage lui-même, il lui était possible d'envoyer un remplaçant dormir au temple pour rêver à sa place ! De même, un citoyen souffrant d'une santé défaillante pouvait se rendre dans un temple dédié à Asclépios, dieu de la Médecine, dans l'espoir d'y faire un rêve qui lui permette de diagnostiquer son mal et d'y trouver un remède. Dans le Japon médiéval, tout pèlerin pouvait rester dans un temple de rêve pendant cent jours ou plus, se soumettant à un régime et à un programme de prière très stricts dans l'espoir de recevoir l'illumination.

Analyser le sens des rêves devint beaucoup plus facile avec l'apparition des premiers livres traitant de ce sujet. Le premier guide complet fut, au IIe siècle, celui du Grec Artémidore Daldianus, intitulé *Onirocritique, ou la Clé des songes*, qui permettait de décoder des centaines de rêves et de symboles. L'ouvrage demeura la référence en la matière pendant plus de mille ans. Certaines de ces lectures paraissent sensées aujourd'hui encore, par exemple celle-ci : « Tous les instruments tranchants ou conçus pour couper en deux sont des signes de désaccord, de division, de blessure… » D'autres, comme cet avertissement selon lequel il porte malheur de rêver de cailles ou de fourmis ailées, reflètent probablement les superstitions de l'époque et ont moins bien vieilli.

Au cours des siècles, la popularité de l'interprétation des rêves a connu des hauts et des bas. L'oniromancie a toujours eu ses détracteurs, notamment le philosophe Aristote, qui ne voyait dans la réalisation des rêves que le fruit d'une coïncidence. Et alors même que des milliers de citoyens romains couraient acheter **amulettes** et **potions** et consulter des devins enturbannés, l'orateur Cicéron déplorait la pratique de l'interprétation des rêves, à ses yeux pure superstition destinée à leurrer le public « par des inanités sans fin ». Pourtant, les témoignages sont nombreux de rêves qui, comme ceux de Harry, se sont réalisés ou ont semblé apporter à ceux qui les firent des informations qu'ils n'auraient pu obtenir par d'autres moyens. D'ailleurs, l'une des caractéristiques légendaires des magiciens et des chamans est de savoir ce qui se passe ailleurs, ou bien en rêve (à travers un état de transe visionnaire) ou bien grâce à une **boule de cristal**.

Mais, que l'on croie ou non à leurs vertus divinatoires ou au pouvoir qu'ils ont de nous transporter auprès de nos amis ou de nos ennemis pour les espionner, les rêves peuvent toujours se révéler précieux. Beaucoup d'artistes et de chercheurs leur doivent une inspiration providentielle ou une solution miraculeuse à un problème insoluble. Mary Shelley, l'auteur de *Frankenstein*, prétendait que les personnages incroyables de son roman lui étaient apparus en rêve. Bram Stoker ne disait pas autre chose du fameux **vampire** sorti de son imagination : le comte Dracula. Au XIXe siècle, le chimiste Dmitri Mendeleïev, après s'être escrimé en vain à classer les éléments chimiques en catégories, « vit en rêve une table où tous ces éléments s'organisaient comme il convenait » ; au réveil, il conçut la « classification périodique des éléments », que tout étudiant en sciences se doit de connaître sur le bout des doigts.

Les penseurs modernes furent partagés quant à la signification profonde des rêves : nous révèlent-ils plus de choses sur le monde extérieur ou sur nous-mêmes ? Sigmund Freud posait que les rêves expriment nos désirs les plus profonds, là où Jung avançait que les personnages mis en scène dans nos songes, qu'ils soient fascinants, effrayants ou utiles, sont tous des aspects de notre propre esprit.

Quoi qu'il en soit, il n'est pas besoin d'être un brillant analyste pour comprendre que le monde onirique, tout comme le monde sorcier, est une sphère unique où tout devient possible. On peut y vivre des scènes à couper le souffle aussi bien que des monstruosités, sans compter tous les cas de figure intermédiaires. En rêve, nous volons, nous accomplissons des exploits surhumains, nous nous transformons de façon aussi stupéfiante que sous l'effet d'une des potions du professeur Rogue. Est-ce la raison pour laquelle, lorsque nous lisons des récits de magie ou que nous assistons à des tours de prestidigitation, tout cela nous semble étrangement familier ? N'avons-nous pas déjà vu tous ces prodiges en rêve ?

CF, 2

Runes

Si le b.a.-ba de la magie vous intéresse, qu'attendez-vous pour vous inscrire au cours de runes de Poudlard ? Les runes sont une série de personnages et de symboles tirés de l'alphabet germanique le plus ancien ; on les a toujours associés à la **magie** et au mystère. D'ailleurs, le terme « rune » (ou *roun*) signifie « mystère » ou « secret » en danois.

Selon une vieille légende germanique, les premières runes furent découvertes par le dieu nordique Odin qui, dans sa quête de la connaissance, endura vaillamment un douloureux rituel sacrificiel. Après s'être percé le flanc d'une lance, Odin resta suspendu pendant neuf jours aux branches de l'arbre de vie scandinave. Lorsque son corps se balançait au gré du vent, des brindilles tombaient au sol, formant ainsi le premier alphabet runique.

Bien sûr, les témoignages historiques ne présentent pas les choses exactement de cette manière : les runes auraient été inventées au Danemark et en Suède, par de simples mortels, autour de l'an 200 av. J.-C. Les premières runes germaniques (ou runes *futhark*) étaient extrêmement primitives et se présentaient sous forme de lignes droites combinées en motifs. Elles servaient à toutes sortes d'usages non magiques : formulation

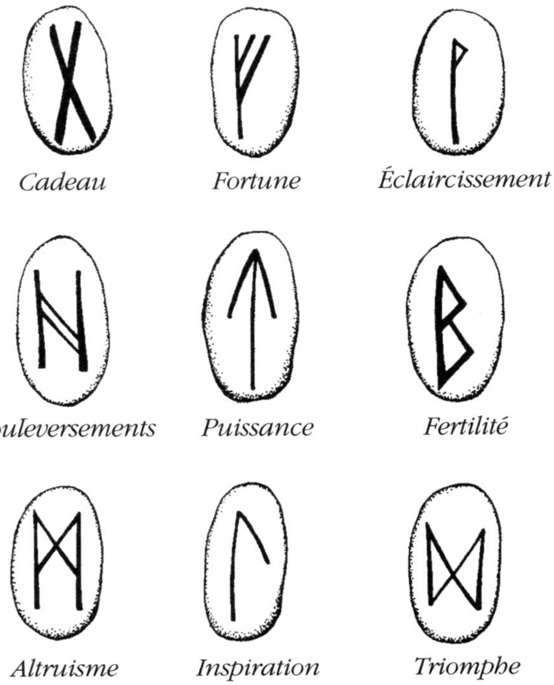

Quelques-unes des runes nordiques et leur interprétation traditionnelle.

de messages, transcription d'instructions, désignation des propriétaires d'une terre... L'une des inscriptions runiques les plus célèbres, à Sigurd en Suède, commémore la construction d'un pont.

Néanmoins, les runes ont toujours été porteuses d'une signification magique particulière. Les Vikings et d'autres peuples germaniques utilisaient les runes comme instruments de **divination** ou en gravaient sur leurs épées, pour se rendre invincibles dans la bataille. Ils en inscrivaient également sur des **amulettes** en pierre, afin de repousser la maladie et la sorcellerie. Enfin, ils traçaient des runes sur les pierres tombales, pour décourager pilleurs et profanateurs. Au milieu du ve siècle av. J.-C., les runes se répandirent en Angleterre. Les **magiciens** s'en servaient dans la réalisation d'**amulettes** et pour prédire l'avenir.

A ce jour, on dénombre plus de quatre mille inscriptions runiques en Suède, en Norvège, au Danemark et en Angleterre, la plupart datant de l'ère viking, du VIIIe au XIe siècle. Elles ornent des armes, des amulettes ou des tombes, mais aussi

Lancer de runes

Cette ancienne pratique, qui consistait à utiliser des runes pour prédire l'avenir, connaît depuis un siècle un regain de popularité exceptionnel. Les Vikings et les Anglo-Saxons, lorsqu'ils se servaient de runes pour la divination, commençaient par graver des symboles sur de fines lamelles de bois, elles-mêmes prélevées sur les branches d'arbres portant des fruits. Ils lançaient ensuite ces lamelles sur un linge blanc immaculé. Un maître des runes en choisissait alors trois (tout en scrutant le ciel en quête d'une inspiration divine) et en interprétait le sens.

Aujourd'hui, l'apprenti devin peut acheter en boutique une série de seize à trente-trois « pierres de runes » – des galets ronds ou ovales, en pierre ou en argile, sur lesquels sont inscrits des caractères runiques. La technique moderne est la suivante : on mélange les pierres dans un sac, puis on les étale sur une surface plane. Certains « lisent » toutes les runes visibles ; d'autres préfèrent fermer les yeux et n'en sélectionner que trois, qui représentent respectivement le passé, le présent et l'avenir. Les puristes s'en tiennent aux interprétations élaborées par les anciens, mais beaucoup d'adeptes ont créé leur propre grille de lecture.

des pièces de monnaie, des bijoux et de mystérieuses plaques de bois. Et ce sont bien des runes que l'on retrouve au bord de la Pensine magique du professeur Dumbledore.

Au cours du dernier millénaire, la grande popularité de l'alphabet latin a largement contribué au déclin inéluctable des inscriptions runiques. De nos jours, en dépit des efforts d'institutions aussi nobles que Poudlard, seuls une poignée de magiciens et de Moldus savent encore déchiffrer ces caractères obscurs qui coûtèrent tant au pauvre Odin.

CF, 30

Salamandre

Pour beaucoup d'entre nous, la salamandre est ce charmant petit amphibien bariolé que l'on croise parfois au cours d'une promenade dans les bois. Peut-être vous êtes-vous déjà arrêté quelques instants pour en contempler une, avant de reprendre votre chemin sans plus y penser. Il y a encore quelques siècles, pourtant, le promeneur aurait poussé des cris de ravissement devant le spectacle de ce minuscule animal à l'apparence de lézard. On disait en effet des salamandres, depuis l'Antiquité, qu'elles pouvaient gambader dans les pires flammes de l'enfer sans se brûler – tout comme celles qu'apporte Hagrid en cours de soins aux créatures magiques. Non seulement elles sortaient indemnes du brasier, mais la légende prétendait en outre qu'au contact de leur peau glacée, les flammes s'éteignaient.

Le caractère ignifuge de cette créature merveilleuse était le sujet de discussions animées dans la Rome et la Grèce antiques. Dans son *Histoire naturelle*, l'auteur latin Pline raconte qu'à la vue du feu, la vaillante salamandre est incapable de se retenir et fonce droit sur les flammes, comme si elle s'attaquait à un ennemi ! On relève aussi des conclusions plus fantaisistes : en cas d'incendie, la salamandre serait le pompier le plus efficace… D'autres penseurs antiques, sceptiques, décidèrent de se livrer à une petite expérience. Ainsi, le médecin romain Galène, parmi d'autres, aurait attrapé des salamandres pour les jeter ensuite dans un feu et les regarder griller.

En dépit d'expériences de ce genre, l'incombustible réputation de la salamandre persista au moins jusqu'à la Renaissance. On pouvait à cette époque se procurer – à prix d'or, il va sans dire – une étoffe appelée « laine de salamandre », censément ignifugée. On se servait de ce rare textile pour confectionner les vêtements de ceux qui, par leur métier, étaient

exposés aux flammes, ou pour emballer et expédier des articles précieux (ou inflammables). La laine de salamandre, bien sûr, est une chimère, puisque les salamandres sont dépourvues de fourrure ; pourtant, les acquéreurs de cette étoffe ne se faisaient pas entièrement rouler. Ce tissu, en effet, était *bel et bien* ignifugé, par un tout autre procédé. De toute évidence, les négociants, qui n'ignoraient déjà rien des lois du marketing, avaient compris qu'ils pouvaient sans peine gonfler les prix en associant à leur produit l'image du mythique « lézard », plutôt que le nom réel de cette matière : l'amiante.

Bien sûr, les salamandres ne résistent pas *vraiment* au feu. Pourtant, l'origine de cette croyance a un fondement de réalité. Ces animaux aiment hiberner dans de vieux troncs d'arbres morts. S'il arrive qu'on jette ces bûches dans un feu, la substance sécrétée par la peau de la salamandre peut lui permettre de quitter le tronc et de survivre aux flammes le temps de quitter les lieux du sinistre. Si un tel exploit n'a rien de miraculeux, il a pourtant valu à cette bestiole une place à part dans l'imagination populaire, ainsi que dans le dictionnaire : outre un petit amphibien, la salamandre est aussi « un ustensile proche du tisonnier, capable de supporter la chaleur et d'être manipulé dans un feu ».

PA, 12

Serpent

Lorsque les camarades de classe de Harry découvrent qu'il est un Fourchelang, c'est-à-dire qu'il parle l'idiome des serpents, la plupart sont horrifiés et craignent le pire : Harry serait-il vraiment un **sorcier** maléfique ? Après tout, dans la communauté des sorciers, les serpents sont synonymes du Mal. La marque des Ténèbres, signe de ralliement des Mangemorts, représente bien une langue de serpent jaillissant des mâchoires d'un crâne humain ; la maison de Serpentard, qui donna au monde tant de disciples des **forces du Mal**, a pour emblème le serpent. Et Lord Voldemort se nourrit du venin de son compagnon, le serpent Nagini. Néanmoins, nous ne savons probablement pas tout des relations de Harry avec les serpents. Qui peut dire pourquoi il lui est si facile de discuter avec un boa constrictor ou de calmer un serpent sur le point d'attaquer ?

Partout dans le monde, on considère le serpent avec le plus grand respect, et si on l'associe volontiers au mal, on lui prête aussi sagesse, perspicacité et pouvoirs de guérison.

La fascination de l'homme pour cet animal est bien antérieure à l'écriture et remonte aux premières peintures ou aux inscriptions gravées sur des parois de grottes ou des rochers. On a dédié au serpent plus de cultes qu'à aucun autre animal. Il est l'animal sacré des tribus nordiques comme des Aztèques, des peuplades d'Afrique occidentale comme des peuples du Moyen-Orient, des Méditerranéens, des Chinois comme des

Indiens. En Inde, les *nagini* sont des créatures que l'on représente souvent sous forme de femmes superbes à tête de reptile et ceintes de serpents lovés. Curieusement, le serpent de Voldemort tient donc son nom de ces êtres positifs, dont on dit qu'ils protégeaient des périls de toutes sortes, y compris des morsures de serpents.

Pourtant, même vénérés, les serpents restaient redoutés. Dans plus d'un mythe égyptien, des serpents maléfiques et sournois montrent le bout de leur langue. Dans le *Livre des morts* égyptien, Apophis, un monstrueux serpent, agressif et perfide, joue fréquemment le rôle d'instrument du Mal. Aussi appelé « Démon des Ténèbres », Apophis livre une guerre sans fin à Rê, le dieu du Soleil, et chaque réapparition de l'astre de vie, à l'aube, indique une nouvelle défaite de son ennemi, le serpent.

Dans la mythologie nordique, le serpent Nidhogg (également connu sous le nom de « Mordeur redoutable ») vit au pied de l'Arbre de vie dont il ronge continuellement le pied, symbolisant les forces maléfiques de l'univers. Mais le serpent le plus vil de la culture occidentale est bien sûr celui qui provoqua la fuite d'Adam et Ève, chassés par sa faute du jardin d'Éden, comme il est décrit dans la Genèse. Tout au long de la Bible, les serpents sont souvent source de danger et d'effroi. Dans la culture judéo-chrétienne, l'animal demeure un des symboles du Mal. Pour les musulmans, qui le redoutent aussi, le serpent représente la chute de l'homme.

La réputation de créature mystérieuse et impénétrable qui colle à la peau du serpent lui vient surtout de ses mouvements rapides et silencieux et de son apparente inexpressivité. Ondulant et sinueux (sans pour autant être visqueux), le serpent apparaît et disparaît en silence, sans prévenir. Certaines espèces émettent des sifflements stridents, gonflent leur corps ou dégagent des odeurs pestilentielles. Enfin, le fait que certains soient capables de tuer par leur venin ou leur étreinte fatale incite plutôt à les éviter.

Pour toutes ces raisons, et à cause de la peur qu'ils inspirent, il n'est pas rare de voir des serpents monter la garde devant des lieux importants :

une grotte remplie de trésors, une source de jouvence ou la Chambre des Secrets de Poudlard. Cela expliquerait aussi pourquoi, partout dans le monde, des gens choisissent des serpents, inoffensifs ou mortels, pour animaux de compagnie. Une légende anglaise veut que, si l'on garde chez soi une peau de serpent, elle empêchera les reptiles de se glisser dans la maison. On ne sait pas s'il y a du vrai là-dedans, mais il est certain qu'un serpent dans le salon découragera les visiteurs indésirables !

Malgré cette noire réputation, on attribue souvent au serpent de très nobles qualités, tant dans les mythes et le folklore que dans la religion. Les Égyptiens, tout en le redoutant, vénéraient le cobra, dépositaire d'une sagesse suprême. En Crète, la déesse mère, protectrice du foyer, est représentée sur des pièces de monnaie caressant un serpent. Dans beaucoup de sociétés agricoles, les serpents incarnaient la fertilité et l'espoir de bonnes récoltes (et ce pour une raison bien simple : ils se nourrissaient de rongeurs qui, sans eux, se seraient régalés des réserves de grain). Dans la Grèce antique, le serpent était signe de guérison, puisqu'il s'enroulait autour du bâton d'Asclépios, dieu de la Médecine (voir **baguette magique**, p. 31). A Rome, il n'était pas rare d'avoir un serpent chez soi en guise d'animal familier, et les **amulettes** gravées à leur effigie étaient très prisées. En outre, comme il mue et se débarrasse de son ancienne peau, le serpent est universellement associé à la renaissance et au renouveau.

La grande majorité des serpents sont inoffensifs. Sur les deux mille sept cents espèces recensées dans le monde, seules quatre cents sont venimeuses et moins de cinquante réellement dangereuses pour l'homme. Pourtant, beaucoup de gens sont si terrifiés par ces adorables reptiles qu'ils se sentent sur le point de défaillir dès qu'on mentionne leur nom.

Si l'on sait finalement si peu de choses des serpents, c'est peut-être parce que nous n'en croisons pas souvent. Lorsque Harry leur adresse la parole, il n'a pas lui-même idée du défi qu'il relève, puisque les serpents, aussi sensibles soient-ils aux vibrations sonores, n'ont pas d'oreilles externes et n'entendent pas comme les humains ou la plupart des animaux !

ES, 2

Sibylle

Le nom du professeur de **divination** de Poudlard, Sibylle Trelawney, ne peut pas être une simple coïncidence. Dans la mythologie grecque et romaine, les sibylles étaient des femmes qui, lorsqu'elles entraient en transe, étaient capables de prédire l'avenir. Or le professeur Trelawney était bel et bien en transe la seule fois qu'on l'a vue faire une prédiction fiable…

Selon la légende, on comptait dans le monde antique dix sibylles, éparpillées entre l'Égypte, Babylone, la Perse, la Libye et la Grèce. Elles possédaient chacune un prénom en propre, mais on les nommait toutes sibylles, en hommage à la première prophétesse de la légende grecque, Sibylla, fille de Zeus. A la différence de la plupart des devins, qui louaient leurs services sur commande, les sibylles n'énonçaient de prophéties que si elles étaient inspirées et les transcrivaient souvent sur des feuillages. Elles prédisaient ainsi les guerres, les grandes tempêtes, l'ascension et la chute des empereurs.

La sibylle la plus célèbre était Amalthée, ou sibylle de Cumes, prêtresse du dieu grec Apollon. Selon une légende rapportée par Ovide, Apollon tomba amoureux d'elle et promit de lui offrir tout ce qu'elle désirait. La sibylle désigna alors un tas de sable et demanda une année de vie pour chacun des grains qu'il comptait. Apollon exauça sa requête. Elle omit cependant de demander la jeunesse éternelle – erreur trop courante chez les personnages de la mythologie grecque – et fut donc contrainte de vieillir et de faiblir. Elle finit par s'installer dans une caverne souterraine, dans la cité de Cumes, près de Naples, où elle vécut mille ans.

Un autre récit raconte que la sibylle de Cumes rencontra Tarquin, le dernier roi de Rome, et lui proposa de lui vendre neuf volumes de prophéties concernant toutes la destinée de

Repoussant l'image originelle de la sauvageonne recluse dans sa grotte, nombre d'artistes ont préféré peindre la sibylle sous les traits plus classiques d'une femme élégante.

Rome et de l'Empire. Tarquin voulut marchander le prix de ce trésor, ce à quoi la sibylle, offensée, répondit en brûlant trois des livres. L'année suivante, elle revint offrir les six livres restants, au même prix. Elle essuya un nouveau refus et en brûla trois autres. La troisième année, les trois derniers volumes furent proposés au prix initial. Découragé, Tarquin lui en offrit le prix qu'elle demandait, et l'on n'entendit plus jamais parler d'Amalthée.

Si l'histoire de la sibylle de Cumes tient du mythe, les prophéties qu'on lui attribue sont bien réelles. Composées sous forme de devinettes et inscrites sur des palmes – par qui ? personne ne peut le dire –, elles furent ensuite reliées en volumes. Ces recueils, qui contenaient à la fois des prédictions et des conseils pour apaiser les dieux dans les temps difficiles, furent consultés par les sénateurs romains pendant des siècles, jusqu'à leur destruction dans un incendie, en 83 av. J.-C. Dès lors, le Sénat envoya des émissaires consulter les oracles de Sicile et d'Asie Mineure. Les prophéties qu'ils en rapportaient furent conservées dans le temple d'Apollon à Rome jusqu'en 408 av. J.-C., date à laquelle le temple fut détruit lors d'une bataille.

Bien longtemps après la disparition des livres de prophéties, la sibylle de Cumes continua de fasciner les esprits. Au Moyen Age, des auteurs chrétiens entreprirent d'adapter et d'étoffer les prophéties attribuées à la sibylle, de sorte qu'ils purent y lire l'annonce de la venue du Christ. Elle acquit dès lors un statut équivalent à celui des prophètes de l'Ancien Testament – ce qu'atteste très artistiquement sa présence, à côté de quatre autres sibylles, sur la voûte de la chapelle Sixtine à Rome, peinte par Michel-Ange.

PA, 6

Sinistros

Quand Harry se rend compte qu'il est suivi par un énorme chien noir, il soupçonne aussitôt la créature d'être un Sinistros – un esprit prenant la forme d'un chien menaçant, connu depuis longtemps dans les Îles britanniques comme un présage de mort. Heureusement, la bête se révèle être rien moins que le propre parrain de Harry, Sirius Black, qui a le pouvoir de se transformer en chien à volonté.

A moins que Poudlard n'abrite un cimetière dont personne ne soupçonne l'existence, les craintes de Harry n'étaient pas fondées. En effet, tous les experts s'accordent à dire que les créatures de la famille du Sinistros ne quittent jamais le cimetière dans lequel elles habitent. Dans le folklore britannique aussi bien que scandinave, le terme en est venu à désigner un esprit du foyer au sens large, même si on fait le plus souvent référence au protecteur des âmes disparues, qui en Angleterre prend la forme d'un grand chien noir à longs poils et au regard féroce. En Scandinavie, il peut aussi prendre la forme d'un cheval, d'un agneau ou d'un cochon.

Dans la tradition anglaise, le Sinistros, qui rôde près des églises, porte la lourde responsabilité de protéger les cimetières du diable et des sorcières. Au début de l'ère chrétienne, beaucoup de gens estimaient que, lorsqu'on créait un nouveau cimetière, la première personne à y être inhumée aurait la lourde responsabilité d'en tenir écartées les influences sataniques. Mais on pensait aussi qu'en enterrant un chien entièrement noir dans la partie nord du cimetière, celui-ci déchargerait une âme humaine de cette tâche, permettant ainsi au défunt de rejoindre l'au-delà.

Les Sinistros sont souvent invisibles, mais par temps d'orage, on peut les voir errer chacun dans son cimetière. Il est aussi fréquent qu'ils apparaissent à minuit, la veille d'une mort, ou dans le clocher de l'église lors d'un enterrement. On dit qu'il suffit à un prêtre d'observer l'attitude du Sinistros pendant les obsèques pour savoir d'avance si l'âme du défunt est destinée au paradis ou à l'enfer…

PA, 6

Sirène et triton

Comme vous, nous avons été surpris d'apprendre que les créatures marines à peau grise et à yeux jaunes qui vivent au fond du lac de Poudlard sont en fait des cousines de la sublime sirène aux cheveux d'or dont le poster trône dans la salle de bains des préfets. Comme l'illustrent parfaitement ces deux créatures si dissemblables, la fameuse « Vénus au bain » fait partie d'une famille marine beaucoup plus large – parentèle constituée non seulement de sirènes et de tritons, mais aussi de dizaines de cousins venus des quatre coins du monde, parmi lesquels la *merrymaid* des Cornouailles, les *merrows* d'Irlande, les hommes bleus d'Écosse, le *neck*, le *havfrue* et le *havmand* de Scandinavie, le *meerfrau*, le *nix*, la *nixe* et la *Lorelei* d'Allemagne, sans oublier la *rusalka* de Russie.

Tout comme les humains, les créatures marines peuvent être de taille et de forme très diverses. Certaines sont aimables, d'autres maléfiques ; certaines belles, d'autres immondes. En fait, le seul point commun de tous ces êtres est une silhouette humaine jusqu'à la taille, mais qui se termine, si l'on peut dire, en queue de poisson.

Les premiers habitants des mers étaient les dieux et déesses des civilisations antiques. Ea (ou Oammes en grec) était un dieu aquatique vénéré par les Babyloniens au Ve millénaire av. J.-C. On dit qu'il leur enseigna toute la gamme des arts et des sciences, ainsi qu'un mode de vie civilisé, à l'heure où les lois n'existaient pas et où tous les êtres vivants se comportaient comme des bêtes sauvages (y compris les hommes). La première femelle de cette espèce à être mentionnée est la déesse Atargatis (pour les Syriens) ou Derceto (pour les Philistins). Comme elle dominait les mers, elle fut apparemment une mine d'or pour les prêtres qui tenaient ses temples et qui vendaient très cher des permis de pêche à leurs ouailles !

L'image de la belle sirène à longue chevelure apparaît au Moyen Age. Souvent représentée assise sur un rocher, elle chante de sa douce voix une mélodie irrésistible, tout en se démêlant les cheveux et en se regardant rêveusement dans un miroir. Plusieurs théories ont tenté d'expliquer cette obsession de la sirène pour la brosse à cheveux. Certains soutiennent qu'un artiste inconnu, recopiant une image très ancienne, aurait commis des erreurs dans son dessin, erreurs ensuite perpétuées par tous les artistes ultérieurs. Selon cette version des faits, le « peigne » de la belle serait en fait un plectre (une pointe pour jouer d'un instrument à cordes) et son « miroir » l'instrument en question, peut-être une lyre.

Une autre explication fait du peigne et du miroir les symboles de la vanité et de la beauté humaines, deux fléaux qui contribuèrent de tout temps à la déchéance de l'homme. En effet, en dépit de son apparence séduisante, la sirène n'était souvent qu'une vile tentatrice qui, par sa beauté et son chant, envoûtait les marins et les menait à la mort, pour garder l'âme de ses victimes prisonnière des flots. Les sirènes les plus malfaisantes dévoraient même la chair de leurs proies. Voir une sirène était donc considéré comme un très mauvais présage. Sa présence annonçait tempêtes, naufrages et noyades. Non contente de provoquer ces catastrophes naturelles, la sirène, si on l'avait offensée, blessée ou rejetée, savait rendre fou son ennemi, le noyer ou bien balayer d'un raz-de-marée sa famille, sa maison, voire tout son village.

Fort heureusement, toutes les sirènes ne se comportaient pas de façon aussi détestable. Certaines auraient même eu une connaissance très sûre des herbes médicinales ; on parvenait parfois à les persuader d'en user pour secourir des humains. Leurs capacités surnaturelles leur permettaient en outre de voir venir les tempêtes, de prédire l'avenir, d'exaucer les vœux ou de renflouer des trésors engloutis, pouvoirs qui leur ont valu, dans les fables, d'être souvent capturées par de cupides humains, qui les forçaient à réaliser leurs vœux et leur extirpaient leurs secrets. Attraper une sirène n'était d'ailleurs pas si compliqué qu'on pourrait le croire : il suffisait de lui voler un bien – son peigne ou son miroir, par exemple, ou encore la ceinture ou la calotte qu'on lui voyait parfois porter. Une fois prisonnière, la sirène ne pouvait en effet s'évader sans avoir récupéré son bien.

Les sirènes étaient aussi convoitées par les hommes en quête d'épouse, que séduisaient ces belles enchanteresses. Cela tombait plutôt bien, puisque les sirènes recherchaient quant à elles des maris humains, non seulement pour les aimer, mais aussi pour acquérir une âme, supplément qui faisait défaut à toutes les créatures des mers. Quant à savoir si ces « mariages mixtes » permettaient aux sirènes de gagner le salut éternel, la question était âprement débattue par l'Église aux temps médiévaux. Quoi qu'il en soit, la légende raconte que les enfants nés de ces unions avaient les mains et les pieds palmés et que cette caractéristique permettait de les distinguer infailliblement des enfants humains.

On rapporte également des récits de mariages entre tritons et femmes humaines, mais ils sont plus rares car, contrairement à leurs homologues femelles, les tritons étaient réputés pour leur laideur et leurs traits grotesques. Certaines cultures font même des distinctions beaucoup plus nombreuses entre tritons et sirènes, affirmant que les premiers sont profondément misanthropes, qu'ils ne cherchent nullement à acquérir

La grande famille des sirènes

Bon nombre des créatures surnaturelles qui peuplent les mythes et les légendes sont liées de près au motif de l'eau, sans pour autant être qualifiées de « marines ». Tel est le cas de la naïade, de la sirène oiseau et de la *selky*. Bien qu'on les confonde fréquemment avec des sirènes, chacune possède des caractéristiques bien particulières.

Les naïades constituent dans la mythologie grecque l'une des trois catégories de nymphes marines (les deux autres sont les néréides, qui vivent dans la mer Méditerranée, et les océanides, qui vivent quant à elles dans les océans). Les naïades habitent les étendues d'eau douce, fleuves, lacs, fontaines et sources. Dans l'Antiquité, toute source vive était supposée abriter sa naïade attitrée, qui conférait à l'eau des pouvoirs curatifs ou prophétiques particuliers. Tous ceux qui le souhaitaient pouvaient boire l'eau de la source, mais il était interdit de s'y baigner. Ceux qui choisissaient d'ignorer cette règle étaient punis de maladie ou de folie. Bien que vivant toujours dans l'eau, les naïades ressemblaient à des femmes, puisqu'elles ne possédaient ni queue ni nageoires, contrairement aux sirènes.

Les sirènes oiseaux trouvent elles aussi leur origine dans la mythologie grecque. Comme les naïades, elles peuplaient les rivières. Cependant, lorsqu'elles s'avisèrent d'offenser la déesse Aphrodite, celle-ci les transforma en créatures malignes dotées d'un corps d'oiseau et d'une tête de femme et les envoya vivre sur une île déserte de la côte sud de l'Italie. En dépit de différences anatomiques évidentes, on confond souvent ces sirènes-oiseaux avec les sirènes marines, comme elles réputées pour la suavité de leur chant. Les marins qui passaient au large de leur île et entendaient leurs mélodies envoûtantes ne pouvaient s'empêcher de se diriger vers elles, ce qui les conduisait droit sur de dangereux récifs. La légende raconte qu'Ulysse, le héros de *L'Odyssée*, réussit à sauver son équipage de ce destin fatal en ordonnant à ses marins de se boucher les oreilles avec de la cire et en se faisant lui-même attacher au mât de son navire, pour profiter malgré tout du récital au moment de passer au large de l'île.

Les *selkies*, enfin, ressemblent à des phoques. Elles vivraient, dit-on, près des îles britanniques Orcades et Shetland. Elles se dévêtiraient parfois de leur peau de phoque pour prendre l'apparence de femmes magnifiques et s'aventurer sur la terre ferme. Si un homme trouve sa peau, il peut forcer la *selky* à l'épouser. Mais qu'elle parvienne ensuite à la retrouver, elle retournera à la mer en abandonnant mari et enfants derrière elle. Tout comme les sirènes, les *selkies* se vengent du mal ou de l'insulte qui leur ont été faits en déclenchant de furieuses tempêtes ou en coulant des bateaux.

une âme, qu'ils font des maris brutaux et même qu'ils mangent leurs propres enfants.

Malgré des siècles de croyances, personne n'a jamais aperçu aucune de ces créatures des mers. Depuis le Moyen Age et jusqu'à une époque récente, on recensait certes de nombreux témoignages de gentilshommes respectables ayant aperçu des sirènes ; parmi eux, des marins de l'équipage de Christophe Colomb ou de Henry Hudson, mais dont aucun ne put rapporter de preuve physique de ces rencontres. Quelques escrocs entreprenants exhibèrent de prétendues sirènes, mais toutes se révélèrent de belles supercheries. P. T. Barnum, par exemple, construisit de toutes pièces sa « sirène Feejee » en cousant le buste d'un singe à une grosse queue de poisson. Quant aux sirènes aperçues par des citoyens au-dessus de tout soupçon, les spécialistes suggèrent qu'une illusion d'optique a pu leur faire prendre pour une de ces créatures un malheureux phoque, un morse ou un lamantin, animaux qui flottent souvent en position « debout » et nourrissent leurs petits au sein, comme les mères humaines. Certes, il y a loin du brave éléphant de mer à la créature angélique de la légende. Mais les

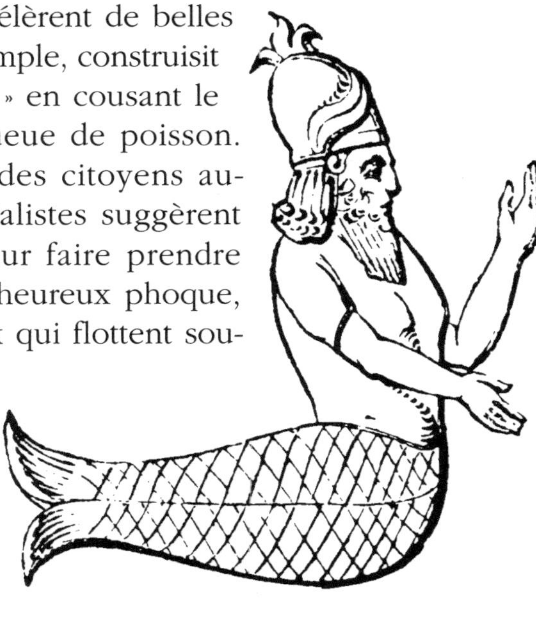

marins à qui il arrivait d'apercevoir des « sirènes » étaient souvent en mer depuis des semaines, voire des mois. Qui pourrait les blâmer d'avoir préféré prendre ce qu'ils voyaient pour une beauté fatale plutôt que pour un morse boudiné ?

CF, 26

Sorcier

Parmi tous les synonymes du terme « **magicien** », aucun n'exprime l'idée de puissance et de maîtrise du monde autant que celui de « sorcier ». Car le sorcier ne se contente pas de concocter des potions : il dirige les forces de la nature. Il déclenche des tempêtes, déplace des montagnes, fait jaillir les éclairs et transforme n'importe quelle babiole à deux sous en bijou de prix. Pour être exact, disons plutôt que *certains* sorciers font tout cela. Selon d'autres sources, le sorcier est ni plus ni moins un disciple des **forces du Mal**, un magicien maléfique (suivez mon regard…) avide de pouvoir et cherchant par tous les moyens à nuire à l'humanité. Alors, à quel son de cloche se fier ?

Eh bien ! aux deux. D'un point de vue historique, le terme « sorcier » s'est appliqué aussi bien aux serviteurs du Bien qu'aux serviteurs du Mal, et l'image de ce personnage a beaucoup varié au fil des siècles. L'une des premières représentations qu'on en ait se trouve sur les parois de la grotte Chauvet, découverte en 1994 dans le sud de la France, et date de plus de dix mille ans. Le dessin montre un homme vêtu de peaux de bêtes, portant sur la tête une paire de bois et accomplissant une danse rituelle. Les anthropologues pensent qu'il s'agit de la forme la plus ancienne du **magicien** tribal

– le chaman –, qui était chargé de protéger la communauté, d'assurer une bonne chasse et de maîtriser les phénomènes météorologiques. Ce type de sorcier était essentiel à la vie d'une société et l'on avait pour lui la plus grande estime.

Cependant, dans les anciennes civilisations babyloniennes, les sorciers étaient les suppôts du Mal les plus craints et les plus exécrés. Ils se spécialisaient dans les malédictions, truffaient de piques des figurines de cire, invoquaient des **démons** malveillants ou essayaient de communiquer avec les morts. En Grèce et à Rome, pendant l'ère préchrétienne, les sorciers ont aussi dû pratiquer la **divination** (le mot « sorcellerie » vient du latin *sors*, qui signifie « tirage au sort », « prophétie » ou « destin »), mais ils étaient surtout des jeteurs de **sorts** professionnels et des faiseurs de potions dont on pouvait louer les services pour se venger d'un ennemi.

Au Moyen Age, l'appellation de « sorcier » dépendait beaucoup plus des résultats obtenus que des intentions de départ. Si la magie avait des résultats positifs, alors on était vraiment **magicien**. Si au contraire elle visait à nuire, on était sorcier. Cependant les choses n'étaient pas toujours aussi claires. Et si l'on utilisait un **charme** ou une potion dans le but de guérir un malade, mais qu'au lieu de s'améliorer, son état empirait? Le magicien devenait-il pour autant sorcier? Voilà le genre de questions que l'on soulevait lors de procès en sorcellerie.

Un fermier ayant une dent contre son voisin pouvait ainsi l'accuser d'avoir blessé des animaux ou des enfants, ou d'avoir provoqué un orage ou une sécheresse. Ces accusations naissaient souvent de querelles de village et pour des motifs économiques, mais si l'on était en mesure de produire des preuves de pratique de la sorcellerie (par exemple, un **sortilège** gravé sur une tablette ou une poupée de cire), le verdict concluait souvent à la culpabilité.

A la Renaissance, bien que la sorcellerie eût encore des connotations négatives, on se mit, dans certains cercles, à employer ce terme dans un sens positif et même flatteur. Les savants et les médecins dont on pensait qu'ils exerçaient la magie positive, ou magie blanche, étaient appelés sorciers. De même, les alchimistes tels que Nicolas **Flamel**, qui s'évertuèrent dans leur laboratoire à élaborer la **Pierre philosophale**, une substance capable de transformer le plomb, l'aluminium ou le mercure en or. Même Albus Dumbledore ne résiste pas à la tentation d'ajouter son titre de « docteur ès sorcelleries » sur l'en-tête du papier à lettres de Poudlard. Dans le langage courant, le terme s'est appliqué peu à peu à quiconque possédait des connaissances magiques.

L'image du sorcier super-magicien capable de tout faire est devenue universellement populaire en 1940, lorsque sortit sur les écrans le film d'animation de Walt Disney *Fantasia*, qui mettait en scène Mickey en « apprenti sorcier ». Inspiré d'une histoire de l'auteur latin Lucain (et reprise plus tard par l'écrivain allemand Goethe), le récit s'articule autour d'un soi-disant magicien qui, en l'absence de son maître, anime un balai et lui ordonne d'aller chercher de l'eau à un puits. Mais l'apprenti surestime ses pouvoirs et ne parvient pas à maîtriser le balai, qui ne cesse d'apporter de l'eau et inonde bientôt la maison. Le présomptueux songe bien à briser l'ustensile en morceaux, mais de chacune des éclisses naît un nouveau balai porteur de seaux ! Moralité : la sorcellerie est chose merveilleuse… pourvu qu'elle soit pratiquée par un magicien confirmé !

ES, 4

Sorcière

Hermione, une sorcière ? Cela reste à voir. En entendant ce mot, la plupart d'entre nous imaginent une vieille femme au long nez orné d'une verrue, coiffée d'un chapeau noir et pointu et occupée à jacasser avec ses consœurs. Et pourtant, par bien des aspects, Hermione et les autres sorcières de Poudlard ne sont pas si différentes des sorcières du folklore.

On croyait autrefois que les sorcières avaient le pouvoir de provoquer des intempéries. Dans cette gravure sur bois du XVe siècle, deux sorcières jettent un coq et un serpent dans un chaudron pour faire tomber la grêle.

Elles jettent des **sorts** et concoctent des **potions**, **métamorphosent** les objets quotidiens en animaux, chevauchent des **balais** et s'entourent de **chats**, de **hiboux** et de **crapauds**. Autant d'activités traditionnellement associées aux sorcières – réelles ou imaginaires – depuis des siècles.

On retrouve des sorcières dans toutes les civilisations, sous une forme ou sous une autre, de l'Assyrie et de Babylone jusqu'aux villages de l'Europe médiévale, sans oublier les tribus actuelles d'Afrique centrale ou du Sud. Au sens strict du terme, une sorcière est une simple femme, censée posséder des pouvoirs surnaturels. Si la nature exacte de ces pouvoirs varie selon les cultures, il est communément admis que les sorcières ont le pouvoir de soigner ou de torturer au moyen d'herbes médicinales, de tuer à distance d'un seul regard ou par un maléfice, de contrôler la météo, de voler ou de se métamorphoser en animal. Rien ne les empêche de mettre en œuvre ces techniques magiques avec les meilleures intentions du monde ; pourtant, dans la plupart des sociétés, elles sont considérées comme des instruments du Mal et de la malchance. Dans la culture occidentale, il s'agit en général d'une femme, mais le terme peut aussi s'appliquer à un homme (auquel cas, on parle bien sûr de **sorcier**).

La littérature gréco-romaine abonde en histoires de sorcières qui passaient le plus clair de leur temps à préparer des potions magiques à base d'herbes et de répugnants morceaux d'animaux. On les représentait avec de longues chevelures hirsutes, se promenant pieds nus dans les cimetières, où elles venaient à minuit déterrer des os, cueillir des plantes vénéneuses ou encore adorer Diane, déesse de la Lune et de la Chasse, ou Hécate, déesse de la Fertilité et reine de la Nuit. On raconte que certaines convoquaient aussi les esprits des morts ou tuaient leurs victimes d'un simple regard. Les sorcières de Thessalie (au nord de la Grèce) avaient la réputation d'être si puissantes qu'elles pouvaient forcer la lune à venir jusqu'à elles lorsqu'elles voulaient se servir de ses pouvoirs. Le poète latin Apulée a décrit des sorcières « capables de faire descendre le ciel, d'assécher les sources et de balayer les montagnes ».

Au Moyen Age, le terme « sorcière » désignait parfois les « bonnes femmes » locales qui composaient des remèdes à base de plantes, fabriquaient des **amulettes** pour protéger des mauvais esprits et pratiquaient la **divination** pour retrouver les biens perdus ou identifier des criminels. Selon certaines croyances, ces « sorcières blanches » étaient capables d'actions beaucoup plus impressionnantes, comme faire venir la pluie, prédire l'avenir ou garantir bon vent aux bateaux en partance. Au même titre que les **sorciers**, elles étaient respectées et redoutées de leurs voisins, qui leur demandaient aide et conseil, mais qui craignaient d'être frappés de malchance s'ils provoquaient leur colère.

Ces bonnes femmes furent les premières accusées lorsque le vent de panique anti-sorcellerie frappa l'Europe aux XVIe et

XVIIe siècles. Mais les procès touchèrent bientôt hommes et femmes de tous horizons. Classés parmi les hérétiques (les ennemis de l'Église chrétienne) et les adorateurs du diable, ces prétendues sorcières étaient tenues pour responsables de tout, depuis les mauvaises récoltes jusqu'à la mort subite d'un nourrisson, en passant par les épidémies touchant le bétail. On racontait qu'elles s'associaient aux **démons** pour se livrer à d'atroces meurtres rituels, à des actes de vampirisme et de cannibalisme. Selon la tradition populaire, elles organisaient de fréquents sabbats – de folles réunions nocturnes qui se tenaient dans des champs ou des bois isolés – où elles vénéraient le diable en festoyant et en dansant. Le mode de transport le plus courant pour s'y rendre était le balai volant ou bien l'échine d'un démon ou d'un animal appelé « esprit familier ».

Ces élucubrations excitèrent l'imagination des écrivains. Lorsque la chasse aux sorcières prit fin, au début du XVIIIe siècle, le stéréotype de la sorcière était bien défini : un visage buriné et ridé, un nez crochu et un menton en galoche, des cheveux hirsutes et de grosses lèvres tombantes, tels étaient les traits que l'on prêtait communément aux sorcières. En outre, elles étaient pauvres, avaient la réputation de se comporter de façon excentrique et d'aimer la compagnie des **chats**. Comme la sorcière de *Hansel et Gretel*, le conte de Grimm, elles vivaient souvent dans une petite maison retirée. Cette image trouvait souvent un écho dans la réalité, puisque les chasseurs de sorcières avaient vite fait de trouver des coupables faciles et de s'en prendre à de vieilles femmes qui vivaient seules, à l'écart de la communauté. Si les accusations ne se limitaient pas aux personnes vieilles et laides (bon nombre de sorcières présumées étaient jeunes, belles et riches), cette conception de la sorcière est restée pratiquement intacte depuis le XVIIIe siècle.

ES, 4

La sorcière et son démon familier

La sorcière a beau être une exclue de la vie sociale, cela ne signifie pas pour autant qu'elle manque de compagnie. Chacune posséderait en effet au moins un « esprit familier », un **démon** prenant la forme d'un petit animal et jouant le rôle de conseiller ou accomplissant à la demande toutes sortes de méfaits, y compris des meurtres. Les **chats**, les chiens, les **crapauds**, les lapins, les merles et les corbeaux étaient les esprits familiers les plus courants, mais on trouvait toujours ici ou là une sorcière qui préférait s'entourer d'un hérisson, d'une belette, d'un furet, d'une taupe, d'une souris, d'un rat, d'une abeille ou d'une sauterelle comme compagnon démoniaque.

Sachant qu'elles recevaient leurs démons familiers directement du diable, les sorcières en prenaient grand soin et les traitaient avec tendresse, leur trouvant des prénoms (Gibet, Sathan ou Vorace, par exemple), allant jusqu'à les baptiser et réservant les meilleurs morceaux à leur appétit. Tout travail bien fait était en général récompensé par quelques gouttes du sang de sa maîtresse.

Les esprits familiers devinrent partie intégrante du folklore sorcier lors des procès anglais et écossais du XVIe siècle et parvinrent

Les sorcières étaient aux petits soins pour leurs protégés.

jusqu'aux colonies américaines. Selon la tradition, ces démons étaient les espions des sorcières ; ils se chargeaient pour elles de toutes les basses besognes, allant jusqu'à jeter des **sorts** ou des **malédictions**. Ainsi, quand quelqu'un croisait un chien ou un **chat** qu'il ne connaissait pas, particulièrement si ce dernier le regardait bizarrement, il avait du souci à se faire, car ce pouvait bien être un envoyé maléfique préparant quelque mauvais coup.

Au moment du procès d'une accusée, l'animal qu'on pensait être son esprit familier avait souvent disparu. Excellente chose pour la pauvre bête, car les démons déguisés qui se faisaient attraper étaient exécutés sans pitié…

LA CHASSE AUX SORCIÈRES

On aimerait croire que l'ouvrage de Bathilda Tourdesac, *Histoire de la magie*, fait vraiment toute la lumière sur la chasse aux sorcières en Europe au début de l'ère moderne. En effet, c'est en le lisant que Harry apprend que les **sorciers** et les **sorcières** morts sur le bûcher ne ressentaient aucune douleur, puisque d'un simple **charme** ils parvenaient à s'immuniser contre les flammes et à ne ressentir qu'un agréable chatouillis. Mais la bonne Mrs Tourdesac passe sous silence les milliers d'hommes et de femmes ordinaires qui furent injustement accusés de sorcellerie et qui ne disposaient d'aucun pouvoir magique pour se protéger. Ils sont les vraies victimes de cette hystérie regrettable qui embrasa l'Europe du milieu du XVe à la fin du XVIIe siècle.

Pendant environ deux cent cinquante ans, des individus de toutes extractions sociales furent convaincus qu'un vaste complot mené par des sorcières menaçait leur vie. Des êtres mauvais, dévoués au renversement du monde chrétien, étaient supposés avoir pactisé avec le Malin, depuis les étables jusqu'aux hautes sphères de la société. Devant un tel danger, la loi et l'éthique furent mises de côté. On attendit des juges et des dignitaires religieux qu'ils fissent désormais preuve de leur zèle pour débusquer tous les suppôts de Satan et rayer les sorcières de la surface de la terre. Les experts estiment que, durant cette période, entre trente mille et plusieurs centaines de milliers de personnes furent violemment torturées et exécutées pour faits de sorcellerie, sur la foi de preuves au mieux douteuses et souvent inexistantes.

Comment de tels événements furent-ils possibles ? Personne ne peut le dire exactement. Mais les conflits religieux, notamment la scission de l'Église chrétienne en deux camps opposés (catholiques et protestants), jouèrent un grand rôle et contribuèrent à créer une atmosphère de méfiance entre voisins, voire au sein des familles. En outre, l'invention de l'imprimerie au milieu du XVe siècle ne fut pas sans conséquences, puisqu'elle accéléra la propagation, parmi les classes dirigeantes, des idées et des peurs liées à la sorcellerie.

Bon nombre de ces idées se retrouvent dans le *Malleus Maleficarum*, ou *Marteau des sorcières*. Ce manuel très complet, conçu en 1486 par deux chasseurs de sorcières allemands, explique comment identifier, traquer et punir les sorcières. Il connut un succès immédiat auprès du clergé, des hommes de loi et d'à peu près tous ceux qui savaient lire. Il acquit une telle popularité que, pendant presque deux cents ans, il fut l'ouvrage le mieux vendu – après la Bible, naturellement.

Si l'on ne peut pas dire que le *Malleus Maleficarum* déclencha le phénomène de la chasse aux sorcières, on peut en revanche supposer que, en vulgarisant et en accréditant les croyances qui suscitèrent les procès en sorcellerie, il contribua à imposer des stéréotypes et des informations erronées, qui condamnèrent à mort des milliers d'innocents. Les auteurs du *Malleus* fournissent en effet des détails terrifiants, décrivant comment les sorcières pactisaient avec le diable, se métamorphosaient en bêtes sauvages ou sacrifiaient des bébés. Accrédités par le pape Innocent VIII, ces postulats absurdes firent bientôt office de vérités irréfutables. Des centaines de procès en sorcellerie s'inspirèrent de la procédure détaillée dans le livre, refusant aux sorcières le droit d'avoir recours à un avocat ou à des témoins et prônant la torture. En s'appuyant sur le commandement biblique « Tu ne souffriras point que vive une sorcière » (Exode 22, 17), les auteurs assuraient au public que la seule réaction possible à la menace satanique était d'extirper le Mal par la racine et de détruire tous ses serviteurs ici-bas.

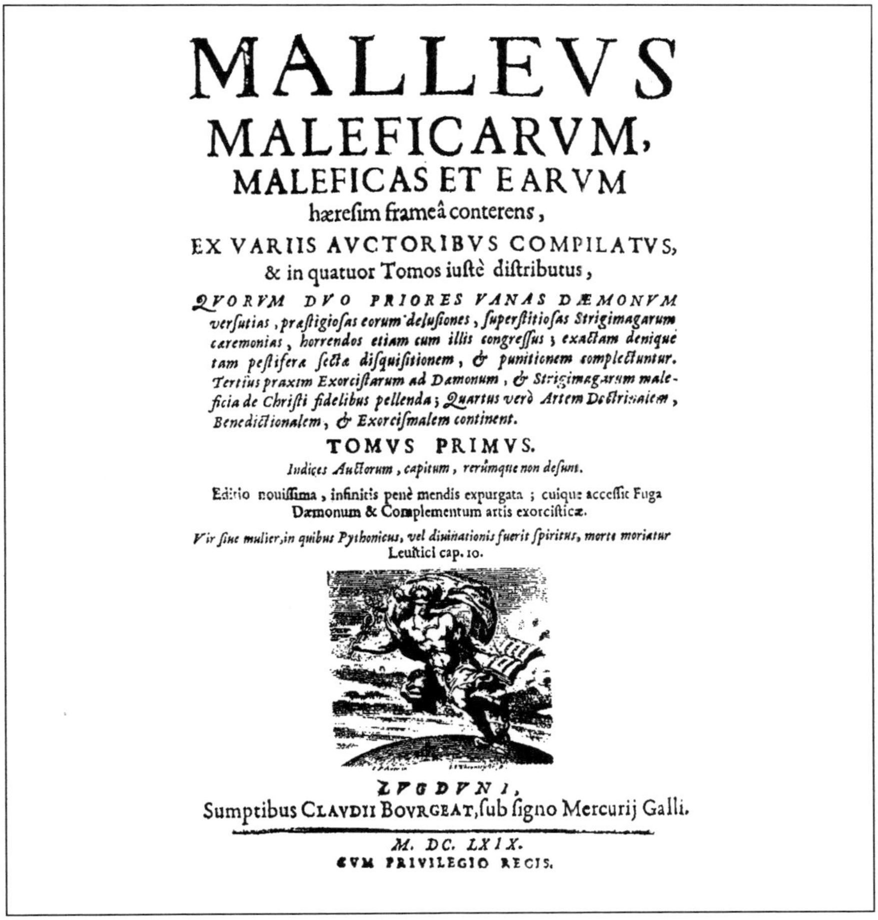

MALLEVS
MALEFICARVM,
MALEFICAS ET EARVM
hæresim frameâ conterens,
EX VARIIS AVCTORIBVS COMPILATVS,
& in quatuor Tomos iustè distributus,

QVORVM DVO PRIORES VANAS DÆMONVM versutias, præstigiosas eorum delusiones, superstitiosas Strigimagarum cæremonias, horrendos etiam cum illis congressus; exactam denique tam pestiferæ sectæ disquisitionem, & punitionem complectuntur. Tertius praxim Exorcistarum ad Dæmonum, & Strigimagarum maleficia de Christi fidelibus pellenda; Quartus verò Artem Doctrinalem, Benedictionalem, & Exorcismalem continent.

TOMVS PRIMVS.
Indices Auctorum, capitum, rerûmque non desunt.

Editio nouissima, infinitis penè mendis expurgata; cuique accessit Fuga Dæmonum & Complementum artis exorcisticæ.

Vir siue mulier, in quibus Pythonicus, vel diuinationis fuerit spiritus, morte moriatur Leuitici cap. 10.

LVGDVNI,
Sumptibus CLAVDII BOVRGEAT, sub signo Mercurij Galli.
M. DC. LXIX.
CVM PRIVILEGIO REGIS.

La page de titre du Malleus Maleficarum.

La responsabilité de cette tâche incomba en majeure partie à l'Inquisition – cette branche de l'Église catholique chargée d'identifier et d'éradiquer l'hérésie (les croyances et les pratiques contraires au dogme catholique). Des inquisiteurs professionnels avaient toute liberté de manœuvre pour traquer et punir les suspects, au premier rang desquels quiconque pratiquait la magie. Si l'Église n'avait jamais été favorable aux bonnes femmes et aux sorciers de village qui préparaient des **potions** d'amour et des sortilèges de guérison, ces personnages faisaient partie intégrante de la vie d'une communauté et les autorités n'avaient jamais réellement tenté de les faire disparaître. Mais l'Église se mit alors à déclarer que toute personne possédant des pouvoirs surnaturels les avait reçus du diable et se rendait coupable d'hérésie, crime passible de la peine de mort. Cette règle s'appliquait aux rebouteux et aux devins de village, de même qu'à ceux soupçonnés de pratiquer la magie noire, de jeter des sorts pour nuire à autrui ou de détruire des récoltes.

Les accusations de sorcellerie ne se limitèrent pas à ceux ayant la réputation de pratiquer la magie. A mesure que l'hystérie collective gagnait du terrain et que se joignaient dans la persécution les autorités aussi bien séculières que religieuses (catholiques et protestantes), tous les citoyens craignant Dieu furent invités à dénoncer autant de suspects que possible. Une vieille femme pouvait se faire accuser sur la seule foi de son apparence, parce qu'elle avait été aperçue en train de marmonner toute seule ou qu'on avait retrouvé chez elle un balai... Une querelle de voisinage pouvait finir en délation si l'une des parties venait rapporter que son adversaire lui avait jeté un sort. Dans les régions où les biens des prétendues sorcières étaient saisis, les habitants les plus riches étaient donc les plus exposés. Mais des hommes et des femmes de tous âges, riches ou pauvres, furent finalement accusés, jugés, torturés et brûlés vifs sur le bûcher. Des accusations anonymes se proféraient contre n'importe qui, sans que le délateur eût jamais à affronter le regard de sa victime.

Une fois arrêtées, les présumées sorcières comparaissaient devant un tribunal et étaient considérées comme coupables jusqu'à preuve de leur innocence. Après tout, le *Malleus Maleficarum* spécifiait bien que les juges n'avaient pas à se montrer trop regardants dans leur verdict, puisque Dieu ne permettrait pas qu'un innocent fût puni. En Allemagne, en France et en Suisse, on torturait systématiquement les suspects pour leur arracher des aveux détaillés. Soumis à de pareilles contraintes, les accusés finissaient presque toujours par confesser tout ce que les inquisiteurs exigeaient – culte de Satan, commerce avec les **démons**, vol sur un **balai** pour se rendre à des réunions nocturnes, **sorts** jetés à ses voisins et quantité d'autres crimes. Chaque nouvelle confession renforçait la certitude des inquisiteurs quant à l'étendue monumentale du complot diabolique et les encourageait à rechercher plus efficacement et à punir plus durement.

Pour décider de l'innocence ou de la culpabilité d'une sorcière, on la jetait par exemple dans une rivière. Si elle flottait à la surface, c'est qu'elle était coupable ; si au contraire elle coulait, elle était innocente – ce qui ne la préservait pas d'une éventuelle noyade, malgré la corde par laquelle la retenait parfois l'inquisiteur.

En Angleterre et en Scandinavie, où la torture était illégale, les juges s'appuyaient sur les déclarations sans fondements de témoins, ainsi que sur la présence de prétendues « marques de sorcière » (n'importe quel grain de beauté ou tache de naissance faisait l'affaire). Au besoin, ils débusquaient des témoins pour affirmer que l'accusée possédait un animal domestique démoniaque, ou « esprit familier ». Chaque « sorcière » était alors contrainte de décliner l'identité de ses complices, afin que la machine judiciaire se remît en branle. Cette procédure entraînait souvent une réaction en chaîne, qui aboutissait à l'extermination pure et simple de tout un village. En 1589, cent trente-trois habitants de la ville de Quedlinburg, en Allemagne, furent exécutés en une seule journée.

Cependant, tout le monde ne croyait pas à la sorcellerie ni ne soupçonnait son voisin de pactiser avec le Malin. Pourquoi,

Pourquoi les sorcières sont-elles toujours des femmes ?

Au plus fort de la chasse aux sorcières, trois accusés sur quatre se trouvaient être de sexe féminin. Pour les inquisiteurs, ce qui nous paraît aujourd'hui un préjugé injuste semblait tout à fait naturel. De leur point de vue, l'histoire biblique d'Adam et Ève démontrait que les femmes étaient responsables du péché sur terre. Il paraissait indéniable que les femmes, d'un point de vue physique, moral et intellectuel, étaient inférieures aux hommes, et donc plus susceptibles de céder à la tentation du diable. De plus, comme le constatèrent les chasseurs de sorcières, les femmes se montraient plus vindicatives, malveillantes et menteuses que les hommes.

Les spécialistes actuels suggèrent que, outre une forte misogynie (haine des femmes) dans les sociétés engagées dans la chasse aux sorcières, d'autres facteurs sociaux rendaient les femmes plus vulnérables face aux accusations de sorcellerie. Ainsi, n'était-ce pas les femmes qui assuraient le rôle de sages-femmes et mettaient au monde les enfants ? Or, lorsqu'un nouveau-né venait à mourir (ce qui était fréquent à l'époque), il arrivait que les parents les en tiennent pour responsables. Les esprits eurent tôt fait d'assimiler la sage-femme à une sorcière, puisque la mort soudaine était considérée comme une preuve de sorcellerie.

Mais le groupe le plus touché fut sans doute celui des femmes âgées – veuves ou vieilles filles – habitant seules. Dans une société dominée par les hommes, dans laquelle les femmes n'avaient en général aucun droit de propriété, une femme ne vivant pas sous la coupe d'un père ou d'un mari représentait souvent une menace ou, au mieux, était regardée avec méfiance. Les procès en sorcellerie ont peut-être été un moyen pratique de se débarrasser des marginales d'une communauté.

Y avait-il malgré tout plus de femmes que d'hommes pratiquant la sorcellerie sous une forme ou sous une autre ? Puisqu'elles avaient si peu de pouvoir pour réparer les griefs, résoudre les désaccords ou exercer la moindre emprise sur leur propre destin sur le plan légal, il est possible qu'elles aient eu recours à des pratiques magiques illégales – charmes, potions ou sortilèges – pour tenter d'avoir un impact sur leur vie ou sur le monde qui les entourait. Si la plupart de ces activités se révélaient inoffensives, elles pouvaient entraîner des conséquences très graves si elles faisaient l'objet d'une accusation de sorcellerie.

dès lors, personne ne s'éleva-t-il contre ce massacre organisé ? Certains, sans doute, se rebiffèrent, mais ces procès étaient soutenus par des autorités puissantes et quiconque mettait en doute la réalité de la sorcellerie ou la culpabilité d'une vieille femme sans défense risquait de se retrouver lui-même accusé. Il fallait, pour se permettre de prendre un tel risque, disposer de protecteurs haut placés ; encore de telles protestations n'avaient-elles que peu de conséquences.

Néanmoins, le vent de panique finit par retomber de lui-même, alors que la révolution scientifique apportait à l'Europe un renouveau de scepticisme et que les croyances magiques devenaient de mauvais goût dans les classes sociales élevées. L'un des derniers sursauts de cette hystérie secoua la colonie américaine de Salem, dans l'État du Massachusetts, en 1692. Le dernier procès eut lieu en 1712 en Angleterre, en 1745 en France et en 1775 en Allemagne. Les lois interdisant la sorcellerie furent abrogées, en Angleterre et en Écosse, en 1736. Ceux qui croyaient toujours à l'intervention du démon dans les affaires humaines gardèrent désormais leur opinion pour eux. Sortie du domaine de l'hérésie, la sorcellerie réintégra celui de la simple magie populaire. Cependant, la fameuse équation « sorcière = Mal » ne disparut jamais tout à fait. Des explosions de violence à l'égard de sorcières présumées étaient encore enregistrées en Europe et aux États-Unis au début du XXe siècle…

PA, 1

Sort

Les potions sont longues à concocter, les herbes mettent longtemps à pousser, alors qu'un sort, ça ne prend qu'une seconde à jeter. C'est un sort de lévitation qu'utilise Ron pour assommer un **troll** des montagnes avec sa propre massue. Et c'est aussi grâce à un sort que Harry trouve son chemin dans le labyrinthe. Un sort de déverrouillage permet à Hermione de pénétrer dans un couloir interdit. Les sorts sont de puissants instruments qui affectent les gens, les animaux, les objets et même les lieux. Et Poudlard en est un bon exemple, avec son sort qui lui donne l'apparence, aux yeux des Moldus, d'un vieux château en ruine.

Bien entendu, les sortilèges les plus impressionnants sont ceux de la littérature. Mais, dans presque toutes les cultures, des gens bien réels croient au pouvoir qu'ont les sorts d'influencer le comportement humain et de modifier le cours des événements. Dans le monde antique, les **magiciens** professionnels gagnaient bien leur vie en jetant des sorts pour que leurs clients retrouvent l'amour, se débarrassent d'un ennemi (un sort négatif s'appelle alors une « **malédiction** »), deviennent riches, guérissent d'une maladie, excellent dans le sport, n'aient plus de rats chez eux ou soient délivrés des effets d'un sort jeté par un magicien concurrent. Mais les sorts « faits maison » ravissaient aussi les amateurs. Les sorts étaient partout, et même l'un des auteurs latins les plus sceptiques écrivit au Ier siècle qu'il n'y avait « personne qui ne craigne les sorts et les incantations ».

Un sort est une expression orale ou écrite destinée à produire un effet magique. La plupart sont constitués d'incantations dans lesquelles le but recherché (l'argent, la santé ou la renommée) est clairement énoncé, répété de nombreuses fois et accompagné d'un rituel, par exemple allumer une bougie, brûler de l'encens, montrer du doigt ou faire des gestes précis.

Certains Égyptiens recopiaient les sorts sur du papyrus, les dissolvaient dans de la bière et les buvaient. Les magiciens grecs et romains de l'Antiquité créaient des sorts en faisant tourner une roue du nom de « rhombus ». Selon la culture, le sort pouvait contenir des **formules magiques** ou bien une supplique adressée à une divinité. Les sorts étaient parfois chantés ou psalmodiés. L'ensemble de ce processus magique s'appelle « jeter » un sort.

Les sorts visant à modifier le comportement d'un tiers – les sortilèges amoureux, de guérison, ou les maléfices – n'étaient vraiment efficaces que si l'on incorporait à la cérémonie une mèche de cheveux, un morceau d'ongle, un vêtement ou tout autre effet personnel de la personne visée. Cela reflète une ancienne croyance selon laquelle tout ce qui a été en contact physique – une femme avec ses ongles, par exemple – reste lié par une connexion « magique », même à des kilomètres de distance. En l'absence d'un article de ce genre, les mots restauraient ce lien entre le rituel et sa cible. « Comme je fais fondre cette cire, dit un sortilège d'amour du Ier siècle, que son cœur de même fonde d'amour pour moi. Comme je brûle ces herbes, que sa passion de même brûle pour moi. Comme je lie ce fil, qu'à son tour il soit lié à moi. » La cérémonie impliquait parfois l'usage de figurines de cire ou d'argile, ou de poupées représentant le destinataire du sort. Dans le cas d'un sortilège d'amour, la figurine était enroulée de fil pour « attacher » l'amour de la cible à son enchanteur. Pour un sortilège de guérison, on fourrait la poupée d'herbes médicinales. Si le sort visait à nuire (voir **forces du Mal**, p. 117), on détériorait la figurine.

Bien sûr, les sorts de contes de fées ne nécessitent pas tant de matériel. Il suffit d'un petit coup de baguette magique pour qu'un poète timoré devienne un valeureux chevalier ou qu'un carrosse s'envole tout à coup dans les airs, attelage compris. A Poudlard, les professeurs peuvent s'assurer de l'honnêteté de leurs étudiants en soumettant leurs plumes à un sort anti-triche. Aujourd'hui, nous utilisons toujours le terme « ensorceleur » pour évoquer le pouvoir particulier de tels récits.

ES, 10

Sortilège

Lorsque Hermione se retrouve soudain affublée de dents plus longues que le menton, elle sait avec certitude qu'elle a été ensorcelée par le détestable Drago Malefoy. Mais qu'est-ce qu'un sortilège ? C'est un mauvais **sort,** jeté sur une personne ou un objet en vue de lui faire du mal. Pour ceux qui n'ont pas sous la main une Madame Pomfresh pour limiter les dégâts, se faire ensorceler peut se révéler très dangereux.

Le terme « sortilège » est de la même famille que « sorcière », et l'on considère en effet ce genre de pratique comme une forme de sorcellerie. Bien que tout ait probablement commencé en Europe, on associe généralement les sortilèges à la tradition magique des Hollandais de Pennsylvanie. D'origine allemande, ils furent les premiers à s'installer dans l'Amérique coloniale du XVIIe siècle. Les sortilèges étaient la spécialité des « docteurs sorciers », dont toute la communauté pouvait louer les services pour jeter ou contrer des sorts.

Pour les premiers fermiers hollandais de Pennsylvanie, tout désagrément, depuis la crème refusant de faire du beurre jusqu'à l'épidémie décimant un troupeau, pouvait être attribué à un sortilège. Un animal perdait ses poils ? Sortilège ! Le bétail refusait de manger ou ne tenait pas en place ? Sortilège ! Plus grave encore était l'ensorcellement humain. Il pouvait entraîner une insomnie incurable, une perte de poids due au manque soudain d'appétit ou à l'impossibilité de digérer, toutes sortes de gênes ou de douleurs continues, ou plus simplement une malchance persistante.

Un des « signes » des Hollandais de Pennsylvanie.

Quiconque désireux de protéger sa famille de tels maléfices disposait d'un certain nombre de parades. Une étoile à cinq branches dessinée sur la porte où le rebord de la fenêtre empêchait les « docteurs sorciers » de pénétrer dans les lieux. Une « lettre de sortilège » – sorte de menace écrite à l'intention du docteur sorcier – pouvait aussi être accrochée aux chevrons d'une grange pour en protéger les occupants. Pour préserver ou soigner les animaux, il suffisait parfois de suspendre au-dessus de leurs stalles un petit sachet de toile contenant du mercure.

Autre recours possible : les signes, figures géométriques et colorées traditionnellement peintes sur le côté des maisons ou des granges. Tout comme les sortilèges eux-mêmes, cette pratique naquit probablement en Allemagne. Au XIXe siècle, elle s'était largement répandue en Pennsylvanie. Aujourd'hui, on considère plutôt ces signes comme une forme d'art populaire, mais des experts pensent que leur but premier était de protéger les animaux et les hommes du mauvais œil (voir **amulette**, p. 13). Bien qu'on les trouve majoritairement sur des édifices, ces signes apparaissent parfois sur les berceaux, les ustensiles de maison, ou sur des disques en bois ou en métal conçus pour être pendus aux fenêtres.

CF, 23

Spectre de la mort

Apercevoir un spectre de la mort serait le pire cauchemar de Seamus Finnigan, le camarade de classe de Harry. Et il a bien raison d'avoir peur : si l'une de ces créatures funestes apparaît à un Irlandais, cela signifie pour lui qu'un membre de sa famille va bientôt mourir.

Les spectres de la mort font partie du folklore irlandais depuis le VIIIe siècle. Ce ne sont pas à proprement parler des créatures maléfiques, mais leurs gémissements obsédants sont proprement terrifiants. Leur trait physique le plus marquant ? Leurs yeux, rendus d'un rouge étincelant par des siècles passés à pleurer leurs chers disparus. Souvent décrit comme une grande femme émaciée à la longue chevelure blanche, le spectre de la mort porte généralement une robe verte, recouverte d'une cape grise à capuche. Il arrive cependant qu'il ait l'apparence d'une vieille femme de petite taille ou d'une belle jeune fille aux cheveux d'or, vêtue de rouge.

On raconte que chaque spectre de la mort ne se dévoue qu'à un seul clan irlandais, qu'il sert pendant des siècles. Il n'apparaît que lorsque l'un des membres du clan va mourir. Le spectre le plus célèbre de l'histoire d'Irlande se nommait Aibhill et hantait la famille O'Brien. Selon la légende, le roi Brian Boru, déjà âgé en 1014, se rendit à la bataille de Clontarf en sachant qu'il n'en reviendrait pas, car Aibhill lui était apparue la nuit précédente, lavant des frusques de soldats jusqu'à ce que l'eau devienne rouge de sang.

Plus tard, on raconta que les spectres annonçaient la mort en gémissant ou en chantant des oraisons funèbres sous les fenêtres des mourants, parfois à plusieurs étages de hauteur, en flottant dans l'air. Dans un célèbre récit du XVIIe siècle, une femme reçue par des amis irlandais décrit son effroi lorsqu'elle entendit une voix au beau milieu de la nuit : « Je tirai le rideau et, dans l'encadrement de la fenêtre, j'aperçus au clair de lune une femme à la chevelure rouge et au teint blême. Elle parlait à voix haute, dans une langue qui m'était inconnue ; puis, dans un soupir qui ressemblait plus au vent qu'à un souffle humain, elle disparut. J'appris plus tard qu'un de mes hôtes était mort durant la nuit. »

Un spectre de la mort reste parfois à distance, silhouette solitaire qui annonce sa triste nouvelle en déambulant dans les collines environnantes[1], ou bien en restant assise sur un muret de pierre. Parfois on ne l'aperçoit pas, mais ses gémissements déchirants ne laissent aucun doute sur sa présence. Dans le cas très rare où plusieurs spectres de la mort apparaissent simultanément, ils viennent annoncer la disparition d'un être très illustre ou vénéré.

Seules les grandes maisons irlandaises, dont le lignage remonte jusqu'aux héros légendaires du Moyen Age, ont des spectres de la mort attitrés. A l'origine, cette catégorie n'incluait que les patronymes commençant par « O' » ou par « Mac », mais après des siècles d'alliances, des centaines d'autres peuvent prétendre à cet honneur. Les spectres sont trop attachés aux liens du sang pour oublier des descendants. C'est ainsi qu'on rapporte avoir entendu leur complainte en Angleterre, en Amérique et partout où les Irlandais sont allés s'installer au fil du temps.

PA, 7

1. Le terme anglais *banshee*, qui désigne le spectre de la mort, dérive de l'irlandais *bean sidhe*, qui signifie « femme des collines ». (N.d.T.)

Sphinx

Difficile de trouver monstre plus ancien que le Sphinx. Majestueuse créature à corps de lion et à buste et tête d'humain, le Sphinx fait partie de la légende depuis plus de cinq mille ans. Dans l'Égypte ancienne, où il est apparu pour la première fois, le Sphinx symbolise la royauté, la fertilité et la vie après la mort. Son image a souvent été associée à la crue annuelle du Nil, qui redonnait la vie au désert desséché. On érigeait alors des statues de sphinx à l'entrée de nombreux tombeaux et temples égyptiens.

La statue de sphinx la plus vénérée d'Égypte est le Grand Sphinx de Gizeh : mesurant soixante-quatorze mètres de long et vingt mètres de haut, il se dresse sur une bande de désert, sur le plateau de Gizeh. Vieille de plus de quatre mille cinq cents ans, cette sculpture calcaire colossale représente le corps puissant d'un lion supportant la noble tête d'un roi ou d'un pharaon. Pour la plupart des historiens, il s'agirait d'un hommage au roi Khephren, dont la pyramide se situe non loin de la statue.

Depuis l'Égypte antique, le mythe du Sphinx a traversé la Méditerranée pour atteindre les terres de Mésopotamie (aujourd'hui la Syrie et l'Irak) et la Grèce. Dans ces contrées, la créature prit un sens plus sinistre, ne symbolisant plus seulement le monde souterrain, mais aussi la violence aveugle et la destruction. Le trône du dieu grec Zeus, sur le mont Olympe (montagne sacrée et siège de tous les dieux), était dit-on gravé d'une fresque de sphinx enlevant des jeunes enfants. D'autres sphinx grecs ou romains

sont représentés en train de déchiqueter leurs victimes ou de saliver au milieu de leurs restes mutilés. L'anatomie de la créature se modifie à mesure que l'on progresse vers le nord-est. En Mésopotamie, on constate que la bête mythique a souvent une tête de bélier ou d'aigle ; en Grèce, elle a des ailes et un visage et une poitrine de femme.

Bien qu'il ne soit pas ailé, le sphinx que rencontre Harry Potter au cours du Tournoi des Trois Sorciers est probablement grec. Non seulement il a un visage de femme, mais il utilise son intelligence pour protéger un sombre secret, tel le sphinx du mythe d'Œdipe. Dans cette histoire, une sphinge menaçante parcourt la campagne autour de la cité de Thèbes, posant des questions infernales aux voyageurs et les dévorant tout crus lorsqu'ils ne savent pas y répondre. Elle rencontre finalement un candidat à sa mesure en la personne du jeune Œdipe, qui résout la devinette suivante : « Quel animal marche à quatre pattes le matin, sur deux pattes à midi et sur trois le soir ? » « C'est l'homme, répond Œdipe ; il rampe lorsqu'il est bébé, marche debout à l'âge adulte et s'appuie sur une canne dans sa vieillesse. » Ayant déjoué le piège de la sphinge, Œdipe, tout comme Harry, est autorisé à poursuivre son chemin, vers un destin bien pis que la terrible colère de Lord Voldemort.

Avec le temps, la version grecque d'une créature sombre et énigmatique s'est imposée. Le mot lui-même vient d'ailleurs du verbe grec *sphingein*, qui signifie « serrer », « étrangler » ou « attacher ». En dépit de ce qu'affirment certains auteurs médiévaux, il n'y a aucune raison de penser que les Égyptiens, les Mésopotamiens ou les Grecs considéraient le Sphinx comme un animal réel. Leurs légendes, leur art et leur littérature le présentent constamment comme une créature mythique, symbolisant le pouvoir et la connaissance interdite. Ce qui n'empêcha pas ultérieurement certains auteurs, comme au XVIIe siècle le zoologue Edward Topsell, d'affirmer que le sphinx descendait d'une race étrange de singe éthiopien. En hommage à ces observations scientifiques fantaisistes, une race de babouins, le mandrill, a été baptisée du nom latin de *Papio Sphinx*.

CF, 31

Strangulot

Lorsque, pour la première fois, il découvre l'affreuse tête verte d'un strangulot collée contre la paroi de l'aquarium du professeur Lupin, Harry est loin de se douter que cette expérience lui sera utile. Il devra pourtant affronter ces **démons** marins du folklore anglais, qui ont élu domicile dans les eaux du lac de Poudlard, dans la deuxième épreuve du Tournoi des Trois Sorciers.

Bien que les Strangulots soient parfaitement authentiques dans le monde des sorciers, en revanche, dans le Yorkshire (seule région anglaise où ils fassent partie du folklore), aucun enfant âgé de plus de dix ans ne prend encore au sérieux cette vilaine créature. C'est probablement parce que les Strangulots appartiennent à une catégorie particulière d'êtres surnaturels, les « croquemitaines ». Invention des adultes, ces pères Fouettards n'ont d'autre fonction que d'effrayer les enfants pour les empêcher de se livrer à des activités interdites ou dangereuses. « Ne t'approche pas trop du bord de l'eau, ou bien le Strangulot va t'attraper et te manger pour le dîner ! »

Le Strangulot appartenant à la tradition orale, et non écrite, ses caractéristiques physiques sont difficiles à cerner. Cependant, s'il ressemble à ses homologues Jenny Dents-Vertes et Peg Powler (qui sévissent dans d'autres régions d'Angleterre), on le représente volontiers pourvu d'une tête de **harpie**

plantée de longs cheveux verts, d'une peau verte, de crocs verts et pointus et d'une bouche béante. Harry, qui n'est plus un bambin, comprend vite que, malgré leur apparence peu ragoûtante, il suffit, pour se débarrasser de l'une de ces sales bêtes, de lui coller un bon coup de pied dans la tête.

PA, 8

Talisman

Bien que les élèves de Poudlard se ruent sur des talismans pour se protéger d'une mystérieuse épidémie de **pétrification**, ces puissants objets sont plus généralement utilisés pour agir que pour se défendre. Contrairement aux **amulettes**, qui sont spécifiquement conçues pour mettre ceux qui les portent à l'abri du Mal, les talismans ont la capacité de provoquer des transformations surnaturelles – rendre leur propriétaire invisible, lui conférer une force surhumaine, l'immuniser contre la maladie ou encore lui permettre de se rappeler chaque parole prononcée par un professeur.

Un talisman se présente sous la forme de n'importe quel objet : une statuette, un livre, un anneau, un vêtement, un morceau de métal ou de parchemin. Même l'infecte queue de triton achetée par Neville Londubat sous le coup de la panique peut faire office de talisman, pourvu qu'elle possède des pouvoirs magiques. Certaines substances, comme les pierres précieuses, sont traditionnellement considérées comme magiques par nature. Mais la plupart des talismans reçoivent leurs pouvoirs lors de rituels destinés à dompter les forces de la nature ou la puissance des dieux. Nombre d'entre eux portent des inscriptions magiques, des noms, des

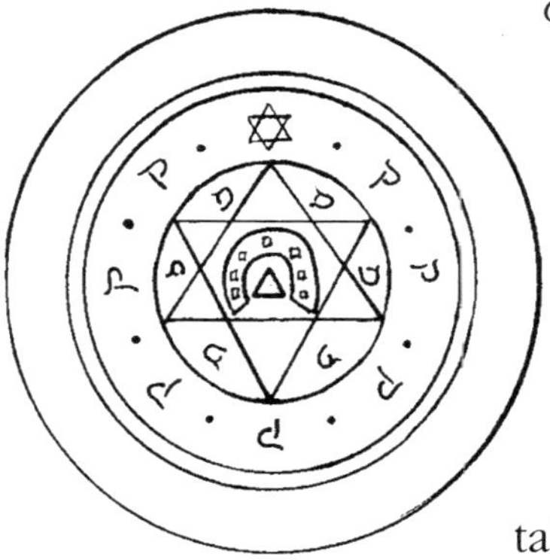

Ce talisman du Moyen Age était censé porter chance à son propriétaire et lui inspirer le bon choix dans les jeux d'argent.

portraits de divinités ou des **charmes**.

Les talismans étaient très prisés dans le monde antique. Les archéologues ont découvert des talismans en papyrus venus d'Égypte, ainsi que des centaines de talismans en pierre ou en métal, partout dans les régions méditerranéennes. S'ils étaient surtout recherchés pour leurs vertus curatives, on les utilisait également pour attirer l'amour, développer sa mémoire ou s'assurer un succès en politique, en sport ou au jeu.

A l'époque médiévale, on trouvait des talismans pour tout et contre tout. En accrochant une patte de lièvre à son bras gauche, on pouvait s'aventurer dans des contrées périlleuses sans risquer d'y être blessé. Avoir du gui sur soi lorsqu'on était en procès promettait une issue heureuse. Si enfin on entourait une dent de loup d'un brin d'héliotrope et qu'on emballait le tout dans des feuilles de laurier, on était certain de faire taire tous les ragots. Le rayonnement des talismans était tel qu'au XIVe siècle, en Angleterre, on fit réviser les règles du duel : chaque participant devait jurer qu'il ne portait pas sur lui d'anneau ou de pierre magique, ou tout autre talisman susceptible de lui donner l'avantage.

Comme on croyait alors que tous les corps célestes planaient au-dessus de la Terre (voir **astrologie**, p. 22), beaucoup de talismans étaient conçus pour attirer l'influence d'une planète particulière. Celui qui voulait gagner un combat devait par exemple concevoir un talisman susceptible de dompter la puissance de la planète Mars, qui commandait la force physique. Ce talisman était confectionné dans du fer (métal traditionnellement associé à Mars) et réalisé au moment où ladite planète était réputée la plus puissante. On pouvait aussi graver le nombre de la planète, le 5, ou peindre le talisman de la couleur de Mars, le rouge.

Ces talismans astrologiques étaient très populaires parmi les alchimistes de la Renaissance, qui accomplissaient avec beaucoup de soin les rituels nécessaires à la fabrication de tels objets, dont ils espéraient qu'ils les aideraient à transformer les métaux vils en or. Après avoir attendu la bonne conjoncture planétaire, ils récitaient des incantations pour convoquer esprits ou **démons**, dans l'espoir que ces derniers transmettraient leur pouvoir aux talismans. La **Pierre philosophale**, source d'immortalité et de richesse infinie, était le talisman le plus recherché.

Les talismans restèrent à la mode jusqu'au XIXe siècle. A l'époque, on préférait le talisman « tout-en-un » : gravé dans l'argent, durant la bonne phase lunaire, il promettait à son propriétaire richesse, santé, séduction, bonne humeur, charisme et protection contre les accidents lorsqu'il partait en voyage. Si l'on est, de nos jours, moins enclin à graver des formules magiques sur du métal, ceux qui gardent près d'eux une patte de lapin ou tiennent absolument à enfiler leurs « chaussettes porte-bonheur » pour un match entretiennent la vieille tradition des talismans, à laquelle appartiennent de même les fers à cheval, trèfles à quatre feuilles et autres grigris.

CS, 11

Tapis volant

Les tapis volants ont beau avoir été interdits par le ministère de la Magie, cela n'a pas empêché la plupart des **magiciens** et des **sorciers** d'Extrême-Orient de se servir de ces fabuleuses carpettes.

Les premières histoires de tapis volants sont liées au roi Salomon. Fils de David (celui-là qui terrassa le **géant** Goliath) et de Bethsabée, Salomon est considéré comme le plus fameux chef de l'antique Israël. Dans le Livre des rois de l'Ancien Testament, il apparaît comme un homme politique habile et un guerrier farouche. A la tête de ses puissantes armées, il conquit un empire s'étendant de l'Égypte au fleuve Euphrate, en Irak. Doué de sagesse et d'un sens peu courant de la justice, il aimait le beau, composait des vers exquis et fit bâtir des temples et des palais somptueux.

La destinée de Salomon fut si remarquable qu'après sa mort, beaucoup d'auteurs juifs et musulmans en vinrent à penser qu'il était en fait un puissant magicien. Le Coran, livre sacré de l'islam, raconte que Salomon savait parler « le langage des oiseaux », qu'il commandait aux anges et aux génies (les djinns), et qu'il était « doté de toutes les qualités ». Des conteurs arabes poursuivirent sur cette voie et attribuèrent au roi un anneau et un **chaudron** magiques, le pouvoir de maîtriser le vent et un superbe tapis volant pour le porter où bon lui semblait.

Les descriptions du tapis volant de Salomon varient grandement d'une histoire à l'autre, mais la plupart des auteurs s'accordent sur ces deux points : il était fait d'une fine soie verte et était de très grande taille – près de cent kilomètres de large ! Selon le savant et explorateur Richard Burton, qui vécut au XIXe siècle, « sa longueur et sa largeur étaient telles que l'armée entière du bon roi pouvait y prendre place, les hommes à la gauche du trône et les djinns à sa droite ». Une fois cette armée bien installée sur le tapis, « le vent, répondant à l'ordre royal, se levait et portait le tapis où le prophète le désirait, tandis qu'une horde d'oiseaux volant au-dessus de leurs têtes protégeaient les guerriers du soleil ».

Le tapis miraculeux de Salomon fut à n'en pas douter à l'origine des nombreux tapis volants de proportions plus modestes évoqués dans une multitude de contes arabes, par exemple dans l'*Histoire du prince Ahmed et de la fée Pari-Banou.* Dans cette fable persane tirée des *Mille et une nuits*, un jeune prince du nom de Houssain tombe par hasard sur un fabuleux « ouvrage de tapisserie » capable de transporter son propriétaire n'importe où dans le monde. Grâce à ce tapis,

Houssain peut sauver la vie de sa princesse bien-aimée, qui gît mourante, à des centaines de kilomètres de là, en apportant instantanément à son chevet une pomme magique.

En Europe et en Amérique du Nord, le tapis n'est devenu un élément de décoration qu'à la fin du XIXe siècle ; c'est peut-être la raison pour laquelle sa version volante n'a jamais tenu un rôle primordial dans la mythologie et le folklore occidentaux (d'ailleurs, beaucoup d'Occidentaux associent à tort le tapis volant à l'histoire d'Aladin, dans laquelle il n'y en a aucun). Quoique privés de tapis volants, les magiciens et héros occidentaux ont eu recours à toute une foule d'artifices, depuis les sandales ailées jusqu'aux valises voltigeantes, en passant par de grands ascenseurs de verre. Une histoire bien connue des enfants américains parle même d'un canapé volant ! Et puis, surtout, nous avons les **balais** : l'Éclair de Feu cher à Harry serait, parions-le, capable de battre à plate couture n'importe quel tapis assez inconscient pour s'aventurer sur un terrain de Quidditch ! Un seul regret : que les balais soient des véhicules monoplaces. Si un jour Harry réunit une armée comme celle de Salomon (ou qu'il décroche un rendez-vous avec Cho Chang), il faudra qu'il demande à Mr Weasley les clés de sa voiture volante…

CF, 7

Troll

Si le mot « troll » désigne improprement tout un assortiment de monstres, les trolls authentiques possèdent des caractéristiques très particulières, qui les distinguent de toutes les créatures que l'on peut croiser la nuit. Ce sont des êtres surnaturels extrêmement laids, qui élisent domicile au nord de l'Europe, dans les froides contrées des pays scandinaves. Ces êtres maléfiques et féroces ont un penchant pour la chair humaine et les trésors volés. Ils sont en outre gigantesques, d'une force étonnante et incroyablement stupides. Mais on serait tenté de fermer les yeux sur ces petits défauts en se rappelant que c'est grâce à un troll des montagnes de trois mètres de haut que Harry, Ron et Hermione sont devenus les meilleurs amis du monde.

On raconte que les trolls vivent dans les forêts et les montagnes de Scandinavie, depuis que l'homme lui-même s'est installé dans ces régions, à la fin de l'ère glaciaire. Ils apparaissent très tôt dans les contes et légendes norvégiens et suédois. Outre sa taille impressionnante, les autres traits distinctifs du troll sont un nez crochu, une queue touffue, de grands pieds plats, des doigts ou des orteils manquants (il en possède rarement plus de trois ou quatre) et un duvet hirsute et moussu qui lui recouvre la tête et le nez (ou faut-il parler de mufle ?). On note aussi des descriptions de trolls pourvus d'un œil unique au milieu de leur front ridé, de trolls à deux ou trois têtes, ou encore aux narines encombrées d'arbres... Dans les récits ultérieurs, les trolls sont devenus des êtres plus petits, parfois de taille humaine, et plus intelligents que leurs ancêtres.

Les trolls vivent en communauté, au fond de grottes, dans les montagnes ou dans les collines. Certains habitent sous terre, à l'ombre des rochers ou des arbres déracinés. Cette attirance pour la vie souterraine est tout à fait logique, sachant qu'ils détestent le bruit et que la lumière du jour les pétrifie, voire les fait exploser... Les étranges masses rocheuses qui ornent la campagne scandinave ne seraient autres que des trolls n'ayant pas respecté le couvre-feu !

Les trolls habitent dans de somptueux palais flamboyants, remplis de trésors volés. D'un naturel extrêmement cupide, ces créatures chapardent tout l'or et l'argent sur lesquels elles mettent la main. Et leur avarice n'a pas pour seul objet les trésors en espèces : les trolls aiment aussi les paiements en nature et n'hésitent pas à enlever des enfants humains, qu'ils remplacent par les leurs, dans l'espoir qu'ils seront élevés comme des humains. La légende raconte que, si une mère pense s'être fait enlever son bébé, elle doit menacer de jeter au feu celui qui lui a été substitué. La maman troll, leurrée par ce piètre artifice, volera alors au secours de son bébé, ce qui permettra à la mère humaine de récupérer le sien. On est cependant à l'abri d'un tel désagrément si l'enfant a été baptisé, car les trolls ont horreur du christianisme (le son des cloches les fait d'ailleurs fuir dans la direction opposée).

Malheureusement, la ruse et les cloches ne suffisent pas toujours à se protéger des trolls, qui possèdent plus d'un pouvoir magique invincible. Ce sont des experts de la métamorphose, qui savent aussi se rendre invisibles. Grâce à ces talents, ils peuvent voler et cacher des trésors en toute sérénité – ce qu'ils font très bien, en donnant à leur or si mal acquis l'apparence d'un tas de pierres ou de cailloux. Quiconque rencontre un troll et ne parvient pas à lui échapper est promis à une fin horrible, puisqu'il est soit emprisonné, soit réduit en esclavage, soit dévoré. Les trolls raffolent de la chair humaine et ne laissent en général de leurs malheureuses victimes que des squelettes bien nettoyés.

On relève quelques rares cas de trolls bienveillants, qui récompensent les familles qu'ils aiment en leur offrant des trésors ou en leur accordant de la chance. Ces trolls-là sont d'habiles artisans, qui n'ont pas leur pareil pour travailler les métaux et créer des épées, des couteaux ou des bracelets bien particuliers. Ils utilisent leur connaissance de la magie et des herbes pour soigner la maladie et ils adorent la musique et la danse. Cependant, la probabilité de tomber sur la variété de trolls mangeurs d'hommes n'étant pas négligeable, si vous vous trouvez dans une forêt particulièrement *trolsk* (« qui donne le frisson », en norvégien), nous n'avons dans le doute qu'un seul conseil à vous donner : *flykte !* (« Prenez vos jambes à votre cou ! »)

ES, 10

Vampire

Solitaires et privés d'amis, ils errent la nuit dans leur quête de sang frais. Pendant le jour, ils tuent le temps en dormant au fond de cryptes sentant le moisi et dans des châteaux perchés au sommet de montagnes. Ils ne vieillissent pas et ne craignent pas la mort, puisqu'ils sont déjà morts. Et si vous en croisez un dans la rue, vous manquerez sans doute d'indices pour soupçonner que c'est un monstre que vous regardez en face.

De tous les **fantômes**, **goules** et **démons** étudiés en cours de défense contre les forces du Mal, le plus connu est indubitablement le vampire assoiffé de sang. Dans la plupart des récits, le vampire est un être humain qui, une fois mort, revient à la vie, conduit par le besoin compulsif de boire le sang des vivants. Les descriptions physiques varient selon les cultures et vont de la bête aux yeux rouges et aux cheveux verts ou roses (Chine) à la créature en forme de serpent et à tête de femme (la lamie grecque), en passant par le grand gentilhomme sophistiqué en longue cape noire décrit dans les légendes d'Europe de l'Est.

Les vampires font partie du folklore depuis des siècles. Pourtant, ils n'ont acquis leur réelle notoriété qu'en 1897, lorsque parut le roman *Dracula*, de Bram Stoker. Les canines du héros éponyme de Stoker étaient légèrement allongées et taillées en pointe, il avait du poil sur la paume des mains et le teint anormalement pâle, mais pour le reste de son apparence physique, il avait tout d'un homme. Selon toute vraisemblance, le personnage du comte Dracula s'inspire de Vlad Tepes, homme au tempérament violent et sanglant qui présida aux destinées de la Valachie (l'actuelle Roumanie) au XVe siècle. Vlad était connu pour empaler ses ennemis au moyen de pieux de bois plantés dans le cœur et pour se baigner dans le sang des victimes après une bataille particulièrement éreintante. Avec le temps,

ces habitudes sont entrées dans la légende du vampire. Vlad Tepes, personnage visiblement très théâtral, signait ses lettres « Vlad Dracula », ce qui peut se traduire grossièrement par « Vlad, fils du diable ».

Les pouvoirs prêtés au vampire grandirent au fil des temps. Au XVIe siècle, les conquistadores espagnols découvrirent, en Amérique centrale et en Amérique du Sud, une race de chauve-souris dont les habitudes alimentaires ne différaient pas tellement de celles du comte Dracula et de ses semblables. Depuis lors, on raconte que les vampires peuvent se transformer en chauve-souris à volonté. Ils seraient aussi capables de se **métamorphoser** en loup, en rat ou en souris. Certains sauraient aussi commander ou communiquer avec ces animaux.

Les vampires sont doués d'une force et d'une dextérité bien supérieures à celles des hommes ; certains peuvent même voler. Enfin, les plus puissants d'entre eux savent hypnotiser les humains d'un seul regard, prendre le contrôle de leurs actions et même voir par leurs yeux.

En dépit de tous ces pouvoirs, le vampire a aussi ses faiblesses. Tout le monde sait par exemple qu'il ne supporte pas la lumière du jour. Le soleil est depuis toujours considéré comme un symbole de vérité et de bonté, concepts diamétralement opposés à la nature même du vampire. Par conséquent, une exposition directe au soleil détruit instantanément le vampire, le réduisant en général à un pitoyable tas de poussière. Parmi les autres moyens de se débarrasser d'un vampire, on compte la décapitation, la crémation ou – surprise – le pieu de bois planté en plein cœur. Contrairement à la croyance populaire, les légendes rapportent que les vampires ne sont pas vulnérables aux armes façonnées dans l'argent ; choisissez plutôt le fer, si vous devez affronter une de ces créatures. Dans le folklore slave, on détruit généralement les vampires en les arrosant d'eau bénite, en faisant appel à un exorciste ou bien en leur volant leur chaussette gauche, en la remplissant de pierres et en la jetant ensuite dans une rivière (plus facile à dire qu'à faire).

Comme le professeur Quirrell ne l'ignore pas, les vampires ne supportent pas l'odeur de l'ail frais. On peut donc placer des couronnes de cet ingrédient précieux dans les chambres (ou les salles de classe) pour en protéger les occupants. Les plus superstitieux truffent même de gousses d'ail les yeux, les oreilles et les narines des défunts pour les empêcher de devenir des vampires. Ces derniers auraient aussi une grande fascination pour les nombres ; si un vampire tombe sur un sac de grain renversé, il commencera aussitôt à compter et ne pourra s'arrêter avant d'avoir fini – même s'il doit le payer de sa vie au lever du jour. Enfin, le vampire doit dormir chaque nuit sur sa terre natale. Ainsi, quand le Dracula de Bram Stoker quitte sa Transylvanie chérie (au sud de la Valachie de Vlad Tepes) pour se rendre en Angleterre, il emporte avec lui plusieurs caisses de terre roumaine, qu'il installe dans sa nouvelle résidence londonienne.

D'autres légendes apportent des indications différentes sur la personnalité du vampire. Pour certains, ce serait un tueur stupide et sans âme. Pourtant, le comte Dracula de Bram Stoker est un personnage intelligent et charmant, doté de manières impeccables et d'une solide éducation. On trouve aussi des descriptions de vampires plutôt bienveillants, éternellement torturés par les actes affreux auxquels ils doivent se livrer pour survivre. Cette polyvalence explique probablement pourquoi, aujourd'hui encore, le vampire inspire de nouvelles légendes.

ES, 8

Vélane

Les pom pom girls, équivalent américain de nos majorettes, font certes tourner la tête de plus d'un fan de sport, mais elles les font rarement basculer des tribunes, comme Harry et Ron sont sur le point de le faire à la vue des Vélanes, les mascottes ensorcelantes de l'équipe bulgare de Quidditch.

Les Vélanes, ces esprits féminins du folklore d'Europe de l'Est, vivraient dans les forêts, les lacs, les montagnes… et les nuages. Elles seraient en outre capables de se **métamorphoser**, notamment en animaux tels que le cygne, le cheval, le faucon, le **serpent** ou le loup, mais c'est sous leur forme humaine qu'elles sont le plus dangereuses et le plus séduisantes, car elles se présentent sous l'aspect de belles jeunes filles à la longue chevelure, portant des robes vaporeuses et dansant l'été sous le clair de lune. Les hommes qui tombent sous leur charme perdent totalement la raison : ils sont hypnotisés, oublient de se nourrir, de boire ou de dormir, souvent pendant des jours. Le malheureux qui rencontrerait une Vélane en train de danser se sentirait forcé de la rejoindre et de danser à son tour, jusqu'à ce que mort s'ensuive. Et malheur à quiconque pénétrera dans un anneau de **fée** – ce cercle d'herbe aplatie où une Vélane a dansé – car il sera confronté à la malchance et à la maladie plus tôt qu'il ne le pense.

Si les Vélanes peuvent parfois se montrer bienveillantes envers les humains et leur faire partager leurs dons de guérisseuses et de prophétesses, elles s'emportent néanmoins très facilement. Elles ne tolèrent pas qu'on leur mente ou qu'on les trompe et elles infligent de terribles punitions à ceux qui s'y risquent, notamment s'ils trahissent une promesse.

Dans certaines traditions, les Vélanes épousent parfois des humains, s'installent avec eux et fondent une famille, apparemment sans que cela nuise à aucune des deux espèces. Fleur Delacour, la candidate de Beauxbâtons au Tournoi des Trois Sorciers, avait une grand-mère Vélane ; pourtant, elle semble d'un caractère plutôt doux. Cela dit, nous ne prendrons pas le risque de la mettre en colère…

CF, 8

Yeti

Au Népal, on l'appelle *rakshasa*, ce qui en sanskrit signifie « **démon** ». Si vous vivez au Canada, vous le connaissez probablement sous le nom de *sasquatch* (« homme poilu », dans le langage des Indiens d'Amérique), tandis qu'aux États-Unis on parle de Bigfoot[1]. Son nom exact est cependant « yeti », et on prétend qu'il foule le sol de notre planète depuis des millénaires. On retrouve des témoignages de son existence dès le IVe siècle av. J.-C. et jusqu'à nos jours. Beaucoup de gens assurent en avoir aperçu un. Même Tintin – qui ne s'en souvient ? – peut l'attester. Et pourtant, on dispose de peu de preuves de l'existence de cette créature. Mais s'il y avait un seul expert à consulter sur le sujet, ce serait Rubeus Hagrid, puisque en langue tibétaine, *yeti* signifie tout simplement « créature magique ».

Dans la plupart des traditions, le yeti mesure entre deux mètres et deux mètres cinquante, possède de longs bras, une tête proche de celle du singe et un nez camus. Les plus jeunes sont recouverts d'un épais duvet de poils rouges, qui virent au

1. Littéralement, « grand pied ». (N.d.T.)

noir lorsqu'ils deviennent adultes. D'une force extraordinaire, les yetis seraient capables de jongler avec des rochers comme s'il s'agissait de balles en mousse. Ils sont aussi incroyablement rapides, grâce à leurs grands pieds – deux fois plus rapides que nos meilleurs sprinters. Ils communiquent par grognements très sonores et par sifflements. Malheureusement, le yeti a une hygiène personnelle déplorable : quasiment toutes les légendes insistent sur l'odeur prégnante de la créature, un effluve si effroyable qu'il vous fait dresser les cheveux sur la tête, en plus de vous mettre les larmes aux yeux.

On se dit qu'avec un physique si particulier, le yeti doit être assez facile à repérer. Pourtant, même le professeur Gilderoy Lockhart, qui prétend avoir passé « une année avec le yeti » (c'est le titre d'un de ses livres de souvenirs), n'a probablement pas été plus chanceux que la majorité des chasseurs. Tout d'abord, le yeti a une réputation de grand timide. Des centaines d'expéditions censées localiser l'animal ne sont revenues qu'avec des clichés flous et des empreintes, dont la plupart sont considérés comme des montages. Sir Edmund Hillary, l'alpiniste néo-zélandais qui fut le premier à vaincre le mont Everest en 1953, entreprit en 1960 une expédition très poussée dans l'Himalaya, en quête de la créature (surnommée « l'abominable homme des neiges » par les journalistes). Tout ce qu'il réussit à dénicher fut un énorme crâne et des empreintes de pieds d'une taille à faire tomber un cordonnier en syncope.

En outre, les latitudes fréquentées par les yetis ne sont pas franchement hospitalières. On en aurait en effet repéré dans de plaisantes contrées australiennes (où les aborigènes les appellent *Yowies*), dans les îles canadiennes de la Reine-Charlotte (où ils deviennent des *Gogete* et seraient antérieurs à l'humanité elle-même), au Moyen-Orient et plus récemment à Spalding, dans l'Idaho. Mais c'est encore dans les Rocheuses, l'Himalaya ou le bush australien que les yetis préfèrent élire domicile, s'y sachant préservés des visiteurs humains par des conditions climatiques extrêmes.

En dernier recours, les yetis se savent protégés par un trait dominant de leur caractère : ils ne sont pas des hôtes très gracieux. Si certains récits les présentent comme des êtres charmants, à moins de se sentir menacés, d'autres décrivent leur comportement agressif à l'égard des hommes. Le président américain Theodore Roosevelt racontait l'histoire d'un de ses amis, trappeur, qui s'était aventuré en territoire yeti avec son partenaire. La créature, effrayée par le feu de camp, erra dans la forêt voisine pendant quelques jours, sans s'approcher des deux hommes. Cependant, le yeti (non, ce n'était pas un ours…) finit par surmonter son appréhension et s'attaqua aux chasseurs. Le premier mourut de mort atroce, mais le second réussit heureusement à s'échapper et put ainsi rapporter cette histoire.

Alors, si par un après-midi neigeux vous décidez de partir en randonnée dans l'Himalaya et que vous apercevez une touffe de poils rouges dégageant un doux parfum de chou pourri, prenez la peine de faire un petit signe poli de la main ; après tout, ce n'est pas tous les jours que l'on croise une star mondiale ! Ceci fait, remballez gentiment vos affaires et rentrez prestement à la maison. D'accord, le yeti n'est peut-être qu'une charmante « créature magique » ; il n'empêche qu'on n'est jamais trop prudent.

CS, 4

Zombi

Lorsque le professeur Quirrell prétend que son fameux turban lui fut offert en remerciement pour avoir chassé un zombi gênant, bon nombre de ses élèves émettent quelques doutes. D'une part, ce couvre-chef singulier dégage une odeur d'ail, ce qui tendrait à prouver qu'il vise à protéger son propriétaire des **vampires** ; d'autre part, notre ami le professeur change bien vite de sujet sitôt qu'on lui demande de quelle façon il a vaincu le zombi. C'est pourtant là une question à laquelle n'importe quel enseignant de défense contre les **forces du Mal** devrait être à même de répondre, puisque le zombi est une création du plus vicieux des **magiciens** noirs, le **sorcier** vaudou.

Un zombi, c'est avant tout un cadavre qui marche. On dirait un humain, mais il n'a en réalité ni esprit, ni âme, ni volonté et agit sous les ordres de son créateur. Insensible à la douleur, à la peur ou au remords, le zombi est une arme dangereuse pour tous les disciples des **forces du Mal**. Bien qu'il n'y ait aucune preuve de l'existence des zombis, les légendes le concernant abondent, partout où l'on pratique la religion vaudou.

Le vaudou est un système de croyances religieuses qui fut développé par les esclaves amenés d'Afrique à Haïti au cours des XVIIe et XVIIIe siècles. Les rites magiques font partie intégrante du vaudou, souvent pour vénérer ou soigner, mais parfois aussi pour vaincre ses ennemis ou obtenir le pouvoir. Ceux qui se livrent à la magie noire (les *bokors*) sauraient créer des zombis pour en faire leurs esclaves. Certains zombis deviennent donc journaliers agricoles, garçons de ferme ou employés de bureau. Les *bokors* les plus malveillants se servaient, paraît-il, des zombis dans un but bien plus néfaste, par exemple pour détruire les biens de leurs ennemis ou commettre des meurtres.

Selon la tradition, un *bokor* pouvait créer un zombie soit à partir d'un humain vivant, soit à partir d'un cadavre. Dans certains récits, le *bokor* donne à sa victime une **potion** qui la plonge dans un coma profond. Elle est alors inhumée par sa famille, qui la croit morte, pour être ensuite déterrée par le *bokor*. Une seconde potion permet à la victime de marcher, de parler et de respirer à nouveau, mais pas d'échapper à l'emprise du *bokor*. Selon d'autres sources, le *bokor* assassinerait ses victimes ou volerait les cadavres de personnes mortes depuis peu. Après s'être emparé de l'âme du mort (qui, dans la religion vaudou, reste dans le corps au moins pour un temps), le *bokor* aurait recours à des **sorts** pour ramener par la **magie** le corps à la vie, sous forme d'un zombi. Peu importe la méthode utilisée : aujourd'hui encore, essayer d'engendrer un zombi est considéré comme maléfique dans les Caraïbes. D'ailleurs, la loi haïtienne considère la création de zombie comme un crime et la punit des mêmes sanctions.

Pendant des siècles, la peur d'être transformé en zombi était chose courante à Haïti ; elle y est sans doute toujours vivace. Il était fréquent d'enterrer ses proches avec un couteau, pour leur permettre de se défendre contre la visite inopportune d'un *bokor*. La tradition recommandait parfois de remplir un cercueil de graines : comme le **vampire**, le *bokor* se sentirait forcé de les compter une par une avant de s'en prendre au corps. S'il y avait assez de graines, le *bokor* ne parviendrait pas à accomplir son méfait avant le lever du jour et ne pourrait donc se livrer à son macabre rituel, puisque la magie noire ne peut s'accomplir que la nuit.

Se débarrasser d'un zombi n'est pas chose aisée. On dit parfois que certains parlent lentement, ont le geste mou et paraissent atteints de somnambulisme (d'où l'expression « agir comme un zombi »). En réalité, il est très difficile de distinguer un zombi digne de ce nom d'un homme ordinaire, car le vrai zombi réagit très rapidement aux ordres de son *bokor*.

Comme le professeur Quirrell le sait peut-être (à moins qu'il l'ignore), on raconte qu'en jetant du sel sur un zombie, on le renvoie à la tombe (ou à la vie, dans le cas d'un être vivant pris dans une stupeur inconsciente). On peut aussi en appeler à l'intervention divine. Ghede, le dieu haïtien des Morts, haïrait les zombis et serait prêt à leur redonner la vie en leur rendant leur âme. Si rien de tout cela ne fonctionne, la meilleure façon d'exterminer un zombi est encore de vaincre le *bokor* qui l'a créé. Comme c'est le cas pour beaucoup d'êtres maléfiques, le plus dangereux, chez un zombi, c'est le maître qui lui donne des ordres.

ES, 8

Bibliographie indicative

Ouvrages de référence

ARIOSTE, *Roland furieux*, Garnier-Flammarion, 2001.
BORGES Jorge Luis, *Le Livre des êtres imaginaires*, Gallimard, 1987.
CARON Michel, HUTIN Serge, *Les Alchimistes*, Seuil, coll. « Sagesse », 1999.
COHEN Daniel, *L'Encyclopédie des fantômes*, Robert Laffont, coll. « Les Énigmes de l'univers », 1991.
COMTE Fernand, *Les Héros mythiques et l'Homme de toujours*, Seuil, 1993.
FRAZER James George, *Le Rameau d'or*, Robert Laffont, coll. « Bouquins », 1984.
GRAVES Robert, *Les Mythes grecs* (2 vol.), Hachette Littératures, 1999.
GRIMAL Pierre, *Dictionnaire de la mythologie grecque et romaine*, PUF, 2000.
GRIMM Jacob & Wilhelm, *Contes* (2 vol.), Garnier-Flammarion, 1993.
HAMILTON Edith, *La Mythologie*, Marabout, 1996.
HOMÈRE, *L'Iliade* et *L'Odyssée*, Gallimard, coll. « Pléiade », 2001.
KING Francis X., *Techniques de haute magie*, Guy Trédaniel, 1999.
LAURIOZ Hubert, *Dictionnaire des superstitions*, Albin Michel, 2000.
MALORY Thomas, *Le Roman du roi Arthur et de ses chevaliers de la Table ronde*, L'Atalante, 1994.
MELCHIOR-BONNET Sabine, *Histoire du miroir*, Imago, 1994.
NELIGAN Harry, SEYMOUR John, *Fantômes irlandais*, La Table ronde, 1972.
OVIDE, *Les Métamorphoses*, Les Belles Lettres, coll. « Série latine », 1994.

PHILLPOTTS Beatrice, *Le Livre des fées*, Hors Collection, 2000.
ROWLING J. K., *Harry Potter à l'École des Sorciers*, Gallimard Jeunesse, 1997.
—, *Harry Potter et la Chambre des secrets*, Gallimard Jeunesse, 1999.
—, *Harry Potter et le prisonnier d'Azkaban*, Gallimard Jeunesse, 1999.
—, *Harry Potter et la Coupe de feu*, Gallimard Jeunesse, 2000.
YATES Amelia-Frances, *Raymond Lulle et Giordano Bruno*, PUF, 2000.

Quelques sites Internet

Le site officiel Harry Potter (en français)
http://www.harrypotter.gallimard-jeunesse.fr

La Gazette du sorcier : un site personnel très bien réalisé.
http://www.chez.com/harrypotter

Un dossier « Harry Potter » très complet sur le site Canoë.
http://www.canoe.fr/culture/livres/potterdossier.html

Sources des illustrations

14 : Ernst Lehner, *The Picture Book of Symbols*, New York, William Penn Publishing, 1956. **15** : Ernst Lehner, *Symbols, Signs and Signets*, New York, Dover, 1950. **23** : Gravure sur bois, in Macrobius, *Insomnium Scipionis*, édition de 1513. **32** : Jacobus De Teramo, *Das Buch Belial*, 1473. **37** : Gravure sur bois, in Thomas Erastus, *Dialogues touchant le pouvoir des sorcières et la punition qu'elles méritent*, 1579. **39** : Richard Huber, *Treasury of Fantastic and Mythological Creatures*, New York, Dover, 1981. **42** : Giambattista della Porta, *Phytognomonica*, 1588. **49** : Illustration de John D. Batton, in Joseph Jacobs, *English Fairy Tales*. New York, Dover, 1967. **52** : Johannes Helvetius, *Firmamentum Sobiescianum sive Uranographia*, Gdansk, 1690, Linda Hall Library of Science, Engineering and Technology. **64** : D'après Jean-Baptiste Belot, 1640. **66** : Illustration originale de Ruby Jackson. **69** : Collin De Plancy, *Dictionnaire infernal*, 1863. **74** : Démon volant, in Martin Schongauer, *The Temptation of St. Anthony*, 1480-90 ; reproduit in Richard Huber, *Treasury of Fantastic and Mythological Creatures*, New York, Dover, 1981. **75** : Asmodée, par L. Breton, in Collin De Plancy, *Dictionnaire infernal*, 1863. **76** : Pieter Breughel le Jeune, détail d'*Orphée aux Enfers*, c. 1600 ; reproduit in Richard Huber, *Treasury of Fantastic and Mythological Creatures*, New York, Dover, 1981. **78** : John Melton, *Astrologaster or the Figure-Caster* (page de titre), 1620. **88** : Gravure du XIXe siècle, in Jim Harter, *Animals : 1419 Copyright-Free Illustrations of Mammals, Birds, Fish, Insects, etc.*, New York, Dover, 1983. **89** : Illustration originale de Ruby Jackson. **93** : Milbourne Christopher, *Magic : A Picture History*, New York, Dover, 1962. **98** : Gravure du XIXe siècle. **101** : Illustration de Bill Terry pour *Other Worlds*, 1950, repris in Peter Haining, *The Leprechaun's Kingdom*, New York, Harmony Books, 1979. **103** : Carol Belanger Grafton, *2001 Decorative Cuts and Ornaments*, New York, Dover, 1967. **106** : Dessin de T. H. Thomas, in Wirt Sikes, *British Goblins : Welsh Folklore, Fairy Mythology, Legends and Traditions*, 1880, Fortean Picture Library. **113** : Dessin d'Albert Poisson (XIXe siècle). **115** : J. J. Manget, *Bibliotheca Chemica Curiosa*, 1702. **128** : Illustration de John D. Batton, in Joseph Jacobs, *English Fairy Tales*, New York, Dover, 1967. **135** : Illustration d'Yvonne Gilbert, in Katharine Briggs, *Abbey Lubbers, Banshees & Boggarts : An Illustrated Encyclopedia of Fairies*, New York, Panthéon, 1979 ; reproduite avec la permission de Pantheon Books/ Random House, Inc. **139** : Sceau italien (XVIIe siècle), reproduit in Ernst and

Johanna Lehner, *A Fantastic Bestiary*, New York, Tudor Publishing Company, 1969. **142** : Dessin anglais (XVIIe siècle). **143** : Ernst and Johanna Lehner, *A Fantastic Bestiary*, New York, Tudor Publishing Company, 1969. **145** : Illustration de Erhard Renwick, in *Peregrination es ad Terram Sanctum*, 1486. **147** : Peter Pomet, *Histoire des drogues*, 1694. **150** : Geiler von Kayersberg, Loup-garou, gravure sur bois (détail), in *Die Emais*, 1517. **159** : Larry Evans, *Illustrator's Resource File*, New York, Van Nostrand Reinhold, 1984. **161** : Portrait d'Agrippa von Nettesheim, *De Oculta Philosophia* (page de titre), 1533. **163** : Détail d'une gravure de H. Decremps's, in *La Magie blanche dévoilée*, 1784, reproduite in Milbourne Christopher, *Magic : A Picture History*, New York, Dover, 1991. **173** : Giambattista delle Porta, *Physiognomica*, 1588. **175** : Frontispice de *La Clavicule de Salomon*, édition du XVIIe siècle. **176** : Christopher Marlowe, *The Tragicall Historie of the Life and Death of Doctor Faustus* (page de titre), Londres, 1631. **184** : Johannes de Cuba, *Hortus Sanitatis*, 1485. **187** : Edward Topsell, *A History of Four-Footed Beasts*, London, 1658 ; reproduit in Ernst and Johanna Lehner, *A Fantastic Bestiary*, New York, Tudor Publishing Company, 1981. **189** : Gravure de W. Ridgway, d'après Gustave Doré. **200** : Illustration originale de Ruby Jackson. **204** : D'après une gravure allemande du XVe siècle, reproduit in Richard Huber, *Treasury of Fantastic and Mythological Creatures*, New York, Dover, 1981. **209** : Ernst Lehner, *Symbols, Signs and Signets*, New York, Dover, 1950. **211** : H. Weiditz, *An Alchemist at Work*, c. 1520. **212** : Philippus Ulstadius, *Coelum Philosophorum*. Paris, 1544. **216** : Illustration de T. H. Thomas, in Wirt Sikes, *British Goblins : Welsh Folklore, Fairy Mythology, Legends and Traditions*, 1880. **220** : Carol Belanger Grafton, *Medieval Life Illustrations*, New York, Dover, 1996. **223** : Illustration originale de Ruby Jackson. **228** : Illustrations originales de Ruby Jackson. **231** : Michael Majer, *Scrutinium Chymicum*, 1687. **233** : La plus ancienne représentation connue d'Ouroboros (XIe siècle), in Ernst and Johanna Lehner, *A Fantastic Bestiary*, New York, Tudor Publishing Company, 1969. **236** : The New York Public Library Picture Collection. **238** : Illustration originale de Ruby Jackson. **240** : Richard Hubert, *Treasury of Fantastic and Mythological Creatures*, New York, Tudor Publishing, 1969. **243** : Ernst and Johanna Lehner, *A Fantastic Bestiary*, New York, Tudor Publishing, 1969. **247** : Gravure sur bois, in Ulrich Molitor, *De Ianijs et Phitonicius Mulieribus*, 1489. **249** : Carol Belanger Grafton, *Medieval Life Illustrations*, New York, Dover, 1996. **250** : Gravure sur bois, in John Ashton, *The Devil in Britain and America*, 1896. **253** : *Malleus Maleficarum*, édition du XVIIe siècle (page de titre). **255** : D'après la page de titre de *Witches Apprehended, Examined and Executed for Notable Villainies Committed by Them Both by Land and Water*, London, 1613. **260** : In *Legendary Hex Signs*, avec la permission de Jacob Zook™ Hex Signs, P.O. Box 176, Paradise, PA 17562, www.hexsigns.com (d.r.). **262** : T. Crofton Crocker, *Fairy Legends and Traditions of the South of Ireland*, 1828. **264** : Sphinx babylonien du palais de Nimrud, in Ernst et Johanna Lehner, *A Fantastic Bestiary*, New York, Tudor Publishing Company, 1969. **266, 268, 275** : Illustrations originales de Ruby Jackson. **277** : Illustration de Ruby Jackson, d'après Ivan Bilibine. **279** : Illustration de Harry Trumbore, in Loren Coleman et Patrick Huyghe, *The Field Guide to Bigfoot, and Other Mystery Primates Worldwide*, New York, Avon Books, 1999.

Table

touffu = le chien à 3. têtes = cerbère chez les grecs = page 62
forêt : la forêt chez les Romains = page 120
arithmancie = la numerologie = page 16

Remerciements

La plupart des informations contenues dans ce livre auraient pu provenir de la bibliothèque de Poudlard. Mais, comme Poudlard ne participe pas encore au programme de prêts inter-bibliothèques, nous avons dû nous reposer sur nos propres sources et sur l'aide généreuse de nos amis pour collecter les informations qui composent ce livre.

Nous tenons à remercier tout particulièrement Joyce Seltzer, qui a contribué à orienter cet ouvrage dans la bonne direction et nous a fait largement profiter de ses conseils et de ses encouragements. Nous sommes aussi reconnaissants à notre agent, Neeti Madan, d'avoir trouvé l'éditeur parfait en la personne d'Ann Campbell, dont l'enthousiasme pour ce projet nous a beaucoup aidés.

Merci à Nancy Hathaway pour sa contribution à certaines entrées et pour avoir patiemment répondu à nos incessantes questions ; à Frank Ferrara, qui nous fut d'un précieux renfort dans nos recherches sur certains monstres effrayants ; à Bob Fisher, qui nous a conseillés dans le domaine de l'astronomie ; et à Rebecca Sokolovsky, qui nous a tout enseigné des horreurs de la chasse aux sorcières en Europe.

Nos chaleureux remerciements à Jessica Meyerson, pour son aide ponctuelle et son enthousiasme sans limites concernant tout ce qui touche à l'univers de Harry Potter ; à Bibi Wein, pour sa relecture attentive, ses excellents conseils et son soutien sans faille ; à Sheri Wilner, qui a dirigé nos recherches pour certaines entrées.

Enfin et surtout, nous tenons à remercier nos conjoints respectifs, Ruby et Vaughn, pour leur affection, leur soutien, leur patience et leurs encouragements renouvelés. Sans eux, cet ouvrage n'aurait sans doute pas vu le jour.

Cet ouvrage composé
par Atlant'Communication
à Sainte-Cécile (Vendée)
a été achevé d'imprimer sur les presses
de l'imprimerie France Quercy à Cahors (Lot)
en octobre 2001
pour le compte des Éditions de l'Archipel
département éditorial
de la S.A.R.L. Écriture-Communication

Imprimé en France
N° d'édition : 442 – N° d'impression : 12198
Dépôt légal : novembre 2001